JN296543

プロフィール

アスリート・ビジネス 父子の決断

Masuda Masafumi
増田晶文

講談社

プロフィール

アスリート・ビジネス 父子の決断

目次

イラストレーション　西川真以子
ブックデザイン　鈴木成一デザイン室

プロフィール

アスリート・ビジネス　父子の決断

序章

室伏広治への取材は佳境に入った。

彼は己のぶあつい掌で、関節すら判別できないほど太く、丸々と変形した指を包んだ。

「本当はハンマーを投げる、というのはあたっていませんね。ハンマーは投げるもんじゃなくて、手から離れていくんですよ。自分で放すのではなく、ハンマーが飛んでいく」

より遠くへ――スポーツの根幹にかかわる質問を投げかけたとき、彼はトップアスリートしか体得できず、知りえない感覚について語ってくれた。書き手としては全身に電光が走るほど、スリリングでシンボリックな台詞だった。

「もう少し、詳しく。それについて、もうひと言だけでいいから説明してください」

「…………」

室伏は思案顔になった。アスリートならずとも、ことばで感覚を表現するのは容易ではない。沈黙が饒舌《じょうぜつ》より雄弁なときもある。そんなことを承知のうえで、こちらも手を替え品を替えて手を打つ。右を攻めてダメなら左を試す。発言の裏に潜む真意や、微妙なニュアンスを嗅ぎとりながら話を進める。こうして何とか彼の想いを受け止め、理解し、文章に展開していくのだ。

室伏はあいまいな笑いをうかべながら振り返った。そこにはマネジメントオフィスのスタッフがはべっている。ブラックスーツにノーネクタイ、シャツのボタンをひとつ余計に外したファッションは、彼の棲《す》む世界をカリカチュアしているかのようだった。男は自分の出番だとばかりに進み出た。

「それ以上、つっこまなくてもいいんじゃないですか」

だが引き下がるわけにはいかない。

「でも、これはとてもおもしろいし、肝心な話ですよ」

男は室伏に眼をやり、小さく舌打ちした。室伏は相変わらずどっちつかずの表情だ。

「だから、もういいじゃないですか」

男の口調は有無をいわせぬ強さをともなっていた。彼は腕時計をみる。

「それに、もう時間がありませんし」

私は太い息をついた。

自分を浦島太郎になぞらえるのは少々大げさだが、一〇年たたぬ間にアスリートを取り巻く環境、取材する側とされる側の関係は大きく変貌していた。

私がスポーツの現場を意識的に忌避するようになったのは二〇〇〇年のシドニーオリンピックの頃からだ。要因は、テレビを軸としたスポーツ報道のエンタテインメント化だった。メディアのみならず、アスリートもタガを外しながら見て見ぬふりをしているのが我慢ならなかったからだ（皮肉なことに、私はその後で吉本興業というエンタテインメントの権化と対峙し、もっとディープでどす黒い世界に突進していく)。

室伏と会ったとき、何枚もの名刺が並んだことに戸惑いを覚えた。スポーツマネジメント会社とPR会社、彼がコマーシャル出演する会社の人間まできている。

大名行列だな。私は毒を吐いた。九〇年代なら、ごく一部を除いて、かなり高名な選手であってもマネージャーが寄り添うことは珍しかった。せいぜい、チームなり所属企業の広報が顔を出すくらいだ。ところが最近は、原稿チェックも当然のことのようになっている。室伏の場合は、ドーピングと生き別れた母の思い出に関する記述がNGとなった。

「これは彼の意向なんですか?」

「そうみたいですね」

編集者とやりとりがあった。

「じゃあ、なぜNGなのか、その理由だけでも聞いてみてください」

「だから、その、こういう質問はデリケートだし、彼のトータルイメージにそぐわないっていうんですよ」

マネジメントする側の意向で原稿の善し悪しが判断される。これでは検閲ではないか。結局、原稿はその部分のみを削除することで決着した。このとき、全面降伏してマネジメント会社の意向に唯々諾々と従う書き手も少なくないと知り、それがショックだった。

書き手も百人百様、いろんなタイプがいてもよかろう。しかし誹謗、中傷と正当な批評は異なる。書き手はこのことを胸に刻みながら、プライドを持って臨みたい。何より、作家が知りたいことを知り、会いたい人に会い、書きたいことを書かずにどうするというのだ。

話は前後するが、今回の室伏への取材では、マネジメント会社のスタッフの対応にも大きな疑問を感じた。「ハンマーを投げるのではなく、ハンマーが手から離れていく」とは、極みを求め続ける室伏ならではの表現だ。それを凡夫たる私たちに説明してもらえれば、室伏というアスリートを知るうえでまたとない指針となろう。まして彼は、「スポーツを通して人の心を打つようなことをしたい」とまでいっているのだ。にもかかわらず、マネジメント会社のスタッフは「もう、いいでしょう」とインタビューを遮った。

百歩ゆずって——スタッフが後日、室伏の至言を広く知らしめるための試みをしたのかどうか、気になる。彼は室伏に、もうひと言でいいから、わかりやすく説明するように考えてみようというアプローチをしたのだろうか。マネジメント会社にとってアスリートは大事な商品だ。その価値をあげることこそが、マネジメント会社の大事なビジネスではないのか。

ちなみに私は、室伏の真情を噛み砕こうと彼の父親に逢った。父・室伏重信が「アジアの鉄人」として、長らくわが国のハンマー投げをリードしてきたことは周知のことだ。父は息子にとって永遠の師でもある。父はこころよく語ってくれた。

「ハンマーの回転スピードが最高になったときリリースするのは、ハンマー投げの極意であり、誰もが手中にしたいテクニックです。でも、大多数の選手がこのときにスロー、つまり投げるという感覚しかないでしょうね。リリースを実感するには、あらゆる条件がピタッとはまって、ジャストタイミングでハンマーをコントロールしてないといけません。おそらく、広治は初速度が乗っているおかげで、ハンマーが楽に飛んでいく感触を表現したかったのでしょう」

父による解析のおかげで判明したのはこれだけではない。息子のほかの発言にも光が与えられた。そればかりか、父をたずねたことで、息子をどのように育てたか、いかに教えたか、子にどのような想いを抱いているかまでが詳《つまび》らかになった。子は親の背を見て育ち、考え、歩く。父と子は有形無形の絆で結ばれていることを実感した。いみじくも広治が競技に対して抱く想いは、父が語るあれこれと通底している。広治は畏敬を込め、ハンマー投げについて話していた。

「ハンマーを投げるというのは、自分を磨くことなんです。ハンマーが僕を磨いてくれる。ハンマーを投げることで、僕はより高みに向かっていける。そのためにも、ギリシア時代のオリンピアンの思想に立ち戻ってみたいですね。人類が自力で、どこまで限界を超えるかという奥深いチャレンジをやってみたい。そのためには、心技体のどれも欠けてはいけないし、三つが完全に調和していなければいけません」

息子の発言のバックボーンには父の存在がしっかりと息づいている。父を知ったことで、子たる室伏広治の姿により接近して描くことが出来た。この経験は、同じく父でもある私に大きなヒントを与えてくれた。


スポーツやアスリートが、ビジネスと緊密な関係を結ぶようになったのは八〇年代からだ。欧米がその中心だった。

要因となったのは八四年のロスアンゼルスオリンピックだ。競技大会としては、共産圏諸国のボイコットによって片肺かつ低レベルだったものの、組織委員長のピーター・ユベロスはオリンピック史上初のビジネス的快挙をなしとげる。ユベロスは、七〇年代にことごとく赤字だった大会運営に終止符を打った。何しろ彼は、ロス大会で三七五億円もの莫大な黒字を叩き出したのだ。プロ選手参加の容認、民営五輪、莫大な放映権料、スポンサー企業の参加、五輪マークの商品化といった、今では当然の事々がこのオリンピックからはじまった。

同時に、スポーツシーンをビジネスとしてとらえる見方も急速に広まった。スポーツは儲かるという蜜の味が知れわたった。実際、オリンピックをはじめサッカー、陸上、ゴルフ、テニス、モータースポーツなどの世界的大会は巨額のカネを生む。その企画、運営や放映権売買などは、スポーツ団体や広告代理店、放送マスコミ、スポーツメーカーなどの思惑が錯綜しつつ分捕り合戦が繰り広げられる。選手も、実績が卓越すればするほど商品価値が高まるというものだ。一人の卓越したアスリートが生み出すのは勝利や記録、感動だけではない。選手から派生するイメージ、肖像は企業コマーシャル、用具のアドバイザリー、映像、書籍など幅広い分野に波及する。

日本でも、八〇年代半ばから「スポーツビジネス」「スポーツコンテンツ」ということばを耳にするようになった。「コンテンツ」というのは、選手のマネジメントから肖像権の管理、コマーシャル出演の交渉、書籍や写真集、DVDなど、諸々のカネになることを一括してビジネスにすることを指す。バブル経済期に広告業界で禄《ろく》を食《は》んでいた私も、いくつかのスポーツイベントを企てた。しかし、まだまだ日本のスポーツビジネス市場は未熟だった。「スポーツコンテンツ」を振りかざそうにも、環境が整備されていないので活用のしようがなかった。すでに国際規模の大会でシンジケートの中枢を占めていた電通は例外として、スポーツ専門の代理店やマネジメント会社に目ぼしいところがあったかどうか。敢えていえばＩＭＧかＪＳＭくらいしか記憶にない。

この事情は九〇年代にはいってもさほど変わっていない。ただ、バブル経済の崩壊が実業団スポーツを圧殺していくことで状況が違ってくる。実業団はプロ競技と併行する形で日本のスポーツを経済的に支えていた。実業団スポーツを賄《まかな》っていたのは、企業の宣伝広告費か広報費、福利厚生費だった。アスリートは企業の広告活動の一端、あるいはレクリエーションの一環としてスポーツをしていたわけだ。ところが、企業経営の足場がぐらついたことで、スポーツやアスリートはいとも簡単に切り捨てられてしまう。

皮肉にも、九四年に私がプロの書き手として最初に取り組んだテーマは、男子バスケットボールの熊谷組だった。彼らはチャンピオンチームでありながら、経費節減の標的となって解散を余儀なくされる。その最後のシーズンを追った。倉石平監督は悔しさをにじませていったものだ。

「日本では、スポーツとアスリートの本当の価値が理解されていない。スポーツは文化なんです。アスリートが持っている才能、努力、それにパフォーマンスは、歌手や作家、画家の持っているものと等価です。特異な才能に対して、どれだけの評価をするかを考え直してほしい」

その後、サッカーの成功に刺激され、バレーボールやバスケット、アメリカンフットボールをはじめ、およそほとんどのボールゲームがプロ化を夢見たが、資金という厳然とした壁にぶつかって頓挫している。

同時に、選手が企業の枠から飛び出す選択もなされるようになった。例えば男子バスケットの外山英明や卓球の松下浩二がそうだ。マラソンの有森裕子が陸連相手にプロ化の要望を突きつけたのもこの時代だった。彼らのアクションは、閉塞した当時の日本の現状に業を煮やし、じれ切った結果でもあった。世界選手権の男子ダブルスで銅メダルを獲得し、五輪にもそのときすでに三度出場していた松下は話した。

「誰かが日本のスポーツ界を覆う殻を破らなければいけない。だけど、誰も打破しようとしない。だから、僕が名乗りをあげます」

マイナースポーツといわれる分野から、こういったフロンティアたちが登場してきたことは興味深い。

もっとも、日本ではスポーツでカネを儲けることに対する根深い偏見があったのも事実だ。日本に六人制バレーボールを移入し根づかせ、早稲田大の初の米国遠征でも指揮をとった、元早大バレーボール部監督・谷口清の生前にいくどか話を聞いたことがある。一九一七（大正六）年生まれの谷口は、カネとスポーツの話が出るたびに強調していた。

「スポーツは嗜《たしな》みとしてやるもので、決してこれで食べていこうなどと考えてはいけない」

戦前、戦後とスポーツは学生が主体となっていた。スポーツというものは学業や生業の余暇に行うものだった。「プロ」という発想はあったが、野球やボクシング、相撲など種目はごく限られている。しかも、その扱いは今日と雲泥の差だ。

戦前のプロ野球発足当時の選手で、阪急に所属してから社会人野球に転属、戦後はプロに復帰して毎日、西鉄、高橋などを渡り歩いた小野田柏の発言はプロスポーツが置かれた状況を語って余りある。

「野球で飯を食うなど、世間のはみ出し者の発想だったんです。スポーツでカネを稼ぐというのは、とてもみっともないことだったんですよ。だから、職業野球なんて社会から蔑まれていましたし、実際にチームは荒くれ者ばかりでした。認知度や人気は東京六大学野球がダントツで、ずーっと離されて最後に職業野球という感じでした。球場に来るお客さんも、お嬢さんやお子さんはほとんどおりません。むさくるしくて、ガラの悪い連中がほとんどでした」

その因果な大衆の目線を一変させたのが、他ならない長嶋茂雄だった。柏は回顧した。

「あの、国民的人気スポーツだった大学野球のスーパースターが、よりによって職業野球に……長嶋のおかげで時代が大きな音をたてて場面転換したんです」

その衝撃度は、柔道のオリンピック金メダリストが、プロレスや総合格闘技に転身するのとは比較にならないほどのものだった。掃き溜めに鳳凰が舞い降りたのだ。

今やスポーツは精神論だけで立ち行かない。

スポーツの置かれる環境は以前ほど無垢かつナイーブなものではなく、もっと現実的な側面をもっていることを多くの人が知るようになった。その端的な指標がカネだ。スポーツを取り巻く環境は変容を重ね、今では「スポーツで稼ぐなんて」という論を張っても耳を傾ける者はいまい。競技や選手のマネジメントはビッグビジネスだ。この事実を避けて、もうスポーツを語ることはできない。

ただ、日本のスポーツマネジメントは、欧米のように巨大なスポーツイベントを核にして利権を進展させる形では発達してこなかった。日本の場合は、より選手にフォーカスしていく形で進行していった。それは、選手を芸能人に置き換えればわかりやすい。二〇〇〇年に入って、スポーツ界にはマネジメントオフィスが次々に誕生していく。

日本のスポーツマネジメントにおいて、最大で稀有な成功例が中田英寿だ。彼をめぐるマネジメントに関しては本編でたっぷりと語る——ひとりのサッカー選手が海外へ飛躍し、巨額のマネーを手中にしてみせた。同時に彼はセレブリティ、クール、ファッショナブルといった歯の浮くような形容詞を自家薬籠中のものとする。彼はサッカーのみならずスポーツ界を代表するスターとなりおおせ、若者たちから熱い共感と支持をとりつけてみせた。

しかも、その裏には芸能界的なイメージ戦略があり、情報操作戦術が施されていた。取材する側とされる側の、本来対等であるべき立場も微妙にズレを生じてくる。マネジメント側は己に都合のいい記事のみを求めた。取材側の勉強と認識が足らない不満をぶちまけ、報道規制を敷いたり、一部にのみ胸襟を開いたりする選手も現れた。これに対し、メディアから毅然とした反駁《はんばく》がなかったのも実に無念ではある。しかもスポーツマスコミはメジャーかつ派手な選手を重用する。彼らなしに売れる紙・誌面はできない。スポーツビジネスはそこに染み入り浸透していき、マスコミはずるずると後退をはじめた。

こういった現象の端緒となったのも中田であろう。無論、アスリートたる中田がその器にふさわしい話題性とバリューをもっていたからこそだが、彼の成功がスポーツやアスリートを取り巻くビジネス界を必要以上に刺激し、彼とその所属事務所がスポーツマネジメント業界のマイルストーンであり目標となったことは間違いない。

だが日本のスポーツマネジメントは、あくまで選手に依存しているため零細規模が多い。欧米の巨大企業やスポーツ用品メーカーがやっているような、選手との契約やマネジメントはもちろん、大規模なキャンペーン、さらには選手発掘と育成、世界的大会運営への密接な関与といったダイナミズムとはほど遠い。日本人選手が海外移籍の際に話題となるエージェントも、外国にこそ敏腕、辣腕が揃っているが日本ではまだまだ陽の目をみていない。

こうして見ると、欧米企業はカネを儲けるシステム構築に熱心で、あたかも永久エンジンのように際限なくカネを生み出す方法を模索している。別の見方をすれば、欧米の大企業は選手を大切なアイテムとして重用しているが、その実、選手など代替可能な部品でしかない。彼らは次々とアスリートを手中におさめつつ、その運用に余念がない。一方の日本では、選手がいるからこそビジネスが成り立つわけで、アスリートをかけがえのない存在として取り扱う。そのぶんリスクは多大で、選手の引退がビジネスの終焉を意味することもままあって企業としての基盤は脆弱だ。中には父がステージパパよろしくしゃしゃり出たり、子たるアスリートの収入が一族郎党を支えるという場合もある。また、企画から演出まで自分ひとりでこなす才人もいたりして、これらの点でも日本のスポーツビジネス界は芸能界と構造がよく似ている。

だが、そんな現状を撥《は》ね返すかのように高橋尚子のマネジメント担当者は言い放った。

「アスリートは道具じゃない。彼らは生きている。意思もある。人間としてのアスリートを理解し、アスリートに信頼されない限り、僕らのビジネスは立ち行かない」

本書は、そんなスポーツの現場に取材したルポであり評論でもある。ビジネスと父子という、一見すると共通点のなさそうにみえる二つのテーマを横糸にして、縦糸のスポーツやアスリートに織り込んでみた。対象も、中田やイチロー、谷亮子、高橋尚子ら高名なアスリートだけに照準をあわせた。より顕著で派手、身近なアスリートだけに、スポーツを取り巻く現状が具体性を持って見えてくるはずだ。

いよいよ本編では、織りあがったタペストリーを広げていく。どんな絵柄ができあがったのか、ご高覧いただきたい。

第一章　石川遼「未来を背負う王子の陰影」

いしかわ・りょう　一九九一年九月一七日、埼玉県出身。
六歳よりゴルフを始め、小中学校時代から
ジュニアゴルフの大会に出場。二〇〇七年の男子プロツアー
「マンシングウェアオープンKSBカップ」に、アマチュア枠として
初出場し、史上最年少となる一五歳二四五日での優勝を果たした
ことで注目を集める。翌年、プロ転向。初年度から二勝を挙げて
賞金一億円を突破し、〇九年にはマスターズにも出場した。

思い出したように雫《しずく》がこぼれてくる。だが、雨あしは傘の花を咲かせるほど強くない。それでも、大勢のギャラリーとマスコミ陣からは小さな舌打ちや嘆息が漏れる。

石川遼は薄墨を刷いた空を見あげた。

その面ざしに、一瞬、恨めしそうな色が差す。しかし、遼はこれを振り払った。太く濃い眉、切れ長の目と厚めの瞼、広めに落ち着いた鼻翼は五月人形のようだ。ポロシャツ、サンバイザーともピンク、パンツはスカイブルーという派手な出で立ちには若々しさがあふれている。

ひと呼吸おくと、彼はボールをぐいと睨みつけた。

六〇〇人はいるだろうギャラリーの視線が遼の手元へ注がれた。五〇人近いカメラマンがシャッターに指をかける。ざわめきが引く。切ないほどの期待が、沈黙というかたちとなって遼へ押しよせた。

遼の父の勝美は、群衆からぽつりと離れ、木陰から息子を注視していた。両の手を傘の柄に重ね、ステッキのようにして立っている。彼の髪は豊かだが、白いものが目立つ。父子に共通しているのは目許だ。陽にさらされる時間が長いはずの息子より、父の肌のほうが渋皮色に染まっている。ぼんやりした紺のシャツに同系色のゴルフスラックスというファッションは、息子と比べるとあまりに地味だし、田舎びている。深い皺も加わって、実年齢よりいくつも年かさにみえた。

勝美の横顔には、息子への叱咤や鼓舞はもちろん、ナイスショットを切願したり、当てこむ様子もない。たまたま通りかかったら息子がゴルフをやっていた——とでもいうような、たたずまいだ。勝美が意図しているのかどうか、そこには軽みや剽《ひょう》げた趣すらただよう。宗匠頭巾をかぶり、矢立てを持てば、いっぱしの俳諧師ができあがりそうだ。

勝美は誰にいうでもなく、独りごちた。

「あとで、雨だからどうこうなんて弁解するんじゃないぞ」

遼がふりかぶる。湿気の多い空気をからりとした快音が裂いた。ギャラリーの歓声がかぶさる。勝美は何食わぬ表情でボールの行く手を追う。彼は何ごとかつぶやいたが、こちらにまで聞こえない。ボールはフェアウェーをキープした。勝美はゆっくりと歩き出した。

この日――二〇〇八年九月二六日、石川遼は、関西屈指の難コースといわれる茨木カンツリー倶楽部西コースで、「アジアパシフィック・パナソニックオープン」に挑んでいた。遼にとって、いや勝美と遼の父子にとって、プロ一九戦目となる試合だ。勝美は、付かず離れずの距離を保ちながら、息子の戦いぶりを見守っている。父が試合に臨むこの姿は、遼が幼い頃から何も変わっていない。いみじくも、父はいっている。

「私はコーチじゃありません。父親です。このスタンスは、遼がゴルフを始めた頃から同じです」

1

遼のサクセスストーリーは、〇七年五月に開催された「マンシングウェアオープンKSBカップ」を、弱冠一五歳で制した瞬間から始まった。

爽やかで礼儀正しく、ときおり見せる含羞《がんしゅう》の微笑――マスコミが献じた〝ハニカミ王子〟の名は、たちまち野火のように広がっていく。プロ宣言をしたのは、〇八年一月一〇日だ。九一年九月生まれの遼は、一六歳三ヵ月で史上最年少の男子ツアープロになった。その年の春、私立杉並学院高校の二年生に進級している。

遼が登場したことで、最も恩恵を受けたのは男子ゴルフ界だった。それまで、男子ツアーは苦境にあった。要因は話題になる選手のコマ不足につきる。対照的に女子ゴルフは、〇三年に宮里藍がデビューして以来、横峯さくらや上田桃子、諸見里しのぶといった若手の有望選手が続々と輩出した。そこに古閑美保や福嶋晃子、不動裕理といった実力派も絡んでくる。いきおい、マスコミの視線は女子に集まった。

そんな風向きを遼が変えていく。彼が出場する試合のテレビ中継は必ずといっていいほど好視聴率だ。その人気は大会運営をも左右する。たとえば、「ＫＢＣオーガスタ」は、〇八年の大会スポンサーの撤退が決まっていたという。だが、遼の出場が決まった時点でスポンサーは急ぎ降板を撤回した。彼が「男子ゴルフ界の救世主」と呼ばれるのも、あながちオーバーではない。

とはいえ、プロとなった当初の遼の戦果は華やかなものではなかった。鳴り物入りでの日本ツアーデビュー戦こそ五位タイだったものの、春から初夏にかけては四連続を含む五度の予選落ち、最高位が四二位という苦汁をなめている。秋に入っても、アジアパシフィックは決勝に進めなかった。次の「コカ・コーラ東海クラシック」も予選で沈んだ。

私は、はじめて彼を目の当たりにして肉体の線の細さが気になった。彼の体型は普通の高校生、それもスポーツと縁のない文科系の少年のようだ。高校生でも、野球部やサッカー部のトップ選手なら、彼より数段に優れた筋肉をもっている。遼の場合、とりわけ後背から腰部、臀部にかけての筋肉が未発達だ。これらの部位が未完成のうちは、とてもじゃないが爆発的なパワーを発揮できまい。私としては、遼のような体格と筋肉でもプロとなれるゴルフという競技が、どうにも不思議だった。

だが、遼の人気はいっかな陰りをみせない。現にアジアパシフィックでも尾崎将司、丸山茂樹や片山晋呉らを凌いで引き連れるギャラリーはもちろん、群がるマスコミの数はダントツだった。テレビカメラは順位にかかわらず彼からフォーカスを外さない。スポーツニュースも彼しか取り上げない。だから、こんな意見も漏れ聞こえてくる。

「石川ばかりに注目が集まるせいで、大会優勝者や実力のある選手がわりをくってしまう」

遼が人気と実力のギャップを埋められないことで、彼をあげつらい、批判する声も高まる。遼をめぐる騒ぎを見かね、かつて尾崎や青木功と並んで「ビッグ3」といわれた中嶋常幸は、遼をいつくしむようにいったものだ。

「一七歳の子どもに、多くを期待するのは無理ですよ。むしろ、僕は順調に育っていると思います。それに、男子プロの低迷は遼クン一人が背負う問題じゃないでしょ」

ところが、中嶋の弁護や私の懸念は杞憂になった。

〇八年一一月二日、遼は「マイナビＡＢＣチャンピオンシップ」で逆転優勝して面目と認識を一新させる。その後、予選落ちを一回経験したが、「ダンロップフェニックス」の二位を含め上位に食い込む試合が続く。

初見から半年たった身体の変化にも驚いた。臀部から腰回りの筋肉の充実ぶりは、もはや脆弱さを感じさせない。首回りが一段と太くなり、そこに連なる僧帽筋や大胸筋も雄々しさを増した。

ゴルフ評論家の早瀬利之は、そんな遼を手放しでたたえる。

「ジャンボ尾崎以来、日本の男子ゴルフ界が待望していた大スターです。何より遼が素晴らしいのは、飛ばすゴルフの重要性を理解していること。彼は、どんなホールでも果敢に攻めていく。二打でグリーンオンさせ、臆することなくイーグルを狙う。こういうスケールの大きさこそが、世界で戦うための重大要素なんです」

早瀬は付け加えた。

「尾崎以外の日本人ゴルファーは、単にハイスコアを目指すゴルフに執着して、あまりに小さくまとまりすぎです。だから、世界に出たら勝てない。タイガー・ウッズのゴルフをみてください。どんなライからでも五ヤード以内にボールを運んでいる。小手先のプレーをしないでしょ。遼のゴルフはタイガーをすごく意識していますよ」

遼とは孫と祖父といってもいい年齢の早瀬は目を細め、こうもいってのけた。

「おそらく遼はプロ二年目の〇九年に賞金王になるでしょう。彼には賞金王を二回とって、それを機に世界へ羽ばたいてほしい」

ちなみに、プロ初年度の遼の賞金獲得額は一億六三一万円で堂々の五位だ。〇八年一一月三〇日に一億円を超えた時点で、彼は一七歳二ヵ月、いわずもがなの「史上最年少」だった。何より、〇八年度のドライブ距離が二九〇・三七ヤードでプロ選手中七位、平均パットは一・七六一五で三位、バーディー率にいたっては三・八三の二位という実績——一七歳の少年は立派なプロゴルファーとなりおおせたのだ。

そんな遼の輝きをシンボライズするのが、「マスターズゴルフトーナメント」への招待だった。世界四大メジャー大会の中でも〝ゴルフの祭典〟といわれるこの試合には、メジャータイトルホルダーか世界ランキング五〇位内の選手しか参戦できない。遼の〇八年度の世界順位は六〇位だった。それにもかかわらず、〇九年一月二二日に参加決定を知らせる電話を受け、三日後には招待状が届いた。極東の大型ルーキーに対する期待の大きさがうかがわれる。彼は書状をたずさえて記者会見に臨んだ。

「嬉しさのあまりに何もいえず、笑顔にもなれませんでした。嬉しさを通り越してどう表現していいか分からなかったけど、こうして形として、文字として招待状が手元に届いて心の底から感動しました」

遼はことさらに喜色を押し殺して続けた。

「毎日ポストが気になっていました。包みを受け取ったのは母です。開ける瞬間は家族のみんなが見守ってくれていて、開けるまでは信じられない気持ちでした。招待状を見た時は、すごく重みを感じました」

遼は五年前、小学校六年生のとき卒業文集に「二〇歳でマスターズに出場」と書いた。

「友人と目標の高さを競い合っていた感じでした。でも、あのときは一パーセントの可能性くらいしか考えていなかった。あの頃の気持ちを忘れずにやりたいです。小六の自分に学ぶべきところがあると感じました」

若武者がかざすクラブの切っ先は世界を向いている。

2

遼の人気を支える大きな要素として、態度や性向、物言いなどがあがる。すくすくと育った子、元気、礼儀正しい、正統派ヒーロー、クレバー、潔い、悪びれない、果敢に挑む、ゴルフひと筋……手放しに近い賛辞が目につく。しかもそれらは、大人たちが求める理想の少年像と見事なほどオーバーラップしている。

おまけに、遼の周囲は善意と好意、美談でいっぱいだ。中学時代は、ゴルフの合間をぬって体育祭の実行委員をつとめリーダーシップを発揮した。当時の担任をして「遼のまわりには自然と人があつまってくる。太陽みたいな子だった」といわしめている。

高校の友人たちは、彼のために授業の進み具合を克明にメモしてくれている。予選は平日にあるから、学校へ通うのもままならない。遼は友人たちの好意でいっぱいのノートを参考に自習する。遼は〇八年八月に関西オープンで優勝したとき、感謝の気持ちを込めて三八人のクラスメートそれぞれに自筆のメッセージを送った。

ＡＢＣチャンピオンシップで優勝したとき、遼は真っ先にいったそうだ。

「慢心して僕の鼻が伸びてきたら、容赦なくへし折ってください」

私は電車の中で件の発言を知った。主婦とおぼしき中年女性たちの噂話を耳にしたのだ。彼女たちは口々にまくしたてた。

「遼クンってすごいわよねー」

「ご両親は、よっぽどしっかり教育されたんでしょう」

「ホント、うちの子と代わってもらいたいわ」

話の出所はワイドショーのようだ。優勝早々、かような美談がテレビに報じられるタイミングの良さに驚いた。遼の関係者による、意図的でこれ見よがしな情報操作を勘ぐってしまったのだが、それでは拗ね者とお叱りを受けよう。もちろん、彼にならそんなエピソードがあっても少しもおかしくない。世間に浸透する彼の人柄と逸話は見事に合致している。

余談になるが、遼ファンは試合会場でもことさら応援に熱心だ。クリームイエローのサンバイザーをかぶった中年女性がやたらと目立つ。

「遼クンは恋人というより、息子という感覚ね。成長ぶりを応援したいんです」

揃いのサンバイザーは「五〇〇〇円を払いファンクラブに入会したら送ってきた」ものだという。大学生の息子がいるという彼女は、週末になると遼を追って日本全国を東奔西走している。ファンの中には〝R・Y・O〟と大書したトレーナーを着こんで応援しているオバサマもいた。大会関係者はそんな遼ファンたちに苦い顔だ。

「同組のプロから、『パットのとき目障りだ』と遼クンにクレームがつくこともあり、彼はひたすら謝っています」

私が遼と直接、会話を交わしたのは前述したアジアパシフィックだった。ラウンド終了後、クラブハウスで遼をつかまえた。彼は物怖じせず受け答えする。

「今の実力を素直に反省して、近いうちにきっと迫力あるゲームを展開したいです。これぞ、男子プロという試合をお見せできるようにします」

世評通りの溌剌《はつらつ》さと礼儀正しさだった。しかも、初々しい笑顔をみせてくれる。ソツがないといえばそれまでだが、ふるまいに厭味はまったくない。質問に間髪を入れず応じ、しかも自分の表現ができるのは、この年齢にしたら大したものではないか。物怖じせぬ図太さが大器ぶりをアピールする。清廉でありながら筋目のとおった少年に出会い、不埒なオッサンである私も思わず眼を細めた。

「まだ高校生だということを言い訳にしたくないし、してはいけないと思っています。コースだけじゃなく、練習や筋トレ、技術面でも今はまだ苦しいことのほうが多いんです。でも、この程度のことでメゲてちゃいけません。これから、もっと厳しい関門が待っているはずですから」

学校について尋ねたら、遼は桜色に染まり、恥ずかしげにペコリと頭を下げた。

「ごめんなさい。このところ、ずっと休んでいます。試合で忙しくて」

遼はこうもいった。

「でも、僕、やっぱりゴルフが大好きです。嫌いになりそうもありません」

彼はいった後で、ぷっとふきだした。

「プロゴルファーがゴルフが好きだなんて、おかしいですよね」

つられて、私も顔をゆるめてしまった。彼が、この屈託のないキャラクターをつくっているのか、それとも地なのかは、まだ分からない。しかし、およそ人間の魅力は、陽のあたる場所だけでなく、陰にうごめくもの、覆っても滲みでてきてしまう部分との対比や配分が絶妙のスパイスとなる。つるりとした遼の頬をみつめながら、私は陰影のありかを探す——そこで浮かんできたのが勝美だ。

遼の父親と接触した手触りは、風貌どおりの枯淡を感じさせるものではなかった。

「遼の話をするのはかまいません。でも、講談社はまずいな。講談社の取材は受けたくないんですよ」

私が本書の版元の名を出すと、彼はいった。この出版社が気に召さない理由を尋ねたが、酸っぱそうに口元をすぼめるだけだった。それでも、勝美の後についていく。彼は、ぼそり、ぼそりと話してくれた。

「遼はまだまだです。マスコミは大騒ぎだけど、これが実力ですよ。遼には、やらなきゃいけないことがいっぱいあります」

勝美は肩をすくめる。

「今日にしたって、晴れたら真っ白のズボンをはくつもりだったそうです。でも、この天気でしょ。何色のをはくのかでさんざん迷ってました。そんなこと、たいしたことじゃないのに」

その語り口に傲岸さや不遜はない。しかし、苦味や圭角、皮肉のかけらが見え隠れする。ぬるりとした感触に、一筋縄ではいかぬしたたかさを感じた。

そのうち、新聞記者やテレビ関係者も近づいてきた。彼らは例外なく、卑屈なほどおもねった態度で勝美に接触する。女性記者が勝美に傘を差し出した。

「あいにくの雨ですけど、遼クンのファンには関係ないですもんね。豪雨だって、きっとギャラリーの数は減りませんよ」

勝美は、「はあ」と答えただけで、彼女をやりすごした。次いで、テレビのディレクターが寄ってくる。彼は遼のドキュメント番組を企画しているようだ。平身低頭、揉み手擂り手をしながら物欲しげに勝美をみやる。勝美は、二度、三度とうなずいたが、確たる回答は与えない。

「じゃあ、よろしくご検討ください」

ディレクターは大仰に何度も辞儀を繰り返すと、ジーンズに泥はねをあげながら去っていった。

煮ても焼いても食えない御仁だ——私はつくづく遼の父親をみつめた。深読みすれば、遼の発散する好印象は、勝美の描いたイメージ戦術と考えることもできる。だが、クラブハウスの片隅で策士の親父がしてやったりとほくそ笑んでいるとしたら、それはそれでおもしろい。

私はこの父親に、息子とは違った意味で興味をひかれた。

勝美は一九五六年に東京で生まれ、上智大を卒業して埼玉縣信用金庫に入庫、三店舗で支店長を歴任した。現在は法人事業部に籍をおいている。息子のデビュー後、わずか二ヵ月あまりにして、子育て記『バーディは気持ち』（ゴルフダイジェスト社）を上梓した。

同書で勝美は語っている。

「妻が遼をおなかに宿したと知ったときから、これから生まれてくる子供のために、ありとあらゆる努力をしようと、私は、決意していた」

遼は勝美が三五歳になる年に生まれた。ちなみに「遼」は勝美の命名で、「はるか彼方まで突き進んで欲しい」という願いが込められている。

勝美と妻の由紀子は、埼玉縣信用金庫の同僚だった。遼の誕生の五年後に長女・葉子、九年して次男・航《わたる》を授かっている。遼のために、それまで職場に近いアパートに住んでいた夫婦は埼玉県北葛飾郡松伏《まつぶし》町に自宅を購《あがな》った。

「子供が、誰に気兼ねすることもなく、自由に走り回れるだけの広さがある庭が付いた一戸建て。それ以外は考えられなかった」

彼は「庭だけでも三〇坪はある家が欲しかった。もちろん私のためにではなく、生まれてくる子供のためにだ」という。

だが、バブル経済はまだ終焉していなかった。都心に購える物件はない。夫婦は、水田地帯を宅地開発した「ゆめみ野」を選んだ。最寄り駅の東武伊勢崎線・北越谷《きたこしがや》は都内ターミナル駅の上野から一回乗り換えて四〇分かかる。そこからさらにバスで一五分ほどいったところに新居を建てた。勝美はここを「遼のために買った家」といってはばからない。

遼がゴルフとかかわったのは二歳のときだ。勝美の思い入れが、そのまま長男に注がれた。この本には、プラスチック製のクラブを振り回す遼の写真がおさめられている。幼稚園に入って、遼は本格的にゴルフを始めた。庭にネットをはり、使い古しの五番アイアンとピッチングウェッジを与えたのは勝美だった。

息子のゴルフにかける勝美の意気込みはすさまじい。

「私は遼のために、自分の遊びをすべて中断した。旅行、読書は言うに及ばず、ゴルフ、釣、油絵、競馬……、多趣味の代名詞のようだった私は、そのすべてを断った」

同書によると、勝美のゴルフの腕前はハンディ一八前後だったという。だが、彼はそれをも封印する。

「『私のゴルフ』は、遼のゴルフを見ることであって、自分のプレーではなくなった」

遼の一家には勝美の父母も同居していた。七人といえば、今では大家族だ。祖父母、両親、きょうだいという構成は、多様な価値観の習得や共有、あるいは反発や否定に結びつく。高齢者への親しみやいたわりだけでなく、畏敬の念も養われただろう。遼の態度には、その片鱗が見え隠れする。

勝美は子育てに関して、「(子に) 厳しく接することが責務だと信じていた」。

ゴルフになると、「ことさら厳しく」、「食事中でさえ口やかましく言うこともあった」。

その分、祖父母は遼にやさしかった。孫をかばい、ほめ、感心したり、遼にはことさら甘い。しかし、父の叱責や怒りから逃げ出し、庇護してもらえる祖父母がいるのと、いないのとでは大違いだ。こういうバランス関係は大家族ならでは――おばあちゃん子は三文安いというが、勝美がゴルフという触媒を通じて、遼に傾注していく様を考えると祖父母の存在は見逃せない。

もっとも、遼の大人受けする一面は、彼が歩んできたゴルファーとしての環境も大きいようだ。

日本のゴルフ場や練習施設は、なかなか子どもに場を開放してくれない。遼も小学二年生のとき、隣町の練習場に出かけて断られている。一二〇センチと小柄だった遼は、子ども用のキャディバッグを抱きかかえ、泣きじゃくりながら帰ってきた。その姿が、今も勝美の脳裏に焼きついて離れない。

だが、ほどなく父子は練習場を確保する。自宅から車でおよそ三〇分、県境をこえた千葉県野田市の「ゴルフサロン セラ」が遼の練習場となった。

ほぼ毎日、少ない週でも五日、遼はここへ通った。まず小学校での授業を終えた彼を、中古のワンボックスカーで練習場へ送り届けるのは母の役目だ。母はそのまま自宅に戻り、遼がひとりで練習を始める。仕事を終えた父が午後八時くらいにあらわれ、練習は九時半を過ぎても続いた。

遼は決まって二階の左端に陣取った。決してよい場所ではない。だが、周囲の邪魔にならないように——大人たちに混じって練習することを許された子どもの健気な配慮だった。いや、勝美の指図だったはずだ。

遼がコースに出たのも同時期だった。セラと並んで小学生を受け入れた、茨城県結城市にある「しもふさカントリークラブ」のスタッフはいう。

「お父さんが、一緒にラウンドさせてくださいと頼み、遼クンは大人とコースを回っていました」

勝美はあえて、自分が遼とラウンドするのではなく、見も知らないメンバーと同行させている。遼がバッグを背負い、目土袋を持つと身体が見えなくなってしまう。大人たちに遅れまいと彼は小走りでついていった。ホールアウトしたとき、大人たちは小学生とのプレーという珍事だけでなく、遼の態度にこそ驚いた。

「遼クンはゴルフがうまいだけでなく、きちんとした挨拶ができる」

「マナーがすばらしい。これからも、遼クンとなら回ってもいい」

大人のゴルファーと早くから接しざるをえなかったことで、遼は親から礼儀を厳しく教え込まれたことだろう。勝美から話を聞いたというスポーツ紙記者は話してくれた。

「遼パパは常々、ジュニアゴルファーの親はスコアに拘泥しすぎると批判しています。彼は、まずマナーを優先すべきだという考えなんです。そこができてないからダメなんだといっています」

別の記者は、勝美の安堵と懸念を語る。

「やっと子どもを受け入れてくれる練習場やコースが見つかった。ここで遼が不手際をやらかして追い出されたら、もうゴルフができなくなる」

だからこそ遼は父から、お手本のような子どもの在り方を学び、実践したに違いない。それが、いやらしい媚となって彼の身についたのではなく、現在のように朗々としたものとして消化されている――これも勝美の教育の手柄か。それとも遼の天分なのか。

彼らが出入りを許された練習場やコースでの評判は、遼ばかりか勝美もすこぶる良好で、絶賛に近い。関係者たち曰く、「ラウンド前の『よろしくお願いします』、ラウンド後の『ありがとうございました』を欠かさない」、「プロになった遼クンは、必ず試合のスコアを添えた手書きの手紙を送ってくれる」。

父親への賛辞はこうだ――「勝美さんは遼クンがいい成績でも、それを絶対に自慢しない」、「勝美さんはいつもにこやかで、腰の低い人です」

ラウンドが終わっても、父子は帰ろうともせず熱心に練習を重ねた。先ほどの、しもふさカントリークラブのスタッフは彼らを思い出しながら、にこやかに語る。

「遼クンのお父さんは全然スパルタじゃないです。声を荒らげて怒っているの、一度も見たことがありません。じーっと遼クンのプレーを見ていて、ときおりアドバイスするくらいです」

ジュニアに同伴する父親というのは、総体として不興をかっている。平気でラウンド中に大声で怒鳴ったり、子に近寄って細々と注意を与えたりするからだ。ゴルフ雑誌の記者によると、遼の父も容赦のない、厳しい注意や訓戒を垂れていたことを認めている。

「ただ、精神的な面への指導に重きをおいていたと遼パパは話していました。練習態度が悪かったり、ゴルフへの取り組みが中途半端だったりしたときには、手も出したようです」

勝美の著書から引用した、食事中でも口やかましく注意したという事実が思い出される。遼も身をこごめた。

「父からは、『もうゴルフをやめろ』とまでいわれたことがありました」

とはいえ、父は息子を人前で叱り飛ばしたわけではない。人目のあるところと、そうでない場合の指導には差異があった。そこにもまた、勝美という人物が窺える。

遼がアマチュア時代に使っていたクラブのクラフトマン・新井ユタカは、指導者としての勝美を評価する。

「お父さんは、ゴルフで何がよくて、ダメなのかをすごく理解しています。アメリカのトップ選手のスイングなんかは、徹底研究しているはずです。しかも、正しい在り方にもっていくためのステップを踏み外しません。たとえば飛距離を伸ばすには、小学生に筋トレをさせても効果がありません。それより、正しいフォームで的確に打つということを徹底させるほうがいい。お父さんはこれを実践するために、まず遼クンに反復練習の重要性を教えて納得させています。ベースとなる気持ちのところからはじめているんですよ」

勝美はプロとなった息子のために専用練習場を設《しつら》えた。場所は生家のある町だ。パットやアプローチの練習ができる一六〇〇坪の広さを有し、オーストラリアから砂を取り寄せ、芝はマスターズが開催されるオーガスタナショナルゴルフクラブと同じ種類のペンA2という芝をはり、三つのバンカーのうちのひとつも、オーストラリアからマスターズ仕様の砂を取り寄せた。ゴルフの聖地・セントアンドリュースを想定したグリーンやバンカーも自慢だ。

3

勝美は遼のマネジメントをも差配している。

芸能界においてステージママやパパはお馴染みだ。しかし、かつてのスポーツ界ではマンガ『巨人の星』の父・星一徹さながらにコーチとして幅をきかせる親はたくさんいても、マネジメントに口をはさむ例は珍しかった。ここにも当世のスポーツ事情を垣間見ることができる。

勝美は信用金庫に勤めながら、マネジメントをこなす。とはいえ、どの大会でも、息子とペアになった彼の姿があるのだから金庫の仕事などやってはいまい。勤め先が厚遇をもって勝美を雇うのは、広告宣伝費のようなものなのだろう。しかも彼は当初、勤めを辞めない理由として、住宅ローンの返済と家族の生活を支えるためといっていた。

遼が世に出る前、石川家は質素な生活ぶりだった。彼らは一六年落ちという中古のくたびれたワンボックスカーに乗り、レストランでのご馳走や家族旅行などは滅多になく、練習場にはおにぎりを持参して頬ばっていたのだ。ゴルフボールはロストボール、遼が勝美のお下がりではなく、新品のクラブを使ったのは小五のときだった。勝美が遼と一緒にラウンドしなかったのは、その料金を節約する意味もあった。

しかし、遼がプロになったことでこれらはすっかり過去のものになってしまったはずだ。

遼は、使用するクラブやウエアなどに関してヨネックス、所属はパナソニックというように専属契約を結んだ。CMではトヨタ、全日空、NTTドコモ、日本コカ・コーラ、ハウス食品、山本光学などが名を連ねている。ヨネックスからは、オリジナルブランドのウエアやシューズも発表した。各社と取り交した総額は二三億円とされ、ゴルフ界への経済波及効果も六〇億円を超す。遼は、これだけの数字をプロ転向後のわずか七ヵ月ほどで弾きだしている。

息子がデビューしてから、勝美は山梨県の河口湖と北海道の千歳に別荘を買った。河口湖の物件は、名門富士桜カントリー倶楽部に行くのに便利なロケーションの高級分譲地の豪邸だ。千歳の物件も豪勢なつくりだが、遼の夏場の調整やトレーニング基地としての機能を意識している。

アマチュア時代のKSBカップ優勝で勝美の腹は決まった。プロ宣言の二ヵ月後、彼は閑職に退き、殺到する息子へのオファーをさばき始めた。親子鷹からステージパパに変身したのだ。

勝美は「ケーアイ企画」（石川勝美のイニシャルにちなんだ社名だろう）という遼のためのマネジメント事務所を立ち上げている。だが、妙なことに直接ここへコンタクトは取れない。私がパナソニックのスタッフにケーアイ企画の電話番号を尋ねたら、「教えられない」といわれた。あくまでパナソニックを通して取材の可否を打診するのだという。私が懇意にする編集者も同じルートで取材を申し込んだ。

「そしたら、どういうわけか電通から編集部に連絡があって細々とした内容を質問されました」

どうやら大手広告代理店のスタッフが勝美の参謀役として侍っているようだ。しかも、ご丁寧というか回りくどいというべきか、後になって勝美から編集者へ電話がきたという。

ゴルフ雑誌の編集者はいっていた。「電通の人間はあくまでもアドバイザリースタッフですよ。最終ジャッジはすべて遼パパの専権事項です」

勝美の果たす役割は、ビジネス面でも存在感を増すばかりだ。その真骨頂ともいえるのが、クラブ契約にいたる経緯だった。さらに、待望久しい男子ゴルフのヒーロー候補をめぐるビジネスマンたちの攻防も、スポーツマネジメントの実態を赤裸々に語りつくす。

○七年の初冬、大手スポーツ用品メーカーの幹部は会議に参加した面々の顔を見やった。
「ヨネックスで決まり、ということなんだな」

幹部の念押しに、スタッフは次々とうなずく。宣伝部員が代表して答えた。

「ヨネックスの提示条件には、とても対抗できません」

　幹部は苦笑を浮かべた。

「一〇億円とは、思い切ったものだ」

　ゴルフ界に現れた新星との契約交渉は、ヨネックスをはじめブリヂストン、ダンロップ、ミズノ、キャロウェイなど主だったメーカーが入り乱れ熾烈《しれつ》を極めた。そこでの撤退だけに、忸怩《じくじ》たるものはある。だが、このとき不思議と幹部ばかりか交渉に当たった社員の胸の内に、舌打ちを伴う悔しさは湧いてこなかった。むしろ、数ヵ月にわたって、年端もいかぬ子どもの争奪戦に明け暮れた徒労感のほうが色濃い。

　スポーツ用品メーカー幹部は当時を振り返る。

「ウチが遼クンとコンタクトをとったのは〇七年秋でした。ライバル会社の多くは、すでに接触を始めていますから、ウチは完全に後れをとっていました」

　幹部はその理由を述べた。

「遼クンが高校生だったからです。契約交渉で決め手となるのはカネです。でも、未成年相手に度外れた金額を示せば、社会的な問題となる危険性があります」

　社内では投資リスクの高さも指摘された。遼の将来性を楽天的に見るか、それともギャンブルと考えるか――〝タイガー・ウッズ二世〟と話題になったジュニア選手は大勢いたが大成した例はほとんどない。だから、このメーカーでは議論を重ね、契約年数の長さと、成績に応じてインセンティブやボーナスを加味する方針で臨んだ。

用意した金額を問うと、幹部はしばし躊躇してから答えた。

「高校生には三年で一億円が限度。宮里藍だって、最初の契約は三年で八〇〇〇万円です」

だが、勝美との攻防戦では苦境に立たされる。

「遼クンサイドは露骨で、いきなり『交渉しているのは、お宅だけじゃないんですよ』といわれました。これは、激しいマネーゲームを覚悟しろというサインだと理解しました」

結果として彼の会社は離脱する。他社の営業部員たちも、札束攻勢の激しさを語った。

「スポーツ紙やゴルフ誌記者から、必死で他社の動向を探りました。あるメーカーが、『一〇億円、用意する覚悟はあるのか?』と詰め寄られたという噂話を聞き、ウチの準備した額じゃ勝負できないと落胆したものです」

遼の争奪戦は、〇七年一一月末にヨネックス対ブリヂストンの決戦となった。業界では、ブリヂストン有利の観測が流れた。この会社は、丸山茂樹や宮里藍を手がけるだけに、米国ツアーの支援態勢が整っている。海外飛躍を目標に掲げ、マスターズ優勝が夢の遼にとっては格好のパートナーというべきだ。

だが、ブリヂストンは破格の条件を提示しつつも苦しい事情を抱えていた。信用調査会社にはこんな情報がもたらされている。

「三年六億円なら敗退必至ということで、他の選手の契約金をカットしてまで、一〇億円を捻出しようとしたようです。ところが選手や社員の反発は強く、社内は騒然としていました。谷原秀《ひで》人《と》のプロギア移籍や、丸山担当の社員が退職したのも騒動の一端だといわれています」

結局、ブリヂストンは手を引き、石川を獲得したのは「五年一〇億円」を押し出したヨネックスだった。もっとも、ヨネックスがアドバンテージを握っていたのも事実だ。まず、遼がずっとヨネックスのアイアンを使っていたことは見過ごせない。さらには小学生時代、他社は見向きもしなかったのに、ヨネックス一社のみ用具の提供を快諾したという経緯が契約締結に寄与した。資金面での優位さもあった。ヨネックスは、小椋久美子と潮田玲子のオグシオ人気でバドミントン用具が売れに売れた。それ以上に、ウォーキングシューズが好調で収益はアップしている。テニスのヒンギスの引退で、彼女の契約金を遼へ回すことも可能だったろう。

だから、信用調査会社のスタッフはうがった見方もしてみせた。

「一〇億円の数字が早くから飛び交っただけに、終盤は、それ以上の条件交渉だったというゴシップがたえません。ヨネックスは優勝や関連製品の売り上げに対し、さらに多額のインセンティブが可能だということをチラつかせたんじゃないですか」

遼とヨネックスの契約成立に伴う、会見案内のファクスが流れてきたのは前日という慌ただしさだった。発表間際まで折衝が続いていたと推測ができる。

だが、地味な印象の強いヨネックスもイメージチェンジが果たせた。もちろん実利面での〝遼クン効果〟も即効性が高い。何しろゴルファーたちは用具の選択に余念がないし、新商品情報に敏感だ。話題の製品となるとつい手が出てしまう。ニュースターの登場は購買意欲をいやがうえにも刺激する。事実、遼が使うのと同モデルのアイアンは販売目標の三倍の受注、八本セットの契約記念モデル（一六万八〇〇〇円）も売り切れた。ヨネックスの株価は、遼との契約前日まで七五五円だったのが、4日後にはストップ高の九四九円を記録した。

ところがヨネックスに敗れたライバルメーカーたちは当初、意外にもショックが少なかった。「一〇億円の先行投資はリスクが大きすぎる」というわけだ。「今回の交渉で遼サイドの出方がわかった。五年後の更改時にはウチが奪ってみせる」と嘯《うそぶ》く営業マンもいた。とはいえ、まさか遼がこれほどの熱気を生むとは各社とも予想できなかった——彼らは口を揃えて、「逃がした魚は大きい」と認めている。だが、嘆いてばかりもおられない。早くも次期契約をめぐって激しいつばぜり合いが展開されているはずだ。

遼の大活躍に刺激され、わが子もプロゴルファーにと意気込む親が急増した。しかし、ゴルフは用具から練習場まで出費がかさむ。一二歳で二八〇ヤードを飛ばし、〇八年には一二歳で関東ジュニアを制した伊藤誠道《まさみち》の父・一誠《いっせい》が育成費について語ってくれた。

「最低でも年間二〇〇万円以上かかります。練習場の確保も悩みのタネです」

石川が在籍する杉並学院ゴルフ部の先輩で、〇七年関東アマ王者・薗田峻輔の父・俊信も同様だ。

「中学ではオーストラリアにゴルフ留学させ、ティーチングプロも外国人を雇っています」

それでも、子どもにクラブを持たせる親があとを絶たないのは、ゴルフがビッグビジネスに直結しているからだ。タイガー・ウッズは、世界一の富豪アスリートで、〇七年だけで一三〇億円を得た。ミシェル・ウィーも一八歳の時点で年収二四億円、日本で出場する試合はエントランスフィーだけで一億円だという。

メーカー各社が遼クン詣でに勤しむのと同時に、「ＩＭＧ」や「サニーサイドアップ」など、マネジメント会社が名乗りを上げた。参戦した企業の重役は語る。

「遼クンにアタックしないなんて、逆にどうして？　と質問したいくらいです」

ところが、勝美は彼らを一蹴した。遼と勝美を取材する記者たちは異口同音にいう。

「遼パパは、『あんなやつらに、マージンをもっていかれる理由はない』って吐き捨てていました」

これが、カネにまつわる勝美の本心だとすればいささか興ざめではあるものの、剝きだしのホンネが漏れたことへの共感や共鳴もあろう。父の心情を探れば、手塩にかけて育てた息子を他人の手に委ねる気にはなれなかったとも考えられる。まして、遼は年齢以上に大人だとはいえ、まだ未成年だ。勝美はしっかりと遼に寄り添って、彼を守りとおすつもりでいるのも事実だろう。

しかし、いくら勝美が計算高い金融マンで、かつ計略家で戦略家だとしても、しょせんはスポーツビジネスの素人という風評を否定できまい。あるいは、彼にもこなせるほどアスリートのマネジメントは手軽なものなのか。周囲の声は、「遼を海外に羽ばたかせたいなら、世界規模のマネジメント会社に任せるべきだ」で一致していた。五〇歳を過ぎた父親が、各国を息子と移動するのは肉体的に無理が多い。まして、欧米の海千山千のプロモーター相手に交渉するには、卓越した語学力はもちろん、鋭いビジネス手腕が求められる。ＩＭＧの肩をもつ気はないが、ヨネックスや電通スタッフからなる遼の取り巻き連では、アメリカでの活動のアシストは荷が重すぎる。海外での融通を考えると、やはり現地に本拠を構えるうえ経験豊富なＩＭＧにアドバンテージがあるというものだ。

だが、この懸念は勝美にもあった。〇九年一月末、「ケーアイ企画」に遼の国内マネジメントの窓口を集約しながら、海外での活動に関してはＩＭＧに一任すると公表した。さすがの勝美も、息子がマイナビＡＢＣチャンピオンシップで優勝するまで、「海外挑戦なんて、まだまだ先の話」と明言していた。デビューからしばらく芳しい戦績が残せなかったのだから、この発言はホンネだったはずだ。その路線を、遼の予想を超えた快進撃が変更させた。

ＩＭＧは、弁護士のマーク・マコーマックが六〇年に創設した、世界最大級のスポーツマネジメント会社だ。アメリカを核として、日本支社をはじめ世界各国に六六の拠点を持つ。ＩＭＧはゴルフ、テニス、アイススケートなどの種目に突出したアスリートを擁しており、その陣容は世界一といって過言ではない。テニスだとマリア・シャラポワ、ビーナス・ウィリアムズ、モニカ・セレスといった女子選手、男子では現役トップのラファエル・ナダルを筆頭にビョルン・ボルグ、ロジャー・フェデラーら新旧王者が居並ぶ。スケートの浅田真央や安藤美姫もＩＭＧと契約している。

中でもゴルフ部門は、ＩＭＧの足跡がマコーマックとゴルファーのアーノルド・パーマーとの出逢いから始まっているだけに、力の入れ方が違う。ＩＭＧは、タイガー・ウッズやアニカ・ソレンスタム、ウィーらのマネジメントを手掛けるほか、ＵＳＧＡ（全米ゴルフ協会）やＲ＆Ａ（全英ゴルフ協会）といった主要ゴルフ協会の代理を務めている。ほかにも見逃せないのが、ゴルフイベントの企画や運営などの業務だ。日本の女子トーナメント最高賞金総額を誇った「マスターズＧＣレディース」の主催はその一端であり、テレビ放映権やライセンシングなど多岐にわたるビジネスがうごめく。

〇九年の初春、遼は意気揚々と渡米した。もちろんマスターズ出場が目的だが、ＩＭＧはその前に、ＰＧＡツアーの「ノーザントラストオープン」、「トランジションズ選手権」、「アーノルド・パーマー招待」の三試合への出場をお膳立てしてくれている。デビュー戦と三戦目は予選落ちだったが、二戦目は「日本人最年少」という毎度の枕詞つきに加え、「米ツアー歴代五位」の若さで予選を突破してみせた。

なにより遼は、二月二四日、アリゾナに復帰を遂げたウッズを訪ね、握手を交わしている。ウッズの「君のことは知っている。がんばってくれ」に対し、「お会いできて光栄です」の返答が精いっぱいという一瞬の邂逅《かいこう》だったが、それでも遼の上気した顔は至福で満たされていた。無論、この会見もＩＭＧが奔走して実現したものだ。遼の、「僕のゴルフ人生に間違いなく残るシーン」ということばを聞き、父たる勝美も感慨無量だったのではなかろうか。

4

息子にゴルフを与えたばかりか、ゴルファーとなるべく己の趣味を封じてまで賭した父親——石川遼は決してアマチュア最強の選手ではなかったが、自ら端緒を開いて栄冠と巨万の富を引き寄せた。常に息子をリードしてきた勝美は、プロになってからいっそう緊密度を深め、遼が直面する環境の整備に邁進している。

勝美の胸中には打算もあれば、策謀もあろう。だが、その一方では己が身を挺して子を擁護しながら、ゴルファーとしての栄達を極めさせたいという想いが充満しているはずだ。それだけに、彼の立場や態度、方策は両刃の剣となる。

勝美に対しては複数のメディアが、「勘違いしている」、「傲慢、不遜だ」と批判している。彼らを代表してスポーツ紙記者はいう。

「遼パパは気に入らない報道を見つけると、夜中でも構わず番記者を呼びつけ、『またこんな記事が出ているぞ。運動記者クラブとして何とか対処しろ！』と怒鳴っています」

もっとも東京スポーツは、一面で派手に「遼にゲイ疑惑」と掲載している。まともな神経の親なら激怒して当然だ。ところが、子を慮《おもんぱか》る気持ちが高じると批判を呼ぶこともある。

「ある試合後の囲み取材で『遼は疲れてるんだ。椅子を用意しろ』と命じた一件は噴飯ものです。ジャンボ尾崎だって、新人の頃は立って取材に応じていたものです」

アメリカツアー初参戦で取材にあたった記者からは、こんな話を聞いた。

「遼パパは日頃えらそうにしているくせ、海外事情に疎いんですよ。アメリカ初遠征では、独断でレンタカー二台を用意させ、カリフォルニアからアリゾナまでの八〇〇キロ、飛行機なら一時間半の距離を一〇時間かけて移動させせました。遼パパが、空港の荷物チェックが煩わしくて不快だと無理を通したんです。スタッフはくたくたで、これから世界で戦おうというのに、荷物チェックくらいは慣れてほしいとぼやいてました」

確かに九・一一事件以降、アメリカ国内の空港での検査は腹立たしいほどに細かく厳しい。だが、それとて「郷にいれば郷に従え」だ。少し考えれば、荷物だけクルマ一台で送るとか方策はいくらもあろう。この一件はスタッフの憤懣《ふんまん》に分がある。遼の一行をウォッチしていた記者は続けた。

「ＩＭＧが必死になって遼を三つの試合に押し込んだのに、遼パパは『今回の試合はマスターズのためのキャンプみたいなもの』と公言して顰蹙《ひんしゅく》をかってました」

遼が満足のいかない戦績で終わった場合の布石、親心から、キャンプという認識を示して伏線をはったのか。とはいえ、推薦をとりつけてくれたスタッフが耳にしたら愉快ではあるまい。

「初戦だけメディアを招いて記者会見をしましたが、どういうわけか、遼パパはご機嫌ななめでした。記者会見を開くかわりに練習ラウンドは取材禁止といいだし、これには記者たちからも『せっかくアメリカまで取材にきているのに』と不満の声が噴出しました」

だが、遼のスタッフや代理店、スポンサーなどが勝美の意向に隷属するのはもちろん、メディアとの力関係の秤も勝美に傾いている。何しろ、彼の思惑に外れたら遼ビジネスは停滞してしまうのだから当然のことだ。

こんな世評を知って、勝美をよく知るという人物は表情を曇らせる。

「勝美さんは野心家のうえ自尊心が強いだけに、横柄になりがち。よくいえば自分の考えがしっかりしているんだけど、悪くいうと人の話をきかないんだ」

アメリカについた日、勝美はトランプ・ナショナルＧＣというコースへ遼を引っぱっていき練習させた。ここは、初戦のあったリビエラとは条件やコンディションがまったく違うコースだ。知人は手のひらを上向け、お手上げというゼスチャーをしてみせた。

「正直、なぜ彼があんなコースへ遼を連れ出したのか、まったく真意がつかめない。勝美さんに独自の目論見があるのか、それとも素人でまったく事情がわかっていないのか、それすら謎です。取り巻き連中は、嫌われるのを覚悟で注進してやればいいのに。勝美さんも独断専行じゃなく、周囲の意見に謙虚に耳をかすべきです。彼は優秀な男だし、裸の王様になっちゃ、何も得るところがないことくらい知ってるはずなんだけど」

毀誉《きよ》褒貶《ほうへん》の中身を吟味するには、ことさら慎重な作業が必要だ。それは勝美のケースとて変わらない。勝美は、息子とのコミュニケーション手段としてゴルフを選んだ。ゴルフを息子との絆にしたかった。アマチュア時代はスコアにこだわらなかったし、父と子が楽しければよかった。幸いにして遼とゴルフの相性はよく、どんどんうまくなって親父を追い抜いた。

一五歳での、大人に交じっての遼の優勝がなければ、親子の境遇はまったく違ったものだったはずだ。遼が高校、大学と進んでからプロになったとしたら、勝美は還暦目前、初老のとば口に立っていることになる。金庫を定年退職すれば時間は余る。しかし、息子が可愛くても、その年齢から、まさか今のようにしゃしゃり出ることはあるまい。

だが、年端もいかぬ人気者の息子を抱え、血気盛んな中年男は家族を守るために立った。マネジメントの世界の魑魅魍魎、マスコミで跋扈《ばっこ》する狐狸たちに接し、温厚で礼儀正しいという一面は封印してしまった——あえて自分が悪者になるという選択をしたわけだ。この心境は、父たるものなら理解できよう。

いみじくも、勝美は事あるごとに「遼はゴルフをもり立てるためにがんばっている」と強調している。彼に異議は挟めない。勝てば官軍、強ければ無理がとおるのはスポーツの世界で顕著なことだ。でも、だからといって遼だけを特別扱いしろという論理が通用するわけはない。同じゴルフ界には、国会議員になりながら、その人柄と言動ゆえに悶着や騒動をおこし、反発をかっている女子プロ選手の父親もいる。もちろん、勝美はそこまでひどくはないが、もって他山の石とするべきではあろう。

初渡米の二戦目、トランジションズ選手権に臨む遼の顔つきは渋いものだった。勝美の命でスイング改造に取り組んでいるのに、いっかな成果が出ない。遼の口は重く、弱気の虫が騒ぐ。

「上半身と下半身の動きがバラバラで、球筋までバラバラになっています」

しかし、私が遼以上に眼を奪われたのは、息子の横で、眉も眼尻も口元もへの字に曲げ、浮かぬ顔の総本山のようになった勝美だった。マネジメントの独裁者、もっとも身近で絶対的なコーチというパーソナリティより、むしろ愚直な父の横顔が色濃く出ていたからだ。

日本では話題沸騰のマスターズ初挑戦は予選落ちの結果に終わっている。遼は感想を語った。

「ここは一年間をかけて練習してきた成果をテストされる場だと思いました。二〇歳でマスターズ優勝の想像はつかないけれど、いつか優勝できると感じられるようになりたいです」

勝美は自著『バーディは気持ち』に子育ての信条を書いている。

「一、大人は、とかく価値判断をするが、子供はあらゆる事に興味を示す。同じ目線に立ってあげたほうがいい。

二、夢は、かなえるものではなく、持ち続けるもの。夢のない人はいない」

勝美の教育方針にゴルフをどう合致させていったのか――ただし、原理原則やきれいごとで濁世はわたれない。勝美と遼もゴルフに打ち込むことで父子関係の限界の縁をみた。彼らを取材した記者はいう。

「遼パパの熱心さ、一途さは突出しています。遼クンもそれに必死でくらいついていきました。でも、思うように成果があがらなかったり、肝心の試合で負けることも少なくなかった。遼クンだって思春期だから親に反抗したくもなるでしょうし、実際に壮絶な親子ゲンカがあったとも聞いています。それでも、やっぱりゴルフは父子の絆なんです」

私は思う。勝美が遼にとって良き父であれば、それで彼の価値は保全されるし、息子もそれ以上のことを望んではいまい。勝美は遼の父なのであって、万人の親ではないのだから、何も皆々に好かれる必要はない。まして、ゴルフの周辺には戦績や栄誉、カネとビジネス、複雑な人間関係や利権などの夾雑物《きょうざつぶつ》が渦巻く。父がそれら降りかかるものを振り払うもよし、毒どころか皿まで喰らうのもよかろう。

勝美と遼の父子がゴルフを選んだのではない。このスポーツに魅入られてしまったのだ。

ゴルフの天帝は善神なのか、それとも魔王か。いずれにせよ、遼と勝美はとことんまでのめり込むしか、他にいく道はあるまい。

「親子鷹」は伝承される

―中嶋常幸　二人三脚の終着点―

石川遼と勝美の二人三脚ぶりをみるにつけ、思い浮かぶもう一組の父子がゴルフ界にいる。中嶋常幸と父の巌《いわお》だ――彼らは親子鷹といわれ、父が長男の常幸に施した猛練習は語り草となっている。この父は、娘の中島恵利華、弟の和也もプロゴルファーに育てあげた。

中嶋は、父が課した常軌を通り越した特訓をこなすことでプロゴルファーとして一時代を築き、その父との決別を機に新たなステージへ進んでいった。だが、これは彼にとって安穏な道程ではなく、長きにわたるスランプや葛藤との戦いでもあった。中嶋常幸はいう。

「最初はね、オヤジのやってるゴルフが面白そうだから興味を持ったんです。止まってるボールを打つと、ギューンって遠くまで飛んでいって最後は消えてしまう。なんだか、そのことだけで胸がワクワクしましたね」

中嶋が父親のクラブを手にしたのは一〇歳の頃、一九五四年生まれの彼にとってはもう四五年前のことになる。

「ゴルフをやりたいといったら、オヤジもよろこんでくれてね。半年ほど手ほどきを受け、コースに連れて行ってもらったんです。周りの大人たちも、とてもやさしく接してくれました」

五月の雨上がり、新緑が差した陽に濃く映えている。芝の草いきれが、むせかえるほどだった。面前のコースは、凪《な》いだ海原のようにどこまでも広がっている——その日の記憶は、自分の心の宝物だと中嶋は語った。

「ゴルフは本当に楽しかった。だから、すぐ好きになりました。父とコースに出る日が待ち遠しくて仕方なかった。楽しいのは、父だって同じだったはずですよ。だって、あの頃の僕とオヤジにとって、ゴルフは真剣な遊びでした」

このあたりの事情は、中嶋親子も石川親子も変わらない。だが、中嶋は「その後がたいへんだったんだ」と表情をあらためた。

「ゴルフの意味あいが変わったのは、中三で試合に出はじめてから。勝負がゴルフのなかで大きな意味をもつようになったんです」

中嶋の父は超のつく負けず嫌いだった。

「というより、父は負けるという事実を受容できないんですよ。父にとって、『なぜ負けたんだ』という疑問は怒りにもなるし、そのまま『じゃあ、どうすれば勝てるんだ』になっていくんです」

楽しさばかりのゴルフは影をひそめ、「求道するゴルフ、そのための修行」が大きなウェイトを占めるようになった。早朝、深夜を問わない猛練習が課せられ、ミスをすると父の厳しい叱責が待っている。「元日にトランプをやった」以外は、ゴルフだけの毎日だった。

「中一のときには年間で二〇日くらい、ゴルフの大会や練習のために学校を休んでいたなあ。それが中三になると五〇日くらいになってねえ……」

父は息子のために、雨天時のプレーを想定してシャワー設備まで装備した練習場をつくった。休日ともなると、最低でも二〇〇〇球を打つのがノルマだった。中嶋はそれにこたえてみせた。「球数が勘定できるうちは甘い。僕は数えられないくらい打った」という、彼の感慨ともジョークともつかぬ台詞は有名だ。

「プロになって一番驚いたのは、周囲の練習量の少なさでした。オヤジがずば抜けた量の練習を強いてくれたおかげで、僕は他のプロ選手たちに臆することなくプレーすることができたんですよ」

中嶋は群馬県桐生市にある樹徳高校へ進学するが、二年生で中退してしまう。父の思惑があったのはもちろんだが、中嶋も自らゴルフを選んだ。その判断について問うと、彼は太い息をついた。

「子どもって浅はかだよね。学校なんてゴルフの邪魔だと思ってたけど、あそこは僕にとっては唯一の避難所だったんだよ。学校がなくなっちゃったおかげで、一日中どころか三百六十五日、ずっとゴルフ漬けになりました。もう、オヤジ・イコール・ゴルフから逃げられない」

父は、いつもどこかで息子を見ていた。手を抜くと必ず指摘される。父は息子のすべてを見とおし、把握していた。中嶋はわずかに唇をゆがめた。

「自殺も本気で考えたね。それほど、毎日がギリギリのところで成り立っていた。ゴルフは奥が深い。いや、すべてのスポーツはそういうもんだと思う。トレーニングを積めば上達はするんだけど、そこにたどり着いても、向こう側にまた新しいドアがあるんだよ。これほど深い悩みがありますか？」

だからこそ、彼はゴルフの虜になった。つらくても、ゴルフが好きという事実に変わりはなかった。それは父親への想いにも通じている。

「僕は褒められて伸びるタイプじゃなくて、叱責されて育つタイプだった。オヤジという石炭がないと、僕の機関車は動かなかった。オヤジが示すハードルが高くなり、責めがきつくなるほど燃えたし、それを乗り越えることで強くなっていけた。オヤジは僕にとって最高のコーチでした」

しかも、中嶋は父を恨んだことがない。いや、若い頃には複雑な感情が交錯したこともある。だが、自分が父となり、巌が亡くなった現在では、中嶋の胸のうちの父親像はより好ましいものに変容している。

「瞬間湯沸かし器ですぐにカーッとなって、ついでに手もあげる人だった。けどオヤジは僕にとってたったひとりのオヤジだもんね。今、オヤジを思い返すと灼熱の太陽って感じかな。笑顔がすごくいい人だった。芯の部分はとってもあたたかいし、やさしい人でした」

中嶋は二一歳でプロとなった。彼と父の二人三脚はゴルフをはじめて一三年目、中嶋が二三歳となったときに終焉する。

「アマチュア時代は練習はもちろん、どんな試合にもついてきたのに、僕がプロになったら年に数試合しか顔を見せなくなったね。おそらく、プロになった以上は自分で腕を磨けということだったんでしょう。その後、僕が結婚して独立したら、もう一切試合には来なくなった」

密度の濃すぎる父子だっただけに、親離れ、子離れは容易ではなかったはずだ。しかし、父子が直面したはずの深い葛藤や、そこに至る伏線を中嶋は語らない。ただ、彼はこう言い放った。

「オヤジがいなくなったから、弱くなったとだけはいわれたくなかった。そんなことになったら、僕というゴルファーの存在意義、ましてオヤジとふたりで必死にゴルフに取り組んだ日々の意味がなくなってしまう」

中嶋は「世界で最も美しいスイング」と称賛され、八六年のマスターズでは八位に入り、〇一年に伊沢利光が四位となるまで日本人最高位を保った。八五年は日本ツアー六勝と最強を誇ったこともある。

「オヤジのおかげで培われたファンダメンタルに、僕の工夫と努力が乗っかって、ああいう成績が残せたんですよ」

そんな中嶋の長男・雅生《まさお》も〇二年にプロゴルファーとなった。

「僕はオヤジとは全然違うタイプの父親だね。雅生が高校生くらいのとき、なんとなくゴルファーになりたいんだと分かったけど、特にアドバイスもしていません。特訓なんて、考えたこともない。ゴルフという競技を通じて感じる、喜びや悲しみ、楽しみと痛みは自分で学ぶものですよ」

ことさらに無関心を強調する中嶋だが、それでも息子への気持ちを断ったわけではない。彼が九九年に「中島」から「中嶋」へ改名したのは、姓を変えることで、いずれ同じ競技で闘う息子に、「あの中島常幸の息子」という余計なハンディを負わせたくなかったからだ。

「父親として大事なのは、スパルタとか放任といったスタイルの問題じゃない。オヤジは、ちゃんとお前の後ろにいるぞっていう、信頼感じゃないのかな。子どもを孤独にしちゃいけない。いつも、子どもの心の中で支える存在であるべきだと思います」

中嶋はことさら笑顔になって言い添えた。

「ただね、僕は息子のためにオヤジという壁を高くしておくつもりです。ゴルフの成績やゴルファーとしての人気も、うんと高くしておく——でも、決して乗り越えられないほど高くはするつもりはないんです」

子育てに方程式はない。親子の数だけパターンがあって、子育てが成功するのは奇跡、失敗するのも奇跡——私が常々おもっていることを口にすると、中嶋も深くうなずき身を乗り出した。

「僕らの場合だって、巌と常幸のコンビだからこそ成功したんです。そこには何の普遍性もない。他人のまねっこでうまくいくほど、親子の関係は簡単じゃないですよ。これは常幸と雅生の父子も同じ。父と子はそれぞれが試行錯誤して道を探すしかないね」

中嶋父子が特訓に明け暮れていた六〇年代半ばは、『巨人の星』や『あしたのジョー』などに代表されるスポ根マンガの黎明期とも重なる。だが、ここで高度経済成長期云々と、その同時代性をあげつらう気はない。ただ、豊富というには過剰すぎる練習量や、厳しい克己を支える精神力などはマンガの絵空事ではなく、現実のアスリートたちにあまねく求められたものだった。女子バレーボールで「東洋の魔女」たちを率い、東京五輪で金メダルを獲得した大松博文監督のハードトレーニングはその代表だ。練習で流す血と汗と涙、刻苦勉励に自己犠牲、辛抱我慢の果てに勝利がある――そんな精神性が極めて重要視された時代があったという事実は、スポーツシーンをめぐる歴史の中で際立っている。

さらに、これを支えた目標意識にフォーカスをあてれば、カネよりも勝利、もっといえば自己鍛錬、自己向上という面へ偏頗《へんぱ》なほど傾いていることに気づく。それは、中嶋父子も同じだった。当時、「グラウンドや土俵にはカネが埋もれている」とはいわれたが、カネ目当てでスポーツに勤しむというニュアンスは薄い。むしろ、このことばの後には、「だからこそ、いっそう練習に励め」と声高な文言がついてまわった。

時代が移ってスポ根は廃れた。しかし、プロフェッショナルに必要な心技体が、そこに科学の力をプラスするとしても、激烈なトレーニングでしか得られないという事実は今も変わりはない。

石川勝美もまた、遼に厳しい練習を強いた。この父子を取材するスポーツ紙記者は語る。

「遼パパは『継続は力なり』を徹底させたそうです。一日五〇〇球、そのうち一〇〇球はドライバーで打つ練習を小学生の遼に毎日続けさせました」

中嶋には及ぶべくもない練習量だが、それでもゴルフの専門家にいわせれば必要充分すぎるトレーニングだそうだ。勝美と遼の父子が六〇年代から七〇年代に生きていれば、もっと凄まじい練習になっていたかもしれぬ。もっとも、勝美はコーチという目線で遼をみたことはないと明言している。彼の指針は、いつも「父親であること」だ。勝美は「父と子の絆がゴルフ」と語った。

中嶋はアマチュア時代の遼を指導したこともある。福島県の五浦庭園カントリークラブでのことだった。彼は遼のグリップを矯正した。

「いいコーチに出会えるかどうか、これは運のようなもんですよ。そういう意味では、親が子にゴルフを教えるってのは、ひょっとしたら最良の方法なのかもしれないですね。だから、遼クン親子に刺激されて子どもにゴルフを教える父親が増えるのを僕は否定しません。それがカネ目当てだってかまわないと思う」

ただ、と中嶋はきっぱり言い切った。

「父と子というのは、次のステップに入っていくタイミングが問題なんです。肝心なのはここですよ。密度が濃いほど親離れ、子離れは難しくなる」

最後に、中嶋は四度の賞金王や日本ツアー通算四八勝という偉業だけでなく、忍び寄る年波や用具の進化と選択などに端を発してイップスに悩み、引退をも真剣に考えた時期もあったプロ生活を顧みた。

「ゴルフって、心のどこかに満たされぬものを抱える人がやるものだと思えて仕方がないんです」

中嶋が発した穏やかならぬ表現に驚いていると、彼は説明を加えてくれた。

「ゴルフは楽しいものだし、心を豊かにしてくれます。逆をいえば、心の中に渇きや満たされない部分があるからこそ、僕やオヤジも含めて、多くの人たちがゴルフに夢中になっていくんじゃないでしょうか。ゴルフが渇いた心を潤してくれるんですよ」

ゴルフをスポーツ全般に置き換えることも可能だろうか。あるいは、音楽や絵画といった芸術にまで広げるべきか——私は中嶋をみつめながら考えた。彼は遠い眼になった。

「ゴルフがあってよかった。僕はこの歳になって、そうつくづく思いますよ」

第二章　浅田真央「妖精は家族の献身で跳ぶ」

あさだ・まお　一九九〇年九月二五日、愛知県出身。
姉・舞の影響を受けて五歳からスケート教室に通い、
一三歳で迎えた〇四－〇五シーズンには、出場した
ジュニアグランプリ三大会のすべてで優勝、世界ジュニア
選手権も制した。シニア転向後は、〇五－〇六、〇八－〇九シーズンの
グランプリファイナルで優勝、〇七－〇八シーズンは
四大陸選手権、世界選手権の「二冠」を達成した。

おだやかな日ざしが、ベージュとブラウンを配した建物をあたたかく包んでいた。

名古屋市の中心街から高速道路を使って三〇分ほど、名東区の一隅には、かつて田んぼや畑が広がっていたが、今では住宅地として知られている。狭い道が複雑に入り組み、立ち並ぶ家屋は豪奢といえないものの、決して安普請というわけでもない。

そんな中に、浅田真央ファミリーの住まいがあった。

壁面の色合いとつんもりした外観は、どこか洋菓子を思わせ、近隣と趣を異にしている。しかも、ここに人気のパティシエや行列のできるスイーツなどが出る幕はない。母が娘のために腕によりをかけた、ホームメイドのケーキという風情がただよう。

「やっぱりママのつくったのが、いちばんおいしい」

無邪気にほおばる娘を母は満足そうにみやり、かたわらで父が紅茶のカップに手をやる。

「パパの分もちょうだい」

父はうなずき皿を押しやる――そんなシーンがすんなりと収まりそうな、ぬくもりのある佇まいだ。人を拒絶する冷たさや傲岸さ、贅にあかせた驕慢さは感じられない。一家で育んできた絆が生む、団欒や結束が匂い立っているように思えた。

ほどなくして浅田家の玄関ドアがひらいた。

玄関先には、ファンからのプレゼントやぬいぐるみの入った段ボール箱が山と積まれている。その脇を通って、真央と姉の舞、母、それに愛犬のトイプードル・エアロが、こけつまろびつ、ひとかたまりになって現れた。まるでピクニックにでも出かけるような楽しげで明るい喧噪だった。母はワンボックスカーの運転席につく。自宅から、練習場の中京大学のアイスアリーナまで小一時間はかかる。娘たちは声高に話しながら、押しあいへしあいして後部座席に収まった。

父親はやんわり口元をほころばせ娘を見送る。真央は父に軽く手をふると、姉へ向き直り出がけの騒ぎに戻った。

父親は長身をさらに背伸びさせ、クルマが遠くなるまで見送っていた。

1

浅田真央には華麗、可憐、優雅といった枕詞がすんなりとなじむ。

一八歳になった真央の、一六三センチ、四七キロという身体は近くで見ると驚くほど華奢だ。細く、薄い肉体が醸す印象はいたいけですらある。もっとも、この、か細い肉体がジャンプの強力な武器だという声もある。一九九二年のアルベールビル冬季五輪において、フィギュアスケートで日本人初の銀メダリストとなった伊藤みどりは、「一般論として」との注釈をつけて説明してくれた。

「ジュニア時代にはジャンプが得意でも、成長して身体が大きく重くなりすぎるとジャンプが跳べなくなってきます。現役を引退し、アイスショーに出演するようになった〝大人〟のスケーターたちが難度の高いジャンプを敬遠するのは、そういう理由もあるからなんです」

だが、真央に備わった剛健さや豪放さを見逃してはいけない。この資質が彼女をアスリートたらしめている。伊藤は深くうなずいた。

「真央にはトリプルアクセルを筆頭に、六種類の三回転ジャンプがあります。これらを生かすため、演技構成は複雑となり、上下運動や振りが激しい。男子選手でも閉口するきつい内容です」

それでも、真央は誰よりも高く跳び、数多く回る——スケート場にいると、氷盤の軋む音が耳を襲う。スケート靴に装着された金属部をブレードといい、それが氷面と接するところはエッジと呼ばれる。トップ選手のエッジは三ミリほどの幅で、専門の職人の手によって磨きをかけられ、研ぎあげられている。エッジはジャンプやスピンの際ばかりか、着地でも容赦なく氷をえぐっていく。グオッともゴワォッともつかぬ、くぐもった咆哮があがる。より高度な技の成功を意図する選手と氷が対決し、力ずくの綱引きを繰り広げる。

真央の刃先が銀盤をとらえるときも例外ではない。ところが真央のスケーティングは、回転や跳躍はもちろん、着氷のときも羽毛が舞い降りるかのようにやわらかく、たおやかだ。耳ざわりな轟音などなかったような錯覚に陥る。伊藤は真央の能力を称賛した。

「彼女の、着地の衝撃を吸収する能力は世界一でしょう。しかも気品と柔軟さがあります。これは練習で身につくものではありません。真央は、やはり天才ですよ」

しかも真央の滑りには、天賦の才だけでまかなえない努力の積み重ねが土台となって活きている。真央の小学、中学時代を知るスケート関係者に聞いてまわると、誰もがわが意を得たりとばかりに口をそろえた。

「あの子は、根っからのアスリート体質。練習してないと落ち着かず、一日中だって滑ってました。しかも、練習の密度が濃いんです」

真央は二〇〇七－〇八年シーズンに四大陸選手権と世界選手権に優勝し、この時点では最強の栄冠を手にしている。

しかし、バンクーバー冬季五輪を控えた〇八－〇九年シーズンは苦戦を余儀なくされた。グランプリ（GP）ファイナルこそ逆転で勝利を手中に収めたものの、四大陸選手権で三位、世界選手権ではまさかの四位という順位だ。いずれも同い年の宿敵金妍兒《キム・ヨナ》が金メダルを獲得している。中でも世界選手権は、真央がシニアにあがった〇五－〇六年のシーズン以来、国際大会で初めて表彰台を逃した大会となってしまった。それだけに、真央やスタッフ、家族の胸中には穏やかならざるものがあろう。カナダのジョアニー・ロシェットや安藤美姫の後塵を拝したことも、彼女にとっては痛恨事に違いない。

七九年世界選手権三位、全日本選手権八連覇のプロスケーター・渡部絵美は、バンクーバー五輪への課題を指摘する。

「踏み切り違反で減点の危険性をはらむエッジの使い方の修正をパーフェクトにすることです。〇八－〇九年の世界選手権では、改善しきれずに三回転ルッツを失敗し、キム・ヨナに負けてしまいました。ショートプログラムで出遅れてしまうのも、このルッツの踏み切りが鬼門になっているからです」

だが、真央はあくまでも前向きだ。五輪を翌年に控えたシーズンの有終の美を飾れなかったことに対しても、ことさら悲壮感をただよわせてはいない。真央は世界選手権後、淡々としていた。

「このシーズンはオリンピックのための練習だと決めてましたし、すっごく充実してました。自分でも満足しています。来季は、もっと技術と体力を高めて、どの試合もパーフェクトにできるようにがんばりたいです」

真央は九〇年に名古屋市で誕生し、五歳からフィギュアスケートを始めている。二歳違いの姉の舞と一緒に、門奈《もんな》裕子コーチがいる「名東フィギュアスケートクラブ」に入会したのがスケート人生のスタートだった。並行して九歳までクラシックバレエのレッスンも受けていたし、ピアノもかじっていた。

真央より三歳うえの安藤は中京大中京高校や中京大体育学部だけでなく、このクラブでも先輩にあたる。当初は真央ではなく舞が安藤のライバルと目されていた。

〇〇年、真央が一〇歳になった年に姉妹で「グランプリ東海クラブ」へ転出、名コーチとして評判の山田満知子の門下となる。山田は伊藤を筆頭に恩田美栄《よしえ》、中野友加里らを育てた。とりわけ、トリプルアクセルの技術指導には定評がある。〇六年当時、山田は笑って肩をすくめていたものだ。

「真央のジュニア時代はひどいものでした。本番に弱く、ジャンプは失敗するし、プログラムは肝心な見せ場がごっそり抜けてしまう。ジャンプの精度より、ノーミスで滑ることが先決でした」

真央は泣きべそをかき、何度も恩師のほうを窺いながら演技を続けていた。そんな彼女が、〇四－〇五年シーズン、初出場の世界ジュニア選手権で優勝を果たす。

「あの試合はノーミスでした。ミスを犯さなかった自信に、高得点をとった自信が積み重なり、真央に大きな変化が現われたんです」

真央は翌〇五－〇六年シーズンからシニアの試合に挑んだ。本番前、彼女は無邪気にいった。

「荒川静香さんや、サーシャ・コーエン選手と滑れるの！　試合の後でサインをもらいたいな」

だが真央は、試合となれば憧れの選手たちを前にして臆さない。ジャンプの高さと正確さで注目を集め、〇五年一二月のGPファイナル東京大会で初優勝し世界のトップへ躍り出た。

おりしも〇六年二月一〇日からは、トリノ冬季五輪が開催された。真央は、「五輪前年の七月一日時点で一五歳以上」という、国際スケート連盟（ISU）の出場年齢制限に八七日足らず代表資格を得られなかった。この是非をめぐり、熱い論議が巻き起こったことは記憶に新しい。

国内では当時の小泉純一郎首相が世論をあおる。

「世界のトップに位置する選手が、どうしてオリンピックに出場できないのか。残念だ」

米国のABCに代表される海外メディアも特例を認めるべきだと論じた。

だが、ISUのオッタビオ・チンクワンタ会長は、「素晴らしい選手だが、ルールを曲げてまで認めるわけにはいかない」と可能性を否定する。これでいっそう反発の声が高まったものの、結果として真央の不参加が決定的になった。

五輪参加に年齢制限が生まれた背景はいくつかある。ひとつには、九八年の長野冬季五輪に、フィギュアスケート史上最年少の一五歳八ヵ月で出場し金メダルを獲得した、アメリカのタラ・リピンスキー選手の存在だ。彼女は真央同様に、彗星のごとくトップシーンにあらわれ、特例措置を認められてオリンピックに出場し優勝してみせた。真央はこのときのタラの演技をみて、「あんなふうになりたい」と素直に憧れを抱いている。

しかしタラは、長野五輪のあとすぐにアマチュアを引退してしまった。彼女の電光石火の所業があまりに鮮やかで衝撃的だったため、ＩＳＵや国際オリンピック委員会（ＩＯＣ）の上層部は多分に感情を害したのだろう。以降、出場年齢制限を順守する姿勢が堅固になった。

日本スケート連盟のロビー活動のぶざまさをあげつらう意見もある。フィギュアスケートの覇権は長らくロシアとアメリカ、それにヨーロッパの国で争われてきた。採点をめぐって、特定の国の意向が反映された疑義が公然と囁かれる競技でもある。トリノ五輪前から女子選手層が充実し、台頭著しい日本を快く思わぬ国があっても当然だろう。

また、選手のローティーン化が進むことで、過酷なトレーニングによって、子どもの肉体と精神の健全な発育が妨げられるという論調も根強い。そこには医学的見地からの危惧があるだけでなく、選手の行き過ぎた早熟化、早期トレーニングの激化に伴う費用増大や親の負担などへの懸念も大きいわけだ。

しかし、すでに頂点を目指す道のりは、競技にかかわらずのっぴきならないほどヒートアップしている。いみじくも、本書でとりあげたトップアスリートたちも、年端もいかぬ頃から父子あるいは一家揃ってスポーツに没頭してしまっているではないか――もっとも、出場機会を逸した真央は、いまどきの中学生にしては苦笑してしまうほど牧歌的だった。

「トリノのことは、そんなに考えていなかったので、がっかりはしていません。次のオリンピックまでマイペースで練習できるから、がんばりたいです」

トリノ五輪では、荒川が金メダルを獲得した。〝イナバウアー〟が流行語となり、日本に空前のフィギュアブームが起こって現在に至っている。真央を軸に中野、安藤、村主章枝《すぐりふみえ》らを擁する女子の選手層の厚さは、いまや世界一だ。

話を真央のプロフィールに戻そう。

真央は〇六－〇七シーズン、山田コーチの手元を離れた。ラファエル・アルトゥニアンの教えを請うためロスアンゼルス郊外のレイクアローヘッドへ拠点を移す。これに際しては、山田も飛躍のためのステップと了解し、才ある愛弟子の背中を押している。

アルトゥニアンはジャンプの指導に卓越しており、あのミシェル・クワンを育成した。クワンは、九八年長野五輪で銀、〇二年ソルトレイクシティー五輪では銅と王座に届かなかったものの、実に世界選手権を五度、全米選手権にいたっては九度も制した名選手だ。

その年、真央はNHK杯を歴代最高総得点一九九・五二点で優勝したが、GPファイナルと初出場の〇七年世界選手権は惜しくも二位だった。GPファイナルで真央を制したのが、韓国フィギュア界をリードするキム・ヨナだ。

真央は海外生活を健気に振り返った。

「英語も上手じゃないし、最初は生活全部がすっごく不安だなあと思いました。でも、食事は困らなかったし、英語もジェスチャーで分かるし、全然大丈夫でした」

だが翌シーズン、真央は米国から引きあげてしまう。真央の周辺を取材して、こんな話が漏れ

右往左往したんです」

聞こえてきた。列記してみよう。

「カリフォルニアではよくある山火事で、練習場が焼失してしまい、真央はスケート場を求めて右往左往したんです」

「レイクアローヘッドは人口一万人ほどの田舎町で、スケート用具を調達するにもロスまで一三〇キロもの道のりを行かなければいけません。そんな暮らしに辟易したんじゃないですか」

「アルトゥニアンとの関係は良好でしたが、真央がホームシックになったのが大きかった。真央には本当に幼い一面があります。故郷で、両親の愛情を存分に浴びていないと不安なんでしょう」

彼女の甘ったれぶりこそが弱点であり、それを批判すべきか。それとも、メンタル面の平安、生活や練習環境の安定は勝利に欠かせぬ重大要素と理解すべきか――。しかし、真央がアルトゥニアンのもとを去ったのは、彼女の勝負師としての重大な決意があったという指摘もある。取材に当たった記者のひとりは語る。

「思春期から大人へと肉体が成長する過程で、〝子ども〟のときのようにジャンプが跳べなくなってきました。そういう時期だということを見越して、アルトゥニアンを選んだのに最善の結果が出なかった」

また別の記者は、「真央もジャンプの精度が落ちたことを認めています」と述べ、続けた。

「アルトゥニアンのとった行動もおかしかった。彼は韓国で行われた四大陸選手権のためのコーチングを放棄してしまったんです。来日して落成した中京大のリンクで指導するはずが、とうとうカリフォルニアを離れなかった」

当然、浅田サイドの態度は硬化し、アルトゥニアンとの関係は瓦解した。

「真央も勝つためには必死でした。『フリーは情熱を表現しなきゃいけないのに、私にはそれが足りない』と反省し、自分の意思で強力な指導者を求めたんです」

新たな師は、ロシア人のタチアナ・タラソワだ。彼女の太《ふと》り肉《じし》とプラチナブロンドの髪、濃い化粧や毛皮のコートなどが醸すゴージャスな雰囲気は、日本でもお馴染みだろう。

タラソワは四七年に旧ソ連で生まれた。彼女自身も将来を嘱望されたフィギュアスケーターだったが、ケガで選手生命を絶たれる。以降、指導者として類例のない成果を生み続けてきた。ロシアのイリヤ・クーリックやアレクセイ・ヤグディンらを筆頭に、五輪や世界選手権の優勝者を多数輩出してきたことから、「金メダル請負人」の異名があり、〇八年にはフィギュアの殿堂入りを果たしている。

彼女の血脈に卓越したスポーツ指導者や芸術家がいることも注目したい。実父アナトルイ・タラソフはアイスホッケー界の重鎮で、ソ連時代に指揮したチームは五輪三連覇を果たした。タラソワの夫ウラジミール・クライネフは、チャイコフスキーコンテストで優勝したクラシック界屈指の名ピアニストだ。

何よりタラソワの口癖が、この豊満で絢爛なコーチの在り方をシンボライズしている。

「ジャスト、ドゥーイット（とにかく、やりなさい）」

ただ、タラソワに関して若干の懸念を抱くのは前出の渡部絵美だ。

「彼女は優秀なコーチです。だけど、最もタラソワが個性と実力を発揮するのは、ジャンプの要素が薄いアイスダンスの振り付け。ステップの指導は得意だけどジャンプはどうでしょうか……」

なるほど、タラソワにはいまだに叶わぬ宿願がある。彼女は、まだ女子シングルのオリンピック優勝者を育てていないのだ。トリノ五輪の際には、直前まで荒川を教えていながら決別してしまっている。理由は、荒川がタラソワのもとにいたニコライ・モロゾフをコーチに選んだ、演技の方向性で齟齬《そご》が生じた、タラソワが練習拠点をアメリカから母国ロシアに移してしまったからなどいくつも噂が流れた。ＩＯＣ関係者は当時の余波を振り返る。

「このとき日本のスケート関係者とも悶着があり、タラソワは、『二度と日本人を指導しない』と激怒し、関係修復は不可能といわれていました」

そのタラソワを説き伏せたのが、他ならぬ真央の母・匡子《きょうこ》だった。

「匡子さんが直接ロシアに乗り込み、タラソワに直談判したんです。母の行動力、真央にかける情熱は半端じゃない。鬼気迫るものがあります」

匡子のアクションは、そのまま浅田ファミリーが抱く真央への想いと重なっていく。タラソワにしても、真央を手がけることで、たったひとつやり残した悲願の達成を手もとへ引き寄せられる。無論、真央に新たな師弟関係の構築は異存あるまい。

タラソワはバンクーバー五輪での栄冠を奪取するため、真央に過酷ともいえるプログラムを与えた。トリプルアクセルを筆頭として、卓越したジャンプに磨きをかけるのはもちろん、フリー演技の「仮面舞踏会」の後半にはステップを多用させた。真央には、跳ぶことのリスクと肉体的負担はもちろんのこと、ステップもまた身体に過大な負荷が強いられる。キム・ヨナが伝家の宝刀とする表現力と芸術性、安定した演技点での優位を覆《くつがえ》すには、技の難度と的確さを高いレベルで消化するのと同時に、演技点をいっそう高めていかねばならない。

「自由演技は自分でも大変です」

真央のことばはホンネだろう。

2

真央がフィギュアの頂点を極めようとするほど、彼女の周りでさまざまな人間模様が交錯し、彩りを加える。だが、そこに塗りこめられるのは快活で屈託のない色合いばかりではない。

真央が才能を開花させる一方で、ひとりのスケーターが己の行く末を決めかね苦悶していた。

ほかならぬ真央の姉の舞だ。

舞のアスリートという面にフォーカスすると、○二－○三年シーズンの全日本ジュニア選手権準優勝、続いて初めての国際舞台となった世界ジュニア選手権での予選二位、本選での総合四位が眼をひく。ジュニアグランプリ・スロバキア大会では優勝し、ジュニアグランプリ・ファイナルでは四位になった。このとき舞は一四歳だ。ところが、一二歳で小六だった妹は全日本選手権に出場、結果は七位だったものの、世界女子公式戦で初の三回転―三回転―三回転ジャンプコンビネーションを成功させている。

舞も負けてはいない。〇三－〇四年シーズン、舞は高校選手権に勝ち、全日本ジュニア選手権二位となり妹の四位をうわまわった。舞の容姿と身体は真央と比較した場合、妖艶さを含めた〝大人の要素〟で勝る。手足の長さや表現力でも舞に分があるというスケート関係者は多い。性格はたおやかで、おっとりとしているという。妹は天真爛漫だが、筋金入りの負けず嫌いだ。スケート関係者は姉妹の違いをこう表現した。

「舞が涙を流すのは、演技が思いどおりにできなかったときです。対照的に、真央はそんなときぐっと唇を嚙み、いっそう練習に力を注ぐ」

だが、舞の優位は翌シーズンから崩れ落ちる。以降、一度として妹の前に立つことはできなくなった。ケガに見舞われ不調の淵から抜け出せなくなったことも大きい。舞は決して凡庸なアスリートではなかったが、それ以上に真央のポテンシャルが卓越しすぎていた。

真央は〇五－〇六年シーズン、姉の不振を尻目に快進撃をとげる。国内ばかりか海外のジュニア選手権で無敗、シニア国際大会デビュー戦のカップ・オブ・チャイナでは荒川静香をおさえた二位、ＧＰファイナルも勝利してみせた。全日本では村主章枝に敗れたものの再び荒川を上回って準優勝した。前にふれた、真央のトリノ五輪出場の可否が大議論を巻き起こしたのはこのときだ。

舞と真央は仲良し姉妹で、いつも一緒に行動している。それだけに、妹が栄達への階段を一足飛びに駆け上がるのを横目に、姉の胸中には忸怩たるものが渦まいたはずだ。事実、彼女はこういっている。

「やっぱり真央には刺激されます。真央には負けたくないって思います」

とはいえ、世間の眼は冷徹だった。誰もが、姉が妹を凌駕することは不可能だと感じたものだ。それほど、両者の距離は歴然としている。アスリートたる本人にすれば、なおさら実力差は身にしみていよう。妹とは違うフィールドで勝負したほうがいいんじゃないか――そんな迷いが生じたとき、姉に踏ん切りをつけさせ、奮起させたのが妹のひとことだった。

「舞がリンクを離れるのなら、残念だけど仕方がないと思う。そうしたら私が舞の分もがんばる」

しかも、これでかえって姉妹の結束が固くなった。

舞は妹とは別の道を模索する。〇五年三月に「第二回国際モードルオーディションORIBE」というタレントオーディションでグランプリを獲得、同年開催の愛知万博でタレントデビューを果たした。所属した事務所は業界大手のホリプロだった。妹のネームバリューも活用すれば、芸能界での成功はかたい――ところが、それでも舞のフィギュアへの想いは断ち切れていなかった。

舞はこんなコメントを残している。

「タレント活動と並行してスケートの道もあきらめない」

しかしスケート連盟が二足のわらじを履くことに待ったをかける。二者択一を迫られた末、舞は芸能界を捨て、再びスポーツの世界に戻った。

「いつも真央と二人でいるから心強いけど、こんなステキなライバルが身近にいることをラッキーだと思います。真央の長所を吸収して、がんばりたい」

試行錯誤の迷路にはまった舞は、こうまで明言した。

「尊敬するスケーターは、アレクセイ・ヤグディンと真央です」

隣に世界最高峰のスケーターがいることを受け入れ、それをプラス材料に転じるのは、アスリートとして難しいことではあるまい。だが、ここに姉という事実をかぶせることで、舞の発言には深みが生じる。

さらに、真央がアルトゥニアンのもとを辞し、舞もカリフォルニアを去らねばならなかったとき、彼女は後ろ髪をひかれたはずだという証言者は多い。

「舞はカリフォルニアに移って、目立って表情が明るくなりましたし、演技のキレもずいぶん向上しました。アルトゥニアンの指導は、むしろ真央より舞に向いていたんです。だから、彼女はパーソナルベストも出したし、グランプリシリーズにも初出場しています」

浅田ファミリーのベクトルは、真央の目指すバンクーバー五輪金メダリストという方向でかたまっている。そこに、舞の思惑を差し入れる隙間はない。舞だけがアルトゥニアンのもとに残るという選択肢もあった。だが、両親だけでなく周囲にも、真央を尊重するという暗黙の了解がある。姉が逡巡しながら妹をみたとき、とびきりの寂しがりやで甘えん坊の真央の顔にはこう書いてあった――。

「舞も一緒に日本へ来て。真央のそばにいて」

姉はすべてを断念し、納得して帰国した。

真央は、卓越したアスリートとしてのみならず、その言動や振る舞いでも多くの人々を魅了している。かわいい、愛らしい、素直、ひたむき……誰もがこういう。ホステスや中年の主婦層といった、同性に対して口さがなく、手厳しい女性たちの間でさえ、きわめて評判がよい。マスコミ関係者たちも同様だ。

「語彙は豊富といえませんが、自分のことばで一所懸命に話してくれます。意地悪な質問も、決してはぐらかさないのは立派ですね」

かれらの中の一人は、掌中の珠について語るかのように眼を細めてみせた。

「『すっごく』が真央ちゃんの口癖で、コメントでもよくでてきます。でも、真央ちゃんはそれを気にしていて、最近は極力使わないように心がけているみたいです。感心なことじゃないですか」

彼女は、子どもっぽさやボキャブラリーの貧弱さをみせまいとしているのだろうか。

あるカメラマンは、「挨拶はきちんとするし、先日は、わざわざ重い機材を担いでくれた」と感激の面持ちだった。彼はしみじみといった。

「真央ちゃんは絵に描いたような純真な少女。親御さんは、真央ちゃんをうまく育てたもんです」

しかしフィギュアスケートは清楚で朗らかな側面だけで成立しているわけではない。いや、スポーツというものは、トップを目指す以上、必ず暗澹《あんたん》たる一面をともなう。選手育成にまつわるカネの話もその好例となろう。

フィギュア選手の成否には親の懐具合という現実問題がつきまとう。国内上位レベルで年間に最低六〇〇〇万円の経費が必要というからのっぴきならない。平均的会社員の年収が必要とされる。

まず、スケート教室のグループレッスン代は週一回で月謝一万円ほどだ。しかし、個人教授になると話は違う。真央がついた山田や門奈、本田武史といった日本人の一流コーチなら時給一万円はする。

真央が学んだ名古屋市名東区の高針《たかばり》小学校へ足を運んだら、応対に出た教師は、にべもなくいったものだ。

「あの子は、ほとんど学校に来ていません。スケートの練習を最優先させ、毎日リンクに出ていました」

だが、スケート関係者たちは一様に首を振った。

「一日最低三時間の練習を、毎日こなさなければ、日本のトップは目指せません。だから、コーチ代だけで月一〇〇万円近い出費を覚悟すべきです。スケート場を借り切るにも、名古屋で一時間一万円、東京なら三万から五万円が相場です」

費用を数えて嘆息する私に、追い討ちがかかった。

「ショート、フリー、エキシビション用と最低三着の衣裳代が既製服で一五万円、これをデザイナーに発注したら一〇〇万円はかかります。子どもはすぐに成長するので、毎年買い換えます」

スケート靴はシーズン一足としても、高級品になると一〇万円する。ブレードも消耗品で同様の値段だ。子どもに才能があると、もっとカネが必要となる。まして世界に羽ばたくなら、外国人コーチや振付師と契約しなければいけない――タラソワともなれば、年間契約で一五〇〇万円以上必要だといわれている。振付師のトップ3、ニコライ・モロゾフとローリー・ニコル、デイヴィッド・ウィルソンらは、一曲で一〇〇万円を請求してくるとも聞いた。真央は〇八―〇九年シーズン、フリープログラムの振り付けをタラソワ、ショートとエキシビションをニコルに託している。試合に際しては、彼らの交通費、宿泊費などを全額負担するのは当然のことだという。ざっと電卓を叩けば、国際大会クラスの選手なら、年に三〇〇〇万円から五〇〇〇万円かかる試算となる。フィギュア選手の保護者たちには経済的な基盤が不可欠だ。

たとえば、安藤は父こそ早くに亡くなったが、祖父が愛知県内で四店の喫茶店を経営するオーナーだ。村主章枝の父はＪＡＬの国際線パイロット、小塚崇彦《たかひこ》の父の嗣彦《つぐひこ》は蒲郡プリンスホテルの総支配人で、六八年グルノーブル五輪出場のフィギュア選手でもあった。荒川の父もＮＴＴ東日本の幹部だった。

日本でも、わが子をフィギュアスケーターにしたいという親が増えてきた。日本スケート連盟の〇八年の資料によると、フィギュア競技人口がもっとも多いのが東京で八四一人、二位の大阪は四四四人となっている。その中で眼を引くのが愛知県だ。競技人口は三五三人で神奈川に次ぐ四番目だが、何しろ輩出した女子の有力選手がダントツに多い。伊藤みどり、恩田美栄ときて、ここ数年は浅田姉妹を筆頭に安藤美姫、中野友加里、鈴木明子ら日本のトップたちが居並ぶ。

なぜ愛知県なのか――そんな疑問がわこうというものだが、一般的に、スケーターの数はオールシーズンのリンクの数に比例するといわれている。この条件には首都圏や大阪、もちろん名古屋が該当する。全国紙名古屋本社の運動部記者は、風土にまつわる解釈を披露してくれた。

「尾張七代目藩主だった徳川宗春以来、名古屋は芸事の盛んな土地で、今でも習い事に熱心な親が多いんです。フィギュアスケートもその一環と考えれば納得できます。実際、私が取材したフィギュアママたちは、例外なく熱心なかたばかりでした。親の情熱が、選手たちのレベルアップにつながっているのではないでしょうか」

名古屋圏のフィギュアママは子どもをリンクに送迎するだけでなく、例外なく練習の様子を見守っている。東京から転勤してきたある母親は、「どうして名古屋のお母さんたちはこんな寒いリンクにずっといるの？」と呆れ、驚いたそうだ。記者はことばに力をこめた。

「子どもが新技を成功させたとき、最初の目撃者がママなんです。母と子が、その瞬間と感動を共有するからこそ、いっそう熱心にスケートと取り組むことができます。家でも、話題はスケートのことばかりだといいます」

スケート場のスタッフは苦笑した。「毎日、授業参観日のようなもんですよ」

リンクでの練習は毎日が当然で、バレエ教室にも通わせ、ジムでの筋トレを奨励する親も珍しくない。バレエやヒップホップ系のダンスから移行してくるケースも増えてきた。いずれにせよ、親の思い入れと献身がフィギュアを支えている。

真央の両親も、娘の育成に全力を注いだ。匡子がことあるごとにいっていた台詞は、いまや名古屋で、第二の真央を目指す親子の合いことばとなっている。

「親がしっかりしなきゃ。がんばるのは子どもだけじゃないの」

しかも浅田夫婦は姉妹をフィギュアスケーターとして育てたのだから、投資した私財も相当な額だろう。

3

真央は〇九年の夏の時点で、オリンパスのデジタルカメラのＣＭで姉と共演中なのを筆頭に、日本生命や伊藤ハム、森永製菓、王子製紙、オムロン、ロッテ、花王など一〇社と契約している。姉の舞は、日本ホットライフと名鉄不動産がスポンサーだ。広告代理店幹部が試算してくれた。

「真央のギャラは三〇〇〇万円というところ。でも、五輪で金メダルなら五〇〇〇万円、いや一億円払う企業が名乗り出るはずです」

真央の報酬は女子アスリートのトップ、各社のギャラの総額なら、タレントや文化人、歌手を含めた女子部門で二位だという。ちなみに総合一位は女優の仲間由紀恵だ。

真央の持つ魅力、いいかえればスポーツビジネスにおける市場価値とは――アイドルに関して一家言をもつ評論家の中森明夫が話す。

「彼女はスポーツ界だけでなく、歌手やグラビアなどを含めたすべてのアイドルの頂点にいます。だって、老若男女を問わず真央を知らない人はいませんからね」

七〇年代にはアイドルは歌手でありタレントでもあった。だが、八〇年代後半から「アイドル＝歌手」の図式が崩れ、どんどん多様化していく。この結果、昨今ではスポドルというカテゴリーも成立している。アスリートはアイドルとしても商売ができるのだ。中森はスポドル誕生への経緯を説明する。

「昔のアイドルに芸はありません。ただ可愛いだけの女の子だったんです。その彼女たちに歌をやらせたのは、三分間、テレビの画面を独占できるからです」

テレビでこれだけの時間を占有するのは並大抵のことではない。

「スポーツも歌と同じで画面を独占できます。女子フィギュアスケートなんかの場合、ショートプログラムだけで二分五〇秒、フリーになると四分間もありますからね。おまけに衣裳や動きもアイドルっぽい。マネジメントの面からいえば、『あっ、歌でなくてもいいんだ』ってことです」

ただ、彼は付け加えるのを忘れなかった。

「アイドルの旬は高校を卒業するまで。制服が着られる年齢でないとダメですね」

残念なことに、真央は〇九年四月、高校の制服を脱ぎ大学生になってしまった——戯言《ざれごと》はともかく、真央が実年齢以上に幼く、そのせいで無垢さと上品さ、大時代的になるが処女性を備えている。これはアイドルがグラビアや着エロといったセクシー分野へ侵食していく中で、稀有なアピールポイントだ。品行方正で行儀がよいというイメージも、石川遼と同様に親世代のくすぐりどころを攻めたてる。フィギュアスケートの持つ、どこか深窓めいた雰囲気もプラス効果で働く。

無論、これまで真央には男がらみのスキャンダルは皆無だ。異性のことなど捨て置き、一心不乱にメダルを目指して励む姿が共鳴と共感を呼ぶ。もっとも、そんな真央に対して、タラソワが、「好きな人を見つけて恋愛をしなさい。そうしたらスケートの表現力がぐっと変わる」と諭しているのは興味深い。

スポーツ紙の記者は、真央の本質をこう表現してみせた。

「真央ちゃんって〝不思議ちゃん〟ですよ。別のことばでいうと〝鈍感力〟がある。普通の女の子なら、まいってしまうようなアクシデントも、彼女なら平気なんじゃないでしょうか。それくらい神経が太いんです。もし、試合直前の練習中に他の選手と衝突事故があっても、真央ちゃんはそういうアクシデントを精神的に吹き飛ばしてしまうと思います」

確かに、真央には茫洋としたところ、幼さだけで片づけられぬ浮世離れしたものが漂う。卑近な例で比べると、安藤は同年輩の頃すでに真央とは対岸にある雰囲気をもっていた。安藤は真央が台頭するまで、ずっとフィギュア界のトップアイドルだった。彼女の放つものは今にいたるまでどこか艶かしい。両人の違いとして、安藤の言動に精神面のもろさが浮かぶ点もある。そのせいか、安藤は成績のアップダウンが激しい。彼女に故障やケガが多く、これに対する弁解じみたコメントが目立つのも、真央との際立った差異となっている。

私は、真央も安藤も特段に美形とは思わない。同世代には容姿風貌とも、ずっと美しく均整のとれた女の子が存在する。しかし、アスリートにはスポーツならではの特権が加味され、それが氾濫するアイドルとは明確に一線を画す。

スポーツには、真剣勝負ならではのひりひりした緊迫感と抜き差しならないリアリティがある。しかも、トップアスリートならば可憐さだけでなく立派な一芸をもつ。その意味で、卓越したアスリートはホンモノであり、アイドルのもつ妙な胡散くささ、つくられたフェイク感を寄せつけない。そのうえ、スポーツは本質的に感動装置ともいうべきドラマ性を内包し、勝敗のゆくえに加え個々が歩んできたストーリーも展開できる。これが選手の個性やパフォーマンスにオーバーラップしていく。

アスリートは、尋常ならざる技と体力、資質を有し、これを凡百の人々には実行できぬ努力や研鑽で磨きあげ、運までをも引き寄せ味方にしながら独自の輝きを放つ。

そして、誰かが彼らの魅力に気づき、ビジネスツールとして活用しはじめた――。


真央にはコマーシャル収入のほか、スケーターとして得た賞金がある。世界大会では、GP各戦優勝で約一六〇万円、ファイナルだと約二二五万円という具合だ。とはいえ、真央が企業と契約を結び、勝利を重ねるようになったのは近年のことでしかない。彼女の両親と近い人物は打ち明けた。

「あと一年、真央のGPファイナル初優勝が遅れたら一家は破産した……私はそう聞いています」

真央と舞のマネジメントはIMG日本が担当している。同社の坂井秀行バイスプレジデントはいう。

「真央とは、彼女が一五歳のときに正式契約しています。以降、総力をあげて、真央が競技に専念できるよう環境を整えてきました」

IMGは側面援助も怠らない。森永製菓に働きかけ、専属トレーナーと栄養士を帯同するように手配した。坂井はIMGという存在と選手の関係について詳細に説明する。

「IMGはマネジメントの代理人であり、芸能プロのようなエージェントではありません。浅田選手はIMGとの所属契約ではなくマネジメント契約を結んでいるということになります」

だから、ＩＭＧは選手に契約金を支払うわけではない。その種のカネは所属先が算段する。石川遼なら所属先はパナソニックだし、安藤の場合は中京大に在籍しているものの、トヨタの社員なので所属先は自ずとトヨタだ。真央はなぜか特定の所属先を持たず、中京大学の学生として試合に出る。

「ＩＭＧのマネジメント活動は、所属先の選定やＣＭ契約、ウエアの胸元や袖に企業名を入れるパッチスポンサーなどへの橋渡し役です。めでたく、それぞれの商談が成立したら、私たちは選手たちと取り決めた、所定のマネジメント料を頂戴するわけです」

また、坂井によると日本のＩＭＧは真央が大会で得た賞金には一切タッチしていない。ただし、「若手選手の育成にＩＭＧが多額の資金を拠出している場合は例外で、賞金の一部を還元してもらうケースもあります」とのことだ。ただ、ＩＭＧは選手が出場する大会に関して窓口となるし、大会主催者が用意する招待料、あるいはＩＭＧの主管する大会でマネジメントフィーをとる。

「真央が大会に出場する際の交通費やホテル代は、スケート連盟から出る強化費でまかなっています」

真央の場合（舞も含めて）、そのほかの経費は自己負担だ。もちろん、ここにいたる育成費も例外ではない。フィギュア選手を一本立ちさせるために、いかほどの費用がかかるかについては、すでに述べた。

ところが、アマチュアで食べていけるスケート選手はごくごく少数でしかない。真央にしても、ここへきてようやく収支がプラスに転じた状況ではなかろうか。もっとも、プロに転向すれば少しは状況が変わってくる。その意味で、ＩＭＧや真央の両親にとっては、アマ引退後もプロとして滑るかどうかがビジネス面での分岐点となろう。ＩＭＧは世界のプロスケーターの有名どころを集め、「スターズ・オン・アイス」や「ザ・アイス」、「カーニバル・オン・アイス」などのスケートショー主催にも熱心だ。

元ＩＭＧのスタッフで、現在はスポーツマーケティング会社ＯＳＳ社長の半田裕がアイスショーの事情を教えてくれた。

「八四年のサラエボ冬季オリンピックで優勝したスコット・ハミルトンの呼びかけで、現役を退いた欧米の超一流スケーターたちが集まったのがアイスショーの始まりです。ＩＭＧも北米でのスケート人気に着目しており、全面的に支援するようになったんです」

それが「メダリスト・オン・アイス」というアイスショーだ。アイスショーは、氷上のミュージカルといった趣が濃く、五輪や世界選手権に漂う切迫感や緊迫感とは無縁のエンタテインメント空間をつくりだす。次々にあらわれる、古今の有名メダリストたちの競演という醍醐味も捨てがたい。無理にあてはめるなら、アマチュア大会の上位者たちによるエキシビションに似たテイストだ。

ただし、アイスショーに出場する選手たちが、難度の高いジャンプを繰り出すことはない。アイスショーは勝負の場ではなく、スケーティングを観て楽しむ場だからだ。その代わり、家族連れはもちろんカップルやお年寄りまで幅広い層に受ける、さまざまな演出が施される。

もっとも、やはりアイスショーの本場は北米ということでスケート界の意見は一致している。

ＩＭＧの坂井はその事情を説明した。

「何しろ、スケート場の環境が違います。アメリカだけでどれだけのアイスアリーナがあることか……二〇〇施設ではきかないんじゃないでしょうか」

北米にアイスショーが定着したのは、潜在的なフィギュアスケート人気の高さと、ミュージカルを愛する国民性、さらにはアイスホッケーのためのアリーナが確保されることも大きい。何しろ、氷を張るだけでも大変なのに、観客席まで設営するとなるとイニシャルコストは莫大になってしまう。半田は、ＩＭＧに在籍していた九〇年代初頭に、何度か日本へ本格的なアイスショー公演を持ち込もうと画策している。だが、最後は氷の問題で断念するしかなかった。昔日を振り返って、彼はほろ苦そうな笑いを浮かべた。

「日本に専門の製氷業者は一社しかなかったんです。僕の記憶だと、代々木第一体育館に氷を張るのに、四七〇〇万円の見積もりが出たこともある。そのうえ、頭が痛いのは氷を張るだけで一週間近くの日数が必要だったんです。その間の会場使用費も計上しなければいけないし、とてもじゃないが採算があわなかった」

坂井も、ここへきて日本でアイスショーが盛んになった裏の要因として、安価に製氷できる点をあげた。

「アイスパネルという、保冷効果の高い製氷資材がアメリカにあります。これを空輸したほうが、業者に依頼するより短期間でリンクを整備できるうえ、格段にコストダウンできます」

フィギュア人気の沸騰は、日本でのアイスショービジネスをも底上げした。「スターズ・オン・

アイス」を例にとると、クーリックやコーエンらトッププロをはじめ、真央に舞、安藤、小塚らＩＭＧが手がける日本人アマ選手たち、違うオフィス所属ながら金メダリストの荒川らが出演する。〇八年は大阪と東京で合計五回の公演があり、いずれも満員だった。他にも「オールジャパン・メダリスト・オン・アイス」が開催されるようになったし、「フレンズ・オン・アイス」「クリスマス・オン・アイス」「ドリーム・オン・アイス」それに「ディズニー・オン・アイス」など数々のアイスショーが日本で集客実績をあげている。芸能プロの幹部は、熱をおびるフィギュア人気にまぶしそうな顔をした。

「トッププロになると、一公演で一〇〇万円以上のギャラが出るそうです。ただ、これは、五輪や世界大会で輝かしい成績を残した選手に限られた話ですよ」

4

真央の両親がマスコミに登場することは、今や一部の例外を除き皆無に近い。

母の匡子は、黒髪とはっきりとした目鼻立ちの美人だ。試合や練習場には、愛娘を見つめる彼女の姿がある。父の敏治は、一八〇㎝に届こうかという長身と、端整な面差しが印象的で、どことなく姉の舞と似ている。物腰はソフトそのもの、強面《こわもて》や剣呑さと対極にあった。私が彼に会った〇九年初頭で五〇歳だったが、敏治の外見はずっと年下に見えたし、ファッションセンスも若々しかった。

匡子は真央への取材が活発化した初期の頃、ときおり誌面でコメントを残していた。だが、やがて特定の媒体とライターあるいは記者だけが、踏み込んだ取材を許されるようになっていく。

そういう限られた報道の中でも、母はやはり重要人物として登場する。『浅田真央』シリーズ（宇都宮直子・文藝春秋）で、匡子はさっぱりとした、男勝りな口ぶりで描かれ、肝が据わった印象さえある。だが、そんなことより雄弁に母を物語るのは、やはり真央にかける執念、娘を世界のトップへ据えようという決意、献身ぶりと行動力のすさまじさだ。

匡子は『浅田真央、15歳』でいっている。

「忙しくて、花を育ててる暇がない。私はもう主婦と言えないと思う。その分、母親を頑張ってる。二四時間、子供のことしかしてないからね。リンクにいる時間も子供より長いよ、真央と舞の二人分」

ところが同書でも、敏治に関しての記述はおそろしく素っ気ないうえ、彼にはほとんど出番がない。敏治の経歴や言動が記載されていたのは、主に女性週刊誌で「草刈正雄にそっくり」という文言がみえる。しかし、その報道も〇六年を機に途絶えてしまう。〇六年といえば、真央が世界で注目され、舞も芸能活動へ踏み出した時期と重なる。おそらくマネジメント側の強い意向も働いているのだろう。

もっとも、地元で敏治が水商売に携わっていたことは有名な話だ。しかも、店は大繁盛していた。敏治の店にいた男性は、名古屋市中区の繁華街でホストクラブを経営している。

「敏ちゃん（敏治）の店、最盛期には年商一本（一億円）はいってたのにね。けど、彼は数年前に店を閉じました。真央ちゃんのイメージを崩さないためです。それと同じ頃、有力なスタッフがごっそり店を辞めちゃった。このことも閉店の原因にはなっとるわね」

彼は派手なスーツにアクセサリー、匂いたつフレグランスがいかにもそれっぽい。愛想の良い笑顔と軽妙な物言いで気をそらせない。

「ラーメン屋なら娘の体面を傷つけまいと、敏ちゃんが修業に出たって噂を聞きました。でも、その後は店を出したって話、耳に入ってきません。敏ちゃん、いったいぜんたい、どーしちまったんだろね」

ただ、眼の奥にはひやりとした光が宿ったままだ。

「けどね、敏ちゃんは、娘さんがフィギュアをやってるって全然しゃべらんかったんですよ。僕らにしてみれば、やっとこさ真央ちゃんが話題になってから、そういえばこの子、敏ちゃんの娘さんじゃねえのって感じだったんだわ」

最後に彼はいった。

「敏ちゃん、草刈正雄というよりは加納竜にそっくりでしたよ。細身で長身のうえ苦みばしってクールなタイプ。店をやめた当時は激太りしとったけど、最近またスリムになった」

敏治と懇意だった別の男性とも、名古屋市内であえた。

「彼は今風の水商売で幅をきかせるチャラチャラしたタイプじゃなくて、俠気《おとこぎ》があって、責任感の強い、しっかりした男ですよ。経営能力もあった。敏ちゃんなら、昼間の世界にいても成功したんじゃないですか」

こう話してくれた彼もまた夜の世界の住人だった。敏治と同じく思春期の娘がいる。

「僕も、娘が物心つくようになってサパークラブをたたみ居酒屋に転身したんです。あの世界では、悪気がなくてしたことでも恨まれたりしますからね。生きるための算段と割り切ってはいましたが、やっぱり仕事のことで娘の前途にハンディを与えたくなかった」

彼は伏せた眼を上げた。

「自分の因果を、わが子に背負わせようという親がいますか」

マネジメント側のスタッフも、敏治のことになると神経を逆なでされるのか、それとも警戒のあまりか、口調に怒気がにじむ。

「同じ水商売でも、ベーカリーショップとかケーキ屋さんならともかく。わかってくださいよ」

私は敏治との短い会見の場でこの件について質した。彼はぎこちなく笑うと、短く答えてくれた。

「そういう、ことです」

しばらく無言のまま、敏治と私は真正面から視線をぶつけあった。くすんだ鬱屈が底光りしていないか、彼の瞳の奥を探る。

その一方で、あえて問いたい——浅田真央の魅力は、父のかつての職業により半減してしまうものなのだろうか。酒がらみの接客業という理由で、ファンは応援する気が失せてしまうというのか。ひねた中年男の私が青くさいことを口走っているとは思う。だが、私の生家も一時は水商売に手を染めていたし、知人や親しい編集者に同様の境遇だった者がいる。それだけに、世間のステレオタイプな価値判断が解せないし、腹立たしくもあり哀しい。虚しさも感じる。

一瞬、敏治の双眸《そうぼう》に焰《ほのお》があがった。しかしそれは穏やかに凪いでいく。浅田真央の父は、しずかに頭を垂れた。

「娘を応援していただいている皆さんには、感謝しています。ありがとうございます」

5

真央は時代を築きつつある。その姿は、自らが巻き起こしたうねりに乗って滑っているかのようだ。

バンクーバー五輪での最大のライバルは、韓国のキム・ヨナをおいてない。彼女は真央と二〇日しか誕生日が違わず、身体のサイズもさほど変わりない。

キムは母国で社会現象ともいえる旋風を巻き起こしている。韓国の世論調査では、イ・ミョンバク（李明博）大統領やマンチェスター・ユナイテッドで活躍するサッカー選手パク・チソン（朴智星）、韓流ポップスのアイドルグループ・トンバンシンギ（東方神起）などを押さえ、不動の人気ナンバー1だ。

それだけに〇八年の収入は四〇億ウォン（〇九年四月末のレートで約二億八五〇〇万円）で、契約スポンサーは現代自動車や韓国国民銀行、ナイキなど一四にもおよぶ。彼女も高麗大学に入学して、真央と同じく大学生となった。中学時代の教師はこう語っている。

「ヨナはどんな状況でも平然としています。感情をコントロールできる、軍人のような子です」韓国のフィギュアスケート人口は僅か一〇〇人ほどともいわれる。キムは彼らを照らす巨星であり、道程を示す牽引役だ。彼女もまた親子が一体化してフィギュアを極めた。母国の競技振興のために多額の寄付を続けているのは、キムがみせる真央とは違った横顔となっている。

タイプの異なる二人の対決の行方について、マスコミが描く構図は「真央の三回転ジャンプ」対「キムの芸術性」だ。タラソワは、真央の表現力を格段に進歩させようと躍起になっている。「技と技のつなぎ」や「振り付け」などの演技ポイントで、キムに先を越させないことが勝利に直結する。加えて、キムには跳べないトリプルアクセルを筆頭に、プログラムにあるジャンプを全部成功させれば真央の優位は揺るがない。

ところが五輪まで一年をきったところで、一気に真央の旗色が悪くなってしまった——世界選手権四位という予想外の成績に、記者会見場の真央はことばを失い、あわてて関係者がとりなすという場面もあった。〇九年四月の国別対抗戦で、真央は女子シングルス一位となりシーズンの有終の美を飾りはした。しかし、この試合に韓国は出場していない。

世界選手権直前、キムが「四大陸選手権の試合直前の練習で日本人選手が妨害してきた」と発言した旨の報道が、真央はもとより日本スケート連盟に過敏な反応をおこさせている。キムの本意はわからない。だが、結果として日本陣営が動揺したのは間違いないし、それがマイナス要素となったことも事実だ。まして、キムは真央にまさる最高点を更新して意気揚々としていた。

キムは胸をはってインタビューにこたえている。

「ブライアン・オーサーコーチは、サラエボとカルガリーの二つのオリンピックで銀メダルを獲得したスター選手です。それだけに私の気持ちをよく理解してくださいます。一日、一週間、長期にわたる綿密なスケジュールを立ててもらい、それを実行してきました」

真央、ちゃんと練習してきたの？　ジャンプの踏み切りは正確にこなせるようになった？

――こんなキムの挑発が聞こえてきそうだ。硬軟とりまぜ、キムの揺さぶりはしたたかで隙がない。

真央は今後、名古屋を本拠地としつつも、臨機応変にタラソワの住むロシアで合宿を行う。念頭にあるのはキムを逆転することだけだ。真央は悪びれずにいう。

「名古屋には代表候補選手も来ているし、友だちがいっぱいいます。なにより家族と一緒なのがうれしい」

だが、あるベテランスケート選手はそんな真央に苦言を呈した。

「キムはカナダに腰を据え、めったに母国へ戻りません。歴代の女王たちもコーチのいる国に腰を据えてトレーニングしてきました。それを考えると真央はまだまだ甘ちゃんですよ」

浅田真央は、少女から大人へと脱皮しつつある。揺れる年齢に加え、未曾有の重圧にも耐えなければいけないのは、トップアスリートたる者に課せられた宿命だ。

演技のための化粧をほどこしても、真央には少女の面影が色濃い。かぼそい骨格と白磁のような肌、小づくりの顔、屈託なく伸びた手足――しかし、彼女が氷盤と対峙するとき、脆弱さは霧消してしまう。日本刀さながらに、鋭利でさえざえとした凄味が生じる。真央は氷上に立った瞬間から殺気を放つ。リンクを見据える表情は鬼面に近い。少女がアスリートへと変化するさまはスリリングな興奮に満ちている。しかも、真央の真骨頂はここからだ。

戦士の横顔をのぞかせた少女は、名前をコールされると同時に猛々しさをのみこんでみせる。かわりに、飛鳥仏をおもわせる微かな笑みがうかぶ。華麗、可憐、優雅……真央のために用意されたようなことばが、現実の演技となって披露される。中でも、真央にとって三回転ジャンプは切り札であり代名詞だ。難度がもっとも高いトリプルアクセルは彼女のシンボルとなっている。真央は、前向きのまま軸足に力をこめ高く跳ぶ。しかし、ここでフィギュアスケートの、スポーツとしての過酷な一面が牙をむく。ジャンプの瞬間で、スピンの最中に真央は苦悶を浮かべる。

わずかに口もとをゆがませたまま、後ろ向きに着氷した彼女をアリーナの大歓声が迎えた。観客は総立ちとなる。なのに、真央は何事もなかったかのように悠然と演技を続ける。あくまで優美に、たおやかに、力強く。

真央の描くサクセスストーリーに、強烈なルサンチマンやコンプレックスなどは皆無だ。彼女の滑走する先には、家族が両手を広げて待っているようにみえる。

だが、母は次女に全身全霊を捧げ、大枚も投じた。父は、苦い決意を実行に移した。妹に追い抜かれた姉も、葛藤を胸の奥に仕舞いこんだのに違いない。それでも、浅田ファミリーは鬱屈を感じさせず、真央を中心に団結し歩を進める。

真央のスケーティングは、天才児を授かった一家の献身と家族愛のあり方を、くっきりと銀盤に残している。

第二章　中田英寿「カリスマの焦燥」

なかた・ひでとし　一九七七年一月二二日、山梨県出身。
山梨県立韮崎高校卒業後、Ｊリーグ・ベルマーレ平塚に入団。
九八年にはイタリア・セリエＡのペルージャに移籍し、
初年度から一〇得点の活躍を収める。イタリアでは
ＡＳローマ時代の00－01シーズンに、日本人として初めて
セリエＡ優勝も経験。その後複数のクラブを渡り歩き、
05－06シーズンにはイングランド・プレミアリーグでもプレーした。
日本代表としては三度のＷ杯に出場し、〇二年の日韓Ｗ杯では
チームをベスト16に導く。〇六年のドイツＷ杯を最後に現役引退。

1

かつて中田英寿のような輝きかたをしたアスリートは日本にいなかった。

アトランタ五輪、フランスワールドカップ、セリエA移籍、日韓ワールドカップ、イタリアからイングランドへ、ドイツワールドカップ、東ハトの社外執行役員（CBO）、現役引退、世界をめぐる旅人、国交省観光庁の「アドバイザリー・ボード」メンバー就任――中田をめぐる状況と彼の立ち位置は、目まぐるしくかわっていった。同時に、日本サッカー界のトピックスが中田を軸にしていたことも歴然としてくる。サッカー選手としての彼の偉大さはもちろんのこと、中田はその存在を従来のアスリートたちが踏み込めなかったフィールドへと拡大させ、成功をものにした。

しかも中田の言動には周到なマネジメントと演出が施されていた。とりわけ、マスコミを否定しながら当のマスコミをコントロールし、中田の価値を創出していく戦術と手腕は、報道する側をジレンマに落とし入れ、歯ぎしりさせながらも屈服させた。それは見事な成功ぶりだった。しかも、余人が彼の真似をしても同じ果実を味わうことは絶対にかなわない。現役最後の試合で見せつけた強烈なパフォーマンス、それに続く世界放浪もまた衆目を集めた。ただし、すべてが何かしらの計算をともなっているかのような胡乱《うろん》さは否定できない。裏を返せば、そんな気配が漂うからこそ、中田はより強烈な磁場を形成する。

いずれにせよ、中田劇場の観衆はときに揶揄しあげつらいながらも、舞台の成り行きが気になって仕方ない。中田の引退後、客席からは、彼がサッカーと縁を切るのではないかという囁きがしきりに聞こえてきた。主演男優はもちろんのこと、演出家や舞台監督はこの声を耳にしてうなずいたのか、それともニヤリと笑ったのか――。

果たして、最近の中田は乖離《かいり》していった（あるいは忌避というべきか）はずのサッカーへ回帰しつつある。財団「TAKE ACTION FOUNDATION」を二〇〇九年一月に設立したのは、その顕著な例だ。この財団は、慈善事業を軸にエコや貧困解決を目指す。メインの事業として、元日本代表らで構成するチームを派遣して試合やサッカー教室を催し、収益の一部で世界各地にサッカーボールの寄付などを行う。記者会見で中田はいった。

「世界的な恐慌で、物質から精神的な満足感を得る方向に移行していくと思う。日本でチャリティというと、くたびれる感じがあったけど、それにかかわることで、誰もがベネフィット（利益）を得られるものにしたい」

スタイリストたる彼らしいコメントだ。

〇九年四月一二日には、甲府市でチャリティマッチ「TAKE ACTION in 甲府」が開催された。中田は名波浩、北澤豪、前園真聖ら元日本代表を率いて有料試合「TAKE ACTION FC」に臨んだ。対戦相手はJ2のヴァンフォーレ甲府が選ばれている。

このチームを元オールスターによるドリームチームとみるか、花相撲のために掻き集められたロートルチームと判ずるかは意見が分かれよう。さらに、これをプロレス観戦のように捉えていいのか、それとも現役選手相手に本気で勝ち名乗りをあげようというゲームなのか——プロレスの文脈でなら、還暦をすぎたビッグネームが皺腹《しわばら》をさらしながらもリングにのぼり、孫のような若さの選手を組み敷くことも〝あり〟なのだ。しかし、サッカーに関して人一倍スパルタンでストイックだった中田が、そのような筋書きのあるドラマを許すわけがない。

試合は、中田側が1—3で敗れた。無難な結果に終わったというべきだろう。相手は、J2しかも控え選手中心の布陣といえ現役のプロだ。OB軍団に大差で負けたら、存在価値が根底から覆ってしまうところだった。もっとも、スポーツ各紙によると、中田は不甲斐ないチームメイトに対しロッカールームで激怒していたという。やはり彼は本気だった……。

また、今回は中田財団とJリーグや日本サッカー協会の間で申請をめぐりごたごたがあった。日本協会と中田サイドの齟齬《そご》は、後で述べるエキシビションマッチから燻っていたものだ。

犬飼基昭日本サッカー協会会長は苦言を呈している。

「中田君は一所懸命やっているんだろうけど、所属事務所と協会の間に、軋轢みたいなものもあった。つまらない話だと思う」

犬飼会長は、「中田君と彼の所属事務所との間がギクシャクしている印象も受けた」とも語った。ただ中田財団に、元プロサッカー選手を登録制で募り、引退後の仕事をつくりだそうという狙いがあることは特記しておこう。加えて地方振興という名分も掲げている。

試合に先立ち、中田はいっている。

「楽しみながら参加し、人のためになる。ビジネスとしても成り立ち、地方の活性化につながり、選手たちのセカンドキャリアを作り出すこともできる」

中田が、引退から二年をかけて六〇ヵ国以上を歩き、世界の実情を見聞した経験は貴重だ。そこで気づいたのがサッカーを通じてのアクションだった。灯台下暗しという感がしないでもないけれど、彼だけでなく周囲も「中田英寿」から派生する可能性を熟考したのは間違いあるまい。

それに、チャリティマッチという発想に至る伏線として、〇八年六月七日に開催された「+1 FOOTBALL MATCH」があった。これは国内外のサッカー選手に中田も加わった試合だ。日産スタジアムには六万三〇〇〇人もの大観衆が集まった。サッカー関係者やスポーツライター、新聞記者たちに取材したところ、あれは中田が「引退後に一番やりたい」と明言していたことだったようだ。取材先のひとりはいっている。

「ヒデは本当ならチャリティマッチにしたかったはず。だけど所属事務所の意向も働いたのかな。いろんな事情があって、チャリティ色を消してエキシビションマッチにしたんですよ」

だが、一部に慈善試合と報じたスポーツ紙があったばかりか、チケットを買った観衆の多くもチャリティだと思い込んでいたふしがある。「週刊ポスト」は〇八年六月二七日号で指弾し、「週刊文春」〇九年四月三〇日号でもコラムニストの亀和田武が噛みついた。

「中田の周囲には金のニオイが常にただよっている。昨年は『TAKE ACTION! 2008 +1』(原文ママ)というサッカーイベントを所属事務所は企画した。ホワイトバンドの一件で懲りたかと思いきや、このイベントの趣旨も環境や貧困問題の啓蒙であり、今度も多くの観客がチャリティ試合と誤解してチケットを購入した。エコや貧困をビジネス・チャンスとしか見ないかのような動きに、中田と取り巻きに向けられる目は一段とシビアさを増した」

「ホワイトバンドの一件」については、あとでふれるとして、中田は彼が表紙を飾った「GOE《ゲー》THE《テ》」〇八年九月号のインタビューで、チャリティかエキシビションかについて「ひとつ誤解があった」と述べていた。

「主催者である僕たちが、世界の貧困や環境問題について何かメッセージを発信すると思われていたということ。僕にはそんなつもりはなかった。サッカーの試合は試合で楽しんで見てもらえるというのが最初からの意図でした」

　彼はこういった試合を単発で終わらせたくないと明言している。

「一回では、僕の真意は伝わらないでしょう。だからこそ、このイベントも一回で終わらせたら意味がない」

　中田の意を汲んだインタビュアーは、この発言を受けて書いている。

「彼がこのイベントを、チャリティではなく、ひとつのビジネスとして成立させることを目指した理由もそこにある。ビジネスとして成功すれば、二回目、三回目と続けていくことが出来るし、さらには大きなイベントへと成長させることも不可能ではないのだ」

　ことば尻をとらえるのは本意ではない。だが、現役時代から中田には「ビジネス」がついてまわる。中田が醸成に成功した「クール」というイメージには、ビジネスをスタイリッシュにこなす姿が重なっている。だが、ビジネスをミもフタもなく書けば「カネ」だ。きれいごとだけでゼニが差配できるわけがない。中田を語るときには、このことに留意する必要がある。

いずれにせよ、試合の実入りは相当な額になった。前述と同じ号の「GOETHE」で、エコノミストの伊藤洋一が書いた記事によると、「入場料が一億三〇〇〇万円、JAL、アウディなど一一社のスポンサー収入は一億五〇〇〇万円」となっている。他に日本テレビからのテレビ放映権料や当日のグッズ販売などでも収入はあがっているはずだ。大雑把に計算しても、総計七億八〇〇〇万円の実入りというところだろうか。一回のイベントで、これだけの数字を弾き出す日本人アスリートは他に存在しない――うがった見方をすれば、これほど〝おいしいイベント〟を一回で終わらせる手もない。

そんな、こんなの反動と反省を踏まえ「TAKE ACTION in 甲府」は実施された。観衆は一万六一二〇人、入場料が一人一〇〇〇円から三〇〇〇円と前回とは比べものにならないが、施設の条件を考えれば立派なものだ。寄付金は約一八三五万円、「サンケイスポーツ」によれば地域への経済波及効果が「一〇億円以上」とのことだった。

ただ、ここにきて中田サイドの焦燥も透けてみえる。旅人というコンセプトの是非はともかく、策も打たずに放っておけば、中田ブランドの訴求力は低下していく一方だ。彼のネームバリューの目減りは、本人どころか周囲のビジネスにも多大な影響を与える。文化人、ビジネスマン、財団法人代表と肩書きはさまざまなれど、やはり中田がもっとも光るのはピッチの上――人々の記憶に、再び彼を鮮明に刻むための最良の方策がとられた。

何より、中田サイドは熟知している。その言動が賛否両論をまきおこす限り、「中田英寿」は彼であり続けることができることを。

2

中田は財団初の大仕事の場として、彼の出生地・甲府を選んだ。

中田の故郷への想いに変化が生じたとなれば、これは興味深い。というのも、彼は長らく郷土との交わりを避け、意図的に出自を語ろうとしなかったふしがあるからだ。なぜ彼がそこまで郷土に関して頑なになるのか。血縁と同じく地縁は人を知るかっこうの手がかりとなる。中田と郷国の関わりを求めて甲府や高校のあった韮崎《にらさき》周辺を歩いてみた——。

彼の母校のひとつ、甲府市立北中学校を訪ねたら、沓掛《くつかけ》明久校長が対応してくれた。校長室には中田の日本代表のユニフォームが額装され、誇らしげにかけてある。

「中田選手は本校の最高の卒業生です」

とはいうものの、中田の卒業後に赴任した沓掛校長は彼の在校時代を知らない。校長は教職員から伝え聞いた内容を教えてくれた。

「ベルマーレ平塚に入団したとき、一度だけ恩師の雨宮瑞穂先生を訪ねてやってきたみたいですね。でも、その後は来校しているのかどうか知りません。多分、ないんじゃないかな……もちろん、私も彼とは面識がありません。日本代表の寄せ書きやユニフォームは、お母さんが届けてくださったそうです」

中田は甲府北中時代、学校のクラブと併行して地元のサッカー少年団でも活躍していた。当時の監督とも会った。彼は現在、少年団から発展したサッカークラブの責任者でもある。果樹園の広がる丘に、クラブは突如として出現した。「楽しく頑張れ！　中田英寿選手」と大書した横断幕が風を孕んで波打つ。人工芝を敷きつめたピッチはもちろん、クラブハウスや駐車場まで整頓が行き届き全体を整然としたトーンが貫いている。

余談だが、ここのオフィスに祀《まつ》られた神棚をみて思わず声が漏れた。白木を磨きあげた立派な社だけでなく、青々とした榊、三方《さんぼう》に載せ捧げられた日本酒、水、米、塩ばかりか、初物なのかブドウも献じてある——古式ゆかしい作法にのっとっているのはもちろん、それがおざなりに堕していない。清潔感と威厳が放たれている。呆けたように感心していると、監督は少し照れながらいった。

「毎朝、心を込めてお祀りしてるんです。最初にお願いするのは、やっぱり子どもたちの安全と健康ですね。その次はチームの武運かな」

中田は小学六年生で少年団を訪れ、中学一年生から本格的にプレーを始めた。

「ヒデと僕には一六の年齢差があるけど、今では上下関係の意識はなくて、サッカーを絆とする同志って感じですかね」

茶色を煎じつめたような肌をした彼はいった。小柄だが眼光するどいうえ、面相に迫力がある。しかし、笑うと白い歯がこぼれ一気に親しみが増す。

「子どもだったヒデから教わることは多かったですよ」

彼が「じゃあ、次はランニング」と指示すると、必ず中田だけが声をあげた。

「なんで、いまなの？　なんのためにこれから走るの？」

いいから走れ、と命じたらますます食い下がってくる。

「ちっちゃい頃から、ヒデは自分が納得しないと行動しなかった。しかも、メリットだけじゃなくて伴うリスクも説明しないとウンっていわないんですよ」

彼は今も中田と年齢や立場をこえた友情を交わしている。

「ヒデができることで、一番社会に貢献できる手段はサッカーだと思います」

中田がお忍びで帰郷し、彼のもとを訪問することも度々だという。

「世間のイメージと本物のヒデはちょっと違いますよ。ヒデは気さくで人を喜ばせるのが大好き。気を使いすぎるくらい使ってくれるし。引退して世界を旅して、これからは心のカギを少しずつあけていくんじゃないですか」

彼は思い出し笑いを浮かべた。

「お前、山梨が嫌いなんだろって、とっちめてやろうとしたら、小さな声で『そんなことないよ』って」

だが、監督は申し訳なさそうにことばを添えた。

「これでもう勘弁してください。本当はヒデの事務所の許可がないと話しちゃいけないことになってるんですよ」

ふとピッチの端に眼をやると、地元の医院や交通機関、塗装会社の看板と並んで中田の所属事務所の広告が立っていた。

最後に、彼は付け加えてくれた。

「ヒデはウチの『アンバサダー』に就任してくれています。ウチで使っている全部のボールを寄付してくれているのもヒデです」

地元のサッカー関係者は監督と中田にまつわるもうひとつの逸話を披露した。

「中田はサッカー少年団時代、毎週末のように監督の家で夕食をふるまわれていたようです。中田もそれが楽しみだったみたいですね。彼のところには二歳上の兄貴もいたし、家計は決して裕福じゃなかったようです。監督にしたら中田のことがかわいかったし、育ち盛りの男の子を二人も抱える中田の家のことも考えて食事をすすめたんじゃないですか」

週末の夕食といえば、普通なら一家の一番の団欒のときだ。少年だった中田は、それを他人の家族と享受していたということか。サッカー関係者は中田の家庭事情も知っていた。

「お父さんはゴルフのレッスンプロだそうだけど、タイやマレーシアに行って長らく家を空けていたと聞いています。お母さんは、保険の外交員をやっていました。お父さんのことは知らないけど、お母さんはハイカラな感じの明るい人でしたよ」

中田の実家は甲府市内に二ヵ所、現存している。ひとつは、周囲の家並みとは異質のホワイトベージュの豪邸だ。この家は中田が〇一年に両親へ贈った。彼が両親に新たな邸宅を捧げた心情は、息子ならではのものだろう。その心づかいはもちろん、長じて分限者となった彼の誇らしげな表情も見え隠れする。同時に、西洋の城砦《じょうさい》を思わせる威容は、峻刻かつ孤高な中田とオーバーラップしていく。

インターフォンを押すと中年と思しき女の声が響いた。

「事務所のOKがないと、何も話せません」

冷ややかで、有無をいわせぬ口調だった。だが、中田本人の取材ならともかく、彼の親族や周囲に話を聞くのも事務所の許諾が必要とは――押し問答を続けたものの、声の主は薄ら寒い声音のままインターフォンを一方的に切った。近所の人に話を聞いてみたが、彼らは一様に困惑を浮かべ、眼を外したり、そそくさと去っていく。

地元の不動産業者は見積もった。

「土地が一〇〇坪ちょっとで二五〇〇万円くらい。上モノの建築費となると一億円以上はするだろうね」

先のサッカー関係者に再び連絡をとると、携帯電話の向こうで彼は声をひそめた。

「ヒデ御殿のすぐ近くに父親がひとりで住んでいるはずだけど……」

さしたる苦労もなく、教えられた家は見つかった。平屋で典型的な県営住宅を連想させる佇まいだ。先ほどの不動産業者によると、間取りは六畳二間と四畳半、台所に風呂だという。『中田英寿　日本をフランスに導いた男』（高部務・ラインブックス）には、両親と兄、中田がここに住まっていたとある。ちなみに、中田の事務所は高部の著作に対し、肖像権とプライバシー権などの侵害で損害賠償を求めた。

築後、数十年を経たであろう家屋は、星霜の経過が如実に現れている。表札は掲げられていないが、電気メーターが回っていた。ということは住まう人がいるということだ。いずれにせよ、中田がふりまくセレブな表象とはほど遠い。

この日は、陽光が肌をじりじりと射す酷暑だった。

ドアをノックすると父親が顔をみせた。上半身は裸体、着古した濃紺のバミューダショーツという出で立ちだった。色白で腹は出ているが、巨軀のうえ頑丈で屈強そのものの風体だ。白髪になりきっていない豊かな髪をオールバックにし、眼つきは息子と瓜二つだった。中田の父親に関しては高部の本に記載があり、「週刊宝石」や「週刊ポスト」にもインタビュー記事が掲載されている。だが、その露出は中田という傘の下では極めて限定的で少ない。

中田の父とは会えたが、彼との約束で話した内容は書かない。ただ彼は、息子を貶めるようなことを父親はいっちゃいけないんだ。そんなことを自分は絶対に口にしない。息子をかわいいと思わない父親などいない——との趣旨を述べたことだけは書きとめておきたい。その点において、彼もまた無条件に息子を愛する、ひとりの父親だと私は認める。

韮崎高校時代の中田については、当時の彼をよく見知っていた飲食店オーナーが語ってくれた。韮崎のサッカー好きたちにとって、この店は気の置けない場所のようだ。

「ヒデには未来しか眼中にないんです。甲府や韮崎の思い出なんて終わったことで、振り返る必要はないんですよ」

オーナーも、中田がときどき帰省することを知っていた。だが、付き合うのはごくごく親しい数人の友人だけという。彼は冗談めかしていった。

「ヒデくらいの選手になったら、銅像やら記念館などができるもんですよ。ところが山梨にそんな代物はひとつもありません。それってヒデが故郷を拒否してるからじゃないのかな。地元は彼のことをヒーローと思っているのに」

そういえば、一九九八年五月一三日付の山梨日日新聞にはこんな記事が掲載されている。

「写真入りW杯応援看板を一しゅう　クールな中田選手堅いディフェンス　『個人のPR遠慮したい』」

要旨はこうだ――ワールドカップフランス大会にあわせ、韮崎市が四七二万円の予算を計上して中田のプレー写真を使った応援看板を造る計画だったのが、本人から「個人のPRにつながることは遠慮したい」と写真の使用を断られてしまった。

記事は中田に痛烈な皮肉を浴びせている。

「中田選手にはプライベート写真集の出版が予定されたり、コマーシャルにも登場するなど、プレーと直接関係のない個人PRとも受け取れる行動も目立っているだけに、地元ファンは『あれは良くて、これはだめという話のどこでつじつまを合わせているのだろうか。応援看板は中田選手を利用して何かをしようという話ではないのに』と歯がゆい思いをしている」

韮崎高校の古参OBとも連絡がとれた。傘寿を過ぎてなお軒昂な彼は、地元のプロ、アマを問わずサッカー関係者に知己が多く、後輩にあたる中田のことにも詳しい。彼は、「もう、ずいぶん昔のことですよ」と前置きしてからいった。

「私が中田君に、たまにはふるさとへ帰ってこいと注文したら、彼は臆せずいい返したんです。

『山梨に顔を出したら、サッカーがうまくなりますか?』と」

彼が送ってくれた手紙の一節を紹介する。

「中田君は成長の過程で、どこかが欠落してしまったような気がしてなりません。人間というものは、生まれてきて、父母を好きになり、家族を好きになって親近の情を育んでいくものでしょう。これが母校愛、郷土愛へと拡がっていくのではないでしょうか」

中田の故郷を歩いてみて苦笑したのは、彼の幼い頃の日々や親に触れた資料などが、まるで報道管制下のように見当たらないことだ。甲府北中から甲府東中に転勤した中田の恩師は、善良そうな顔を曇らせて「事務所の許可を」といい、韮崎高校時代の恩師も、移った先の高校に連絡をとったものの返事がこなかった。

山梨の取材から東京に戻って元Jリーガーの話を聞いた。

「ヒデは超のつくほどの完璧主義者。欠点があることを許せないんです。上があるなら、そこを目指さないと納得できない。だから、彼にとっては田舎の甲府より東京ですよ。もっというと東京よりはニューヨークってことなんです。完璧主義はヒデ自身にも向けられていました。彼は足が短いといって嘆いていたし、甲州なまりもすごく気にしていました」

サッカー評論家の杉山茂樹の話も、中田を直接知る人物の評としてスリリングだ。

「ヒデと同年代やユースの選手なら、高校時代のヒデの田舎っぽさを知っています。特に九六年のアトランタオリンピックのときなんて、ヒデはまだ高校を出たばっかりでしょ。お洒落なJリーガーや大学生が中心のチームで、ファッション的にはかなり浮いてましたよ」

彼はひとしきり笑わせてから続けた。

「ヒデは高校を出てから必死でいろんなことを考え、勉強したんです。それはサッカーだけじゃなくて、本当にいろんなことを。大卒どころか大学院修了くらいの勉強はしていますよ。その結果、甲府や韮崎から平塚に来て、わずか数年でイタリアですからね。ほうとうからパスタへさっと飛躍しちゃった。この凄さをまず評価してあげたいですね」

中田は早くから全国レベルの選手だった。山梨を出るのは当然だし、田舎に住まう若者に共通する大都会へのあこがれも強かっただろう——そんな中田が甲府に戻って試合をした。これをサッカーへの原点回帰と同じ文脈で受け取るべきなのか。それとも、世界の六〇以上の国々を知ったからこそ、日本や郷里の存在の大きさを再発見できたのだろうか。立ち止まることのない上昇を露骨に志向した中田は、ゆっくりと方向を転換しはじめているとでもいうのか。

3

中田英寿は卓越した選手だった。海外飛躍に先鞭をつけ、国際試合では司令塔として日本代表を牽引した。再び杉山に話してもらおう。

「ヒデは日本サッカー史上、もっとも世界で存在感を示した選手です。僕のいう〝世界〟は野球のそれとは違います。南北アメリカとアジアの片隅の数ヵ国で優勝を争っている野球と、世界一普及しているスポーツのサッカーでは価値が違うんです」

杉山によると、中田の頂点は九八年のペルージャ入団からの数年だという。

「まずビジネス的にも彼の値打ちは証明されています。日本からイタリアへ渡った最初の移籍金はおよそ五億円ですからね。当時のセリエAは文句なしに世界一レベルの高いリーグで、ヒデはそこでトップ下の選手として、九八-九九シーズンに一〇ゴールをあげました。ペルージャ入団の一年半後、九九-〇〇シーズン半ばASローマへ移籍するときには推定一七億円が動いています」

杉山は興奮を抑えきれないように語った。

「その翌シーズンの五月六日、ヒデは優勝を争っていたユベントスとの直接対決で、二点差をつけられて負けているなか、主将のトッティに代わって投入されます。ヒデはいきなりミドルシュートを決めました。その後も激しく動いて得点にからみドローに持ち込むんです」

ヒデが大活躍したこの試合のおかげで、ローマは優勝へとなだれ込む。だからこそ、現地のマスコミは「ヒデがローマを救った」と書きたてた。

「この日は、日本人サッカー選手が世界という舞台でもっとも高みに立った瞬間かもしれません」

さらに中田はファッショナブルでクール、インテリジェンスを備えたうえ、世界のセレブリティと交遊する男という、ファンを魅了するイメージも作り上げてきた。私の知っている二〇代後半から三〇代初めの編集者たちのほとんどが、中田英寿をヒーロー視していた時期を経験している。彼らは「ヒデとアムロちゃん（安室奈美恵）は別格。みんなが大好き、みんなのアイドルでした」と口を揃える。二〇代半ばの若手編集者は、高校生だった頃を振り返りながらいったもののだ。

「ヒデが試合でしていたチョーカーに憧れましてね。ほかの競技の選手もファッションネックレスや磁気ネックレスをしてるんだけど、そういうのとは次元が違う。ヒデはホントにカッコよかった」

中田は雑誌「BRUTUS」で度々ファッション特集の主役を務めた。当時、私もあの雑誌で書いていたのだが、ファッション担当だった女性編集者は、いつも被写体として、モデルとしての中田を絶賛していた。中田の海外グラビア撮影のたび、日本を留守にする彼女から原稿を急かされ苦笑した思い出がある。

「グッチが似合う日本人なんて希少価値なのよ。今度は何を着せようかを考えるだけで楽しくなっちゃう」

中田の高級ブランド好きは鳴り響いているが、私の記憶が間違っていなければ、このイメージの増殖は「BRUTUS」が仕掛けたものではなかったか——彼がセリエAから帰ってきたとき、どんな服装で空港に現われるかが大きなトピックになったこともあった。それは「成田コレクション」といわれたものだが、当時の彼にはブランドを着こなすより着られていた観がある。しかし、現在はそれもすっかり板についてきた。文句なしにスタイリッシュだと思う。特にレザーづかいのセンスは彼ならではのものだ。

ファッション談義はさておき——本人は言わずもがな、事務所もこういうマスコミや世間の反応を的確につかみ反映させていった。もっといえば、両者の描いた筋書きどおりにファンは感応してくれたのだ。

サッカーライターは中田の一面を語る。

「ヒデは高校時代から計算高いことで知られていました。韮崎高校を卒業する際、進学、就職、Jリーガーの三択から生涯賃金が一番高いという理由でサッカーを選んだのは有名な話です。ヒデが数多くのチームからオファーをもらっていながら、ベルマーレ平塚に決めたのも、あそこならMFの層が薄くすぐレギュラーになれるという現実的な判断があったからです」

九六年のアトランタ五輪に出場したとき、中田はオフタイムに簿記の勉強に精を出していたという。「サッカーしか知らない人間にはなりたくない」が口癖で、弁護士や税理士資格に興味を示したこともあった。

アスリートとしての本分を全うし充分な成果を残す一方で、幅広く異分野に眼を向ける彼のスタンスは、マスコミを通じて喧伝され多くの人々が認識している。確かに、こうしたビジネス感性や志向は、凡百の運動選手にないものだ。

同時に、中田からは強烈な上昇志向がにおい立つ。私はむしろ、そこに興味を覚える。

私には、中田がアーノルド・シュワルツェネッガーに重なって仕方がない。オーストリアの官吏の子は、渡米してボディビルで名をあげ映画へ転身、やがて政界に躍り出てみせた。その過程ではスポーツや環境、身辺の人間を踏み台にしてまでも願望の実現へ邁進してきた。

現役時代の中田はサッカーに情熱を注ぐ一方で、サッカーと距離を置こうとした。引退後はサッカー以外のことを存分に知ったはずなのに、再びサッカーへ急接近してみせる——無愛想で、時に傲慢さすら漂わせる彼の視線はどこを見据えているのか。中田は何に渇望しているのだろう。

中田を解析するもうひとつのヒントとして、ビジネスとマネーがある。

中田が両親に贈った豪邸については書いた。だが、不動産といえば中田は〇五年にも、ニューヨークのソーホー地区で地上五階、地下一階のビルを購っている。建物本体の価格は推定七億円だが、改装にあたっては世界的建築家の安藤忠雄を指名し、「費用に糸目をつけない」と豪語したという。ところが、「ウォール・ストリート・ジャーナル」で配信された記事には、この物件が「二二〇〇万ドルで売りに出たものの、〇九年二月二七日付で一五〇〇万ドルまで値下げした」と報じられている。ダンピング後の値段を邦貨にすれば約一五億円だ。

しかし、この程度で驚いてはいけない。彼が一二年間のプロ選手時代に得た金は八〇億円とも一〇〇億円ともいわれ、ピーク時には年間一五億円を稼いだとされている。引退後、旅人として世界を歩いていたときでも、中田の金の卵を産むガチョウとしての面目はいっかな衰えなかった。

スポーツマーケティング会社OSSの半田裕社長は断言した。

「〝中田英寿ビジネス〟は、過去と現在を含めた日本のアスリートビジネスにおいて未曾有の大成功を収めました。日本のアスリートビジネスは〝ヒデ以前と以後〟にハッキリと区分できます」

今やスポーツ、あるいはアスリートビジネスは、莫大な利潤をもたらす産業になりつつある。

早稲田大学スポーツ科学学術院の中村好男教授は説明する。

「日本のスポーツビジネス市場は、用品購入費や試合観戦料などばかりでなく、テレビ放映権料にスタジアム命名権、スポンサーシップなどが拡大中で一〇兆円近い規模です」

中田のような個人選手から生ずる利権は、肖像権を核としてCM、イベント、出版、ファンクラブ運営、グッズ販売など多岐にわたる。中田ビジネスは、それらをことごとく実り多き事業に仕立て上げた。だが、中田ひとりでビジネスを進展させられるわけがない。中田のイメージを醸成し、戦略を立て流布させる、所属事務所のマネジメント手腕は看過できない。同時に、事務所も中田なくしてこのような商売は展開不可能だった。中田と事務所の幸福な出会いがあったからこそ、両者は日本のスポーツマネジメントの世界で、過去には存在しなかった最高の化学反応を起こしたのだ。

中田の所属事務所は「サニーサイドアップ（以下SSU）」という。八五年に設立され、PRや広報代理業務、スポーツ選手、アーティスト等のマネジメント業務などを扱っている。当初は高橋恵がトップを務め、現在は娘の次原悦子が代表だ。

SSUの規模は、〇八年度の実績ベースで従業員一〇〇人、売上高六七億八〇〇〇万円だ。〇八年九月五日には大証のヘラクレスに上場した。目論見書によれば株価二八〇〇円で、同社の大株主でもある中田は、実に一億四五六〇万円もの時価総額を保有したことになる。SSU株は相場に名を連ねると同時にたちまち三一六〇円でストップ高を記録した。投資家はもとより、SSUと中田は笑いが止まらなかっただろう。

SSUに所属する面々も豪華だった。中田を筆頭に、五輪のヒーロー北島康介、同じく五輪陸上代表の為末大、ヤクルトの五十嵐亮太、ゴルフの上田桃子、テニスの杉山愛らが並ぶ。かつては元サッカー・トルコ代表のイルハン・マンスズ、ライターだった乙武洋匡《ひろただ》も名を連ねていた。北島は〇九年三月末日をもってマネジメント契約を満了したが、入れ違う形でバレーボールの人気者でビーチバレーに転向した菅山かおるが入っている。また、ＰＲでは日本郵便、千葉大学などを手掛けていることも付記しておこう。

ＳＳＵ初代社長の高橋はかつて洋楽の〝呼び屋〟として名を馳せていた。八七年のマイケル・ジャクソンの日本初公演が実現したのは、彼女の手腕だという話もある。

ＳＳＵは、九〇年代から実質的に次原がトップとなり、ＮＥＣやロッテの企業ＰＲ一色だった業務をマネジメント分野へ拡大していく。

次原は六六年一一月生まれ、親の高橋姓や九一年に結婚した夫の山本姓を名乗らないのは、結婚に先立って母方の祖母の養女になっているからだ。次原は女性企業家の代表選手であり、トップマネジメントを実現した立志伝中の人ともいわれる。女子大生時代から母の仕事をサポートしていたというから、キャリアは長い。彼女には『ＮＡＫＡＴＡビジネス』（講談社）の著作があり、会社をテーマに『サニーサイドアップの仕事術』（峰如之介著、山崎祥之監修・日経ＢＰ社）も出版された。

次原を取材した週刊誌「ＡＥＲＡ」は、「ロングヘアのスレンダー美人」と書いている。私は、〇八年八月二二日に執り行われた彼女の実父の葬儀で実見した。その容姿はともかく、哀しみの中でも、何百人という参列者に細やかな対応をする姿、手抜かりない目配りに辣腕の一端を見た。テレビやラジオの放送局、ルイ・ヴィトン、ブルガリといった高級ブランド、菅原文太、神田うのら芸能人からの献花も人目をひいていた。

中田と次原は九六年に手を組ぶ。次原は三〇歳目前、中田にいたっては一九歳だった。彼女をよく知る大手広告代理店のベテラン社員はいった。

「あの子は、あねご肌だよ。今でも艶っぽいけど、昔はイケイケっぽいファッションでキャピキャピしてた。性格はサバサバしているほうだし、母性本能が強いんじゃないかな。家庭環境に恵まれなかったり、ツッパッてるけど芯の部分で弱い、なんてタイプをみると放っておけないんだ」

すでに書いたとおり、両者の出会いは、「日本のスポーツビジネスにおいて未曾有の大成功」へと進展する。きっかけとなったのは、中田が兄と慕った前園真聖だ。前園も彼を弟分と認めた。前園はひと足先にSSUに所属していた。アトランタ五輪を軸とした九〇年代後半、前園は日本サッカー界を代表する人気選手だった。しかし急速にアスリートとしてのポテンシャルを失い、最後は朝鮮半島に渡ってKリーグに所属したが〇五年に現役引退している。現在はSSUの幹部であり、サッカー中田軍団の一員でもある。

中田と前園の仲を知る雑誌編集者は、新人時代の中田が覗かせた一面を語った。

「韮崎高を卒業して上京したヒデが真っ先にくっついたのは、飛ぶ鳥を落とす勢いだった前園真聖でした。いろいろいわれているけど、意外にヒデは後輩キャラなんです。人を統率するんじゃなくて、可愛がってもらうタイプ。飲み会でもマメな気づかいや心配りをします。ただ、まるでテレビカメラが回っていて、それを意識しているような不自然さがありますけどね」

中田が選んだ〝親しい人〟は男女を問わず年長者で、共通した資質を持っていると彼は指摘する。

「中田が求めるのは、絶対に裏切らず、いつも味方になってくれる存在です。ヒデは頑固で偏狭、自己アピールが下手なだけに、ずいぶん損をしている。でも、それを直す術がわからないし、自分を変える気もないんでしょう。だから、自分を深く理解してくれる人でなきゃ、安心できないんですよ」

中田を「同志」とまでいう甲府のサッカー少年団元監督もその範疇に入る。孤高とされる中田も、この文脈から読み解くと別の側面にライトが当たるというものだ。

次原が着目したのは、中田のビジネスセンスだった。彼女は自著『ＮＡＫＡＴＡビジネス』に書いた。

「この人物は自分のよきビジネスパートナーになるだろうと思った」

中田にとっても事情は同じだ。次原は最大の理解者であり、決して裏切らない〝姉貴〟となってくれた。何より、次原によってサッカーが生む感動をカネに換えてもらったことが大きい。それどころか、中田の性情的な欠点をも、セールスポイントに仕立て直してくれた。いみじくも、次原は書籍『トップスポーツビジネスの最前線』(平田竹男ほか編著・講談社)で言い放っている。

「(中田のような)偏屈者をインテリジェンスに演出するのは、そんなに難しいことではありませんでした」

次原が中田をどれだけ慈しみ、大切にしているかは、あるスポーツライターの話でよく伝わってくる。「次原は自分のことを悪しざまに書かれても、さほど怒りません。でもヒデの悪口をみつけると、血相をかえて出版社に怒鳴り込んできます」

SSUの快進撃について、大手広告代理店のスタッフはいう。

「次原さんが成功したのは、PRの手法を大胆に活用したことです。マスコミが取材に来るのを待つのではなく、常に話題を仕掛けて呼び寄せるんです」

PRは次原の仕事の原点だ。かつては、東京ドームで行われた日本ハム戦において、入口でキスをしたカップルの入場料を無料にする企画で話題を呼んだこともある。マネジメントの分野に乗り込んでいったのは九〇年代からで、SSUはPRとマネジメントを見事に融合してみせた。

PR会社は、活字や放送媒体でクライアントの商品や企画、イベントなどを取りあげるよう働きかけていく。広告代理店が自社で広告の枠を購っているのとは根本的にスタンスが異なるわけで、PR会社はより魅力的な情報を提供し「タダ」で取り上げてもらう。私も一〇年近く広告の世界にいたので実体験からいうが、PR会社の媒体に対する基本姿勢は「お願いします」だ。掲載や放送の決定権は常に媒体側が握っている。だから、クライアントはPR会社にカネを払っているのに、商品が期待したページで紹介されなかった、スペースが小さい、極端な例となると一度も露出されないという事態がおこってしまう。どれだけPR会社が尽力しても、本文で大々的に記事が載ることはまれで、たいていがプレゼントコーナーに追いやられるかボツになるのが落ちだ。PRにともなうジレンマはここにある。

それを解消する手立ては、媒体側におもしろい、取り上げようと思わせるしかない。マーケティング会社のスタッフは解説してみせた。

「ＳＳＵはＣＭパブリシティを推進しました。テレビコマーシャルやイベントの舞台裏ネタを事前にマスコミに教えて、広告と連動させながら商品の知名度をあげていくんです。中田と制作スタッフの裏話、中田による商品へのコメントなどがあれば記事になりやすい。ニュース性やエンタテインメント性もアップします。何より、中田をＣＭに出演させて儲け、そのインサイドストーリーを流してまた儲ける。一粒で二度おいしい商売です」

ＳＳＵのキャッチフレーズは「たのしいさわぎをおこしたい」であり、彼らは「わたしたちの仕事は〝ムーブメント製造業〟です」と自任している。実際にＳＳＵは、中田を軸にした騒ぎやムーブメントを起こしていった——中田が経営的危地にあった東ハトの社外執行役員に就任したこと、彼がパッケージや味にコミットした同社商品の発売、ワールドカップにあわせてオープンさせた「ｎａｋａｔａ．ｎｅｔ ｃａｆｅ」、日本コカ・コーラと共同企画した「コカ・コーラジュニア親善大使」などなどの話題が報じられた。

話題ありきの方法論は、島崎藤村の『新生』を連想させる。藤村は姪と近親相姦して子までなすものの、パリへ逃走してしまう。再び日本へ戻った彼はまたぞろ姪と復縁する——藤村はその顚末を書き大スキャンダルとなったが、最終的に名声を得た。私は彼が確信犯として、書くがために事件を起こしたとみている。こういったやり方はビジネス的に正解なのだろうが、あざとさとしたたかさのこってりした重奏に辟易もする。

さらにＳＳＵは徹底して肖像権を管理し、同時に情報をも操作していった。そうすることで、中田ブランドの価値は一気に上昇したのだ。

中田とかかわった編集者やライター、カメラマン、広告代理店のスタッフなどが語った内容から、SSUのスタンスをまとめてみよう。まず、彼らの意見は次のひとことで一致している。

「中田そのものより、SSUとの付き合いが大変なんです」

中田と会う前の段階で、SSUのスタッフから、「変な質問を中田にすると、すぐに帰ってしまうから気をつけて」と真顔で忠告され、穏やかならぬ心境になった取材者は少なくない。ならば、と念のため詳細な質問シートをつくってスタッフへ送ったら、「こんなの、全部みてられない」とつれなく扱われたこともあったそうだ。

「取材はすべてSSU主導。まるで海外の超大物映画スターと会うようなもんです。次原さんをはじめ四、五人もスタッフが付き従ってきたのにも失笑しました。それにしてもSSUの中田に対する、腫れ物にさわるような態度は理解しがたい。しかも、それを僕らにも強要するんです」

最近では、中田以外の大物アスリートへの取材現場でも、同じようなことが起こっている。

SSUのスタッフに、「中田へメールを送るときは二度、三度はもちろん、四回、五回と文面を見直すこともあるんだ」と打ち明けられ、どう返事をしていいのか困ったという苦心談もあった。また複数の証言者から、「ヒデは取材の間、ずっとお菓子をばくばく食べてました」と聞いたときは、いかにも中田らしくて思わず笑ってしまった。

もっとも、総じて中田は気さくに取材に応じてくれる。質問に対して、なるべく正確に答えようとする姿勢も見逃せない。この点に関しては、中田への取材経験のある杉山も認めていた。

「スポーツ選手としては抜群に頭がいいです。よどみなくことばが出てくるだけでなく、話に句読点がちゃんとついているんです。取材の録音テープをそのまま原稿として使えるくらいです」

そういえば、「中田は変に思わせぶりなことや、哲学的なことをいわないからいい。人生訓みたいなことを口にするアスリートがいるけど、彼はそういうタイプじゃないですね」という声があったことも付記しておく。

4

次原とSSU、ひいては中田に対する称賛は大きい。

だが、一方でいくつかの批判も聞こえてくる。〇五年には、SSUが主体となり中田らも賛同した啓発運動「ホワイトバンド」が問題視された。世界的な貧困撲滅キャンペーンにあわせて、一個三〇〇円のホワイトバンドを四〇〇万個以上売ったものの、その売上金が途上国援助へは直接的に回されておらず、消費者問題に詳しい紀藤正樹弁護士らが疑義を呈している。このときも、〇八年のサッカーイベント同様、チャリティと見紛う体裁が批判の的となった。

取材現場での衝突も数え切れない。ある雑誌記者は憤懣をあらわにした。

「最初こそ、選手の売り出しに頭を下げていたくせに、どんどん傲慢になってきました。今では原稿や写真の事前チェックは当然、気に入らないと訂正を求め、応じなければ取材拒否や提訴をちらつかせてきます」

私も、中田の郷里で度重なる取材拒否を受けSSUの徹底ぶりに驚いた。すでに述べたように、彼らは中田の出身校の教師にまで緘口令《かんこうれい》を敷いていた。別の編集者は自嘲する。

「記事に抗議の電話を寄こした直後、別のSSUの担当がPRしてほしい商品があると猫なで声で連絡してくる。腹が立つけど、中田の記事がほしいから申し出に応じてしまう」

事実、日韓からドイツワールドカップにかけて、彼を特集した雑誌はどれもひとケタ違う売り上げを記録している。この事実は動かしがたい。

だが、SSUが掲げる「選手の権利を守る」の御旗は、マスコミにとって過剰な報道規制であり、自社と選手の利益のみ優先で取材側の事情を斟酌《しんしゃく》しない横暴としか映っていない。

作家の麻生千晶はこう喝破した。

「中田ビジネスは、メディアの弱点を見透かして放った計算ずくのものでした。なぜ大人がそれを見破れないのか。こんな若輩になめられて、どうするんですか」

中田のマスコミ露出はきわめて限定的だ。村上龍を筆頭にSSUあるいは中田のメガネにかなった物書きはそうそう多くない。後に本書のイチローの章でも触れるが、中田は彼と同じく書き手を選別している。中田の意思なのか、それともSSUの方針なのか、一部の記者やライターを愚劣だと批判する姿勢が鮮明なのもイチローと同じだ。

しかし中田はイチロー以上にマスコミとの確執を抱えている。中田をめぐる最大のトラブルは、九八年一月四日付の朝日新聞の特集企画だった。記事は中田がフランスワールドカップ出場を決めたイラン戦で君が代を歌わなかったことに言及した。SSUサイドは、この部分がインタビューの前後の文脈を無視して意図的に抜粋されたと抗議したが、反響は大きかった。一部の政治団体は中田に抗議活動を仕掛けたほどだ。

これを機に、ＳＳＵは既存のメディアを避け、インターネットのホームページを活用するようになる。時まさに日本にもインターネット文化の大きなうねりが生じ、ようやくＩＴが実生活に息づきはじめたという絶妙のタイミングだった。ＳＳＵの眼のつけどころ、目配りが大成功へと直結する。「ｎａｋａｔａ．ｎｅｔ」は一日平均七〇〇万件のアクセスヒットを記録した。ＳＳＵはこれをビジネスとして有料会員制サイト、携帯サイト、さらには中田が司会をするテレビ番組「ｎａｋａｔａ．ｎｅｔ　ｔｖ」へ発展させている。

彼が引退声明の場として選んだのもホームページだった。ただ、このやり方には若干の反省点もあるのではなかろうか。インターネットを重用しすぎ、他のメディアを蔑ろにしたスタイルの定着により、中田の存在がかえって薄皮をまとってしまった。ネットで報告するより、テレビに出て記者会見するほうが今はまだ効果が大きい。衰えたとはいえ、また事の是非はともかくとして、この国におけるテレビの威力は侮れない。やはり小学生から中高年、高齢者まであまねく情報を行き渡らせるには、既存メディアの力を総動員して活用すべきだ。

その点、イチローはうまい。ネットに心情を書き綴る中田より、テレビで己の姿をアピールし、癖の強いコメントを発するイチローのほうが、大衆へはダイレクトに伝わってしまう。イチローは二度のＷＢＣで、大いにマスコミを利用し、キャラクターチェンジまでやってのけた。

さらに、これはまさに美意識の問題だが、中田は〝パンツを脱ごうと〟しない。ダサいことが大嫌いなだけに、それがネックとなってしまう。ここがスタイリッシュで好きだという支持もあろうが、彼のファンでない層は、「何をカッコつけとんねん」と思ってしまう。イチローは先だってのWBCで大不振に陥った。だが、早々とパンツを脱ぎ、開き直ってしまったことで、ずいぶん展開が楽になったのではなかろうか。中田の場合は、なまじ二枚目路線を固持してしまったがゆえの苦悩ではある。それだけに、今後のSSUは中田の素を出していく方策も考えなければなるまい。

中田、イチローともスポーツ長者なのに、イチローにはカネから生じる腐臭がまとわりつかないのもおもしろい。これは、イチローが野球ひと筋（彼だって俳優業に進出したが）の野球バカだということも影響が大きかろう。中田はイチローより趣味や嗜好、交流する人間などすべての面でずっと守備範囲が広い。だが、中田の一挙手一投足は、計算ずくとかビジネスがらみと憶測されがちだ。カネをめぐる中田の根源的な資質や嗅覚にも関係していようが、背後にSSUの影がちらつくせいでゼニの気配とさかしらさがつきまとう。これもまた、彼とマネジメントの密着ゆえの悲劇だ。

前出の大手広告代理店社員はいう。

「SSUの無理が通用するのも選手に勢いがある間だけですよ。中田は引退でバリューが確実に下落しています。一時は八社もあったCMはエステのTBCと東芝の携帯電話だけだし、今後も最盛期ほど回復することはないでしょう」

中田に代わるのは、北島だと広告業界では目されていた。だが、北島は中田のようなビジネス感覚をもっていない。何しろ「水の中にいるのが一番幸せ」という水泳の申し子だ。やはり野に置けレンゲ草――北島がＳＳＵと契約を結んだとき、どれだけ記者やスポーツマネジメント業界の面々が驚き、嘆いたことか。まずは、ＩＭＧとの契約で決まりと噂されていたことがある。しかし、それ以上に中田ビジネスで充分すぎるほど見せつけられたＳＳＵのやり手ぶりが、やっかみ含みの反感を買ったのだ。

〇九年の春、北島はＳＳＵとの契約を更改せずアメリカへ旅立った。

マネジメント稼業は、いくら体裁をつくろっても選手あっての賜物、抱える手駒の上前をはねるヤクザな水商売と変わらぬことを認識しておくべきだ。あの吉本興業が行うマネジメントビジネスを、怪芸人といわれた中田カウスは見事に看破してみせた。

「マネジメントなんて合法的な人身売買、テキヤ稼業の巨大化したもんですからね。芸人を酷使し、上前をゴソッと搾取することにより膨大な利益を得る優良企業、それが吉本興業ですわ」

それに、中田があまりに突出してしまっているせいで、ＳＳＵでは彼以外に際立った成功例が見当たらない。やはり、中田と次原の出会いで起こった化学反応は偶然の所産だったのか。マネジメントは個性豊かな人間が相手だけに、共通の方程式など成立しないともいえよう。

しかも、その中田の神通力に翳《かげ》りがみえはじめているとなると、ＳＳＵの焦燥も深まるばかりだろう。杉山は、まずアスリートとしての彼とビジネスとのギャップをついた。

「副収入が多かったことがヒデのキャリアを語るうえではマイナスでした。実力だけなら世界の五〇番目から一〇〇番以内の選手だったのに、総収入では〇一年に世界のサッカー選手八位というすごさでした。このギャップは完璧主義の本人にとってはつらかったでしょうね。しかも、それは必ずしも彼だけのせいではないんですから。引退が早かったのも、ビジネスという虚像が大きくなっていったプレッシャーからじゃないでしょうか」

彼は進言する。「問題は自分の落としどころですよね。セレブとしてみられることは楽しいし、カネもある。でも現役時代よりはリラックスしていたい。そのバランスをとれる立場を考えているんでしょう。サッカーが好きなのは間違いないし、虚像を保ちながらも、ストレスだけを軽減させようとするのが今後の方向性じゃないですか」

これからは日本国内をクルマで旅したい、農業にも興味がでてきた、と中田は明言している。農業の話をした後、中田は言い添えた。

「まあ、野菜を食べられないオレがいうのもヘンなんですけど」

かつては野菜嫌いや極端な偏食を指摘されると露骨にイヤな顔をしていた彼が——。

中田英寿をはじめてみたのは九八年の春、彼が二一歳のときだった。

中田の影は傾きかけた陽を惜しむかのように長く伸び、いまにも薄墨色の景色と同化しそうだった。とうにベルマーレ平塚の選手たちは消え、グラウンドに残っているのは彼とゴールキーパーの小島伸幸だけだ。中田は飽くことなくシュートを放ち続けている。

彼はゴールの上段をめがけてキックした。すぐさまキーパーが反応しジャンプする。しかし、ボールは小島が精一杯のばした指先を無視するかのようにネットへおさまった。どう、と地面が響いて小島が倒れこむ。中田はゆっくりと駆け寄り、何ごとか声をかけ一礼した。

遠目に黒いかたまりとなっていた中田が、クラブハウスへ戻ってくる。間近でみる彼の体軀は圧倒的だった。特に脚部の発達には息をのんだ。上半身をはるかに凌駕する肥大ぶりはもちろん、タン色の皮膚の下で筋肉がひしめき、うごめいているのがわかる。その凄まじい肉体に圧倒され、太い息を漏らす私の横を中田はスパイクの乾いた音を立てながら過ぎていく。

日本代表の要として活躍していた彼は、すでにマスコミ嫌いでも有名だった。

「おつかれさま」と、返事を期待せずに声をかけたら、中田は肩越しに振り返った。

「どうも。小島さんの取材ですか。僕のせいでおそくなっちゃってすみません。いいインタビューをしてください」

このときのぶっきらぼうでいながら、恥ずかしそうな中田の笑顔が私の網膜に焼きついている。世間で確立していた彼のイメージとの落差が新鮮でありショックでもあった。その後も、なぜ彼はあのときの素朴な横顔を封印するのか解せなかった。

中田の自分探しの旅は、むしろこれからが本番となる。できるのなら、次のステージではありのままの自分を曝け出してほしい。書かれることを拒み、また事務所がコントロールしてきた事々を己のことばで語りつくす――虚像を確立することで、成功を手にした若者の軌跡がきっと新たな光を放つはずだ。

第四章　高橋尚子「笑顔を仕掛ける名参謀」

たかはし・なおこ　一九七二年五月六日、岐阜県出身。
中学から陸上を始め、大阪学院大学卒業後、リクルートに入社。
当時は中距離種目の走者だったが、九七年にマラソンに転向。同年、
積水化学に移籍し、九八年の名古屋国際女子マラソンで初優勝。二〇〇〇年の
シドニー五輪では日本の女子陸上選手として初の金メダルに輝き、
国民栄誉賞を授与される。〇一年には、ベルリンマラソンで
当時の世界記録を更新するも、〇四年のアテネ五輪では日本代表に落選。
〇八年の北京五輪代表にも漏れ、同年一〇月、現役引退を発表した。

第四章　高橋尚子

1

高橋尚子が女子マラソン界に残した功績は金字塔というにふさわしい。

春の日差しはうららかなくせ、まだ三月半ば、風が吹くと思わず身をかかえてしまう。

高橋尚子は少し内股気味でパイプ椅子に腰かけていた。来賓の挨拶が周りを囲んだ山々に吸い込まれる。高橋は、眼の前に並んだ一〇五人の小中学生たちを見回した。よほどうれしいのだろう。抑えようにも彼女の唇の端があがり、目尻はさがる。持ち前の溌剌さが背中を押すのか、スタート地点で号砲を待つときのように身体が前にのめっていく。

岐阜県揖斐《いび》郡揖斐川町で開催された「ランニングクリニック」は、彼女が現役を引退後にやってみたいと熱望していた仕事だ。一週間前の二〇〇九年三月八日、名古屋国際女子マラソンを最後に高橋はシューズを脱いでいる。二時間五二分二三秒、二九位という過去最低の成績は言わずもがなだが、「ありがとうラン」とネーミングし、ゴールするまで沿道を埋めたファンに手をふりながら走り続けたのは、いかにも彼女らしい幕引きだった。

「Qちゃんは――」

マイクの前に立った高橋は、自分のことをこう呼んだ。お世辞にも流暢とはいえない口舌だけれど、彼女の入れ込み具合はもちろん、全力でぶつかっていく姿勢がはっきりわかる、朗々とした声だった。

一二戦して六連覇を含む七度の優勝と一度の世界最高記録更新を果たした功績は、一五戦一〇勝し〝最強〟と異名をとった瀬古利彦にも匹敵しうる。しかも高橋はオリンピックの金メダル、国民栄誉賞なども戴冠しているのだから、頂点を極めた数少ないアスリートといってよかろう。何より、彼女はトピックやエピソードに事欠かなかった。話題づくりのユニークさと、それを仕掛けるタイミングも絶妙だ。アテネ五輪出場をめぐる悶着やチームQの立ち上げ騒動、引退する年の春にぶちあげた東京国際女子、大阪国際、名古屋国際の国内大会を連続走破するというアドバルーン……選手としての全盛期を過ぎていても、良きにつけ悪しきにつけマスコミはあたふたしながら彼女の後を追い続けた。

それは狂騒であり、滑稽なくらい思慮を欠いていたこともあった。これじゃ高橋サイドの思うツボだと苦笑が漏れる。しかし、逆から読めば高橋には報道するだけのバリューがあった証左となろう。女子アスリートで彼女に匹敵する存在は谷亮子くらいのものだ。

高橋尚子の人気を支えていたのは、まず元気な笑顔や超のつくポジティブさ、〝Qちゃん〟と呼ばれる親しみやすさだった。しかし、底光りする過剰さも見逃せない。何しろ彼女は、過酷で熾烈な四二・一九五㎞の闘いを、平気な顔で「楽しい、好きだ」といってのけるのだから。

高橋がめきめきと台頭してきたのが一九九〇年代末――私はそんな彼女を畏れ、怖さを感じていた。得体の知れない怪物をみる眼でとらえていた。それは当時の私が、『速すぎたランナー』(小学館)執筆のため、男子マラソンの早田俊幸に密着し、この競技の底深さを知るようになっていたことが大きい。当時、早田も国内最高記録保持者でオリンピック代表の座を目指していた。だが、最速ランナーと呼ばれた早田は、その俊足ゆえに勝てなかった。速さのために勝利をつかめぬジレンマに彼は悶え苦しんでいた。

瀬古や彼の好敵手だった中山竹通《たけゆき》、バルセロナ五輪銀メダリストの森下広一といった名選手たちは異口同音にいったものだ。

「マラソンは速く走れないと記録を出せない。でも、もっと大事なのはゆっくり走ることだ。ゆっくり走れないランナーは絶対に勝てない」——ライバルたちの動向を見極め、スピードを変幻自在にコントロールし、どの地点でも勝負をかけられるというのは、畢竟《ひっきょう》レースを支配できるということだ。体力と走力、精神力を兼ね備えた者だけが王座につける。だが、そんな傑物がマラソンの世界にそうそういるわけはない。

高橋はゆっくりと走れるだけでなく、早駆けも得意なランナーだ。それは、勝利だけでなく記録までも手中にすることを意味する。

九八年三月、マラソン二戦目の名古屋国際で、高橋は三〇キロ地点までずっと先頭集団に埋もれスローペースのまま走っていた。ところが、当時指導を受けていた小出義雄監督の「ここからいけ！」を合図に猛烈なスパートをみせつける。これが彼女の初勝利となった。二時間二五分四八秒のタイムは当時の日本最高記録だ。

圧巻は、同年一二月のバンコクアジア大会だった。最高気温三〇度、湿度九〇パーセント近くという最悪最低な条件下、高橋は名古屋国際とはうってかわってスタート直後から飛び出して独走する。こんな気候ならじっくり走って、他の選手の自滅を待つべきだろう……あまりに無謀な戦術だった。ところが、彼女はそのまま二位に一三分以上という大差をつけゴールしてしまう。おまけに、二時間二一分四七秒で自分の持つ日本最高記録を四分以上も更新、世界最高記録にも手が届くスピードぶりを見せつけた。

人間業ではない――未曾有のアスリートの出現に私は立ちすくんだ。しかも、高橋はいつも天真爛漫で天然キャラを爆発させる。これは、常に苦悩や焦燥を抱え、ときに押しつぶされてしまうことの多い従来のアスリートと彼女の際立った差異でもあった。高橋が、回転寿司で何十皿も平らげる大食らいだという笑い話すら、彼女の底知れぬ不気味さを象徴する逸話として私には響いた。

高橋尚子の肉体と技術、思考と精神は常識の枠に収まりきらない。なるほど、この過剰さは、彼女のみならず超一流と呼ばれる運動選手に共通した資質だ。それゆえに、高橋は女性アスリートの中で一頭地を抜けた存在に登りつめた。しかし、だからこそ私は彼女の怪物ぶりを畏怖するだけでなく、不可解さを募らせ、あるときは屈託のない対応が疎ましくさえあったのだ。

まして、数えきれないメディアが現役時代の高橋を囲んでいた。彼女を主人公に据えた書物も多い。私は元来、そういうカテゴリーの人物に食指が動かない。何より、鬱屈のほうが逃げ出しかねない彼女のキャラクターに二の足を踏んだ。むしろ、あの頃の私は、胸中に果てなき渇望を抱き、それを陰火で燃やす人物や重い因業に惹かれていた。

だが、過剰なるランナーの登場に圧倒されてから一一年目、ようやく私は高橋尚子の秘密を探ろうという気になってきた。ことに〇六年以降の、最盛期を過ぎた彼女が駆け抜けようとした迷路は興味深い。しかも冒頭で紹介した、揖斐川の陸上競技場にあらわれた高橋尚子は、もう女王でも怪物でもなかった。慰撫しようにもおさまらない獣性、勝利や記録への癒しがたい餓えは感じられない。七二年生まれの高橋は〇九年で三七歳になる。きびきびとはしていても、肌つやは紛れもなく中年女のそれだ。厚く塗ったファンデーションのせいで顔だけが白く浮きあがっていた。高橋尚子は引退を機に、新たな人生のコースを歩みだしている。彼女が踏み出すコースと来し方を探ってみたい。

2

高橋の父の良明に逢った。親から子をたぐりスポットをあてることで秘密が明らかになったり、気づかされることは多い。本書の他の取材でも、やはり子は親の背を見て育つと痛感した。

「そんな……あの娘のことを難しくお考えになる必要はありません」

稀代のマラソンランナーの父は事もなげに笑い飛ばした。

「私どもが住んでおりますのは岐阜の東の端でして、それはもう緑の豊かなところなんです。四季折々、何かにつけ私は尚子たちを連れて野山に出かけたものです」

尚子は父が三〇歳のときの子で、兄とは二歳離れている。父は、「次は女の子が授かるといいなって思っておりましたから、あの子が生まれたうれしさも格別だったんです」と昔日を思い出す。彼は小学校で教壇に立っていた。妻、つまり尚子の母・滋子も国語の教師だ。生まれて間もなく母が転勤したため、娘は二歳まで母方の祖母の住む飛驒高山で過ごした。

そういった経緯もあり、父は手元に戻った娘とのコミュニケーションを密にしようとつとめた。そのひとつがハイキングだ。

「春を見つけにいくのは、尚子の大の楽しみでした。まずはタンポポの花ですね。イヌノフグリの花も小さいけれど可愛いんです。私たちは草花の変化に気づくたび、春が見つかったとよろこんだものです」

尚子はスケッチブックを広げて写生したり、春の野のようすを作文に書いたりした。うまい、へたではなく、心に浮かんだこと、肌に感じた空気の暖かさを素直に表現してくれれば、良明は手放しでほめた。

「シドニーオリンピックで尚子が、タンポポの綿毛のように風に乗ってふわふわと走れたと申しておりました。あのとき、娘は故郷で過ごした日々を思い出していたのかなあって、私は解釈しているんです」

良明の体格は偉丈夫といっていい。身体に見合った、大きくて分厚い掌と太い指をしている。しかし威圧感や強面とは縁遠い。かわりに穏やかな微笑みが満ち、豊かな包容力がにじむ。この手につながれ、高橋は自然の中を歩いたのだろう。そういえば、父と娘は鼻のあたりの印象がそっくりだ。

現在、彼は幼稚園のトップをつとめている。〇九年で教職生活は四五年目を迎えた。彼は「毎朝、園児とサッカーをしています」と顔をほころばせる。やさしい園長先生のもとに、子どもたちの駆け寄っていく姿が眼に浮かぶ。

何より良明らしい逸話がある——父親として、二人の子に対してばかりでなく、彼は長きにわたる教員生活で手をあげたことがない。たった一度の例外を除いて。

「健常児と一緒のクラスで、少し障害のある児童を教えておったのです。この子は朗読がうまくできませんでしてねえ」

良明は障害のある児童に対し、ことあるごとに朗読の指導をした。宿直のときには夜っぴいて教えたこともある。だが、成果ははかばかしくない。毎度のようにつっかえる彼を、クラスメートが嘲笑した。

「こいつバカだから、うまく読めるわけがないよ」

良明は烈火の怒りに突き上げられ、気がついたら手が動いてしまっていた。

「しまった！　そう思ったときはもう遅かったです。殴ってしまった子はもちろん、悪口をいわれた子に対しても、とんでもないことをしてしまった……私は悔やみました。暴力で対処しようなんて絶対にしてはいけないことです。それを私は犯したんです」

良明はぶってしまった子を、そっと花壇のわきに呼び出した。彼はまず児童に謝った。そして、こう言い添えた。

「手をあげたことは先生が悪かった。だけど、ああいうことは、人間が絶対にいってはいけないことだよ。これだけは覚えておいてね」

児童はこくりとうなずいてくれた。良明は当時を思い出し、しばらく口をつぐむ。

やがて、彼は少し眼を潤ませていった。

「その子は長じて、養護学校の教師になってくれました」


高橋は中学に入ってバスケット部にするか、陸上部に入るかで悩んでいた。陸上を選んだ理由を問う父に娘はあっけらかんと答えてみせた。

「だって陸上は道具がシューズだけでいいんだもん。お父さん、安くついていいよ」

父は、老いても豊かな髪に手をやって苦笑する。

「兄貴が剣道部にいて、ずいぶん道具を買い込まなければいけなかったことを、あの子なりに気にしていてくれたんですねえ」

高橋は小学一年のマラソン大会で優勝している。途中で靴が脱げ、それを拾いに戻ったせいで最下位に落ちたうえ、転んでひざを擦りむいて血を流しながらも、一気呵成に劣勢を挽回するという劇的な展開だった。そういったことも、部活選びには関係していよう。

「運動神経は兄貴のほうがずっと発達していました。駆けっこも尚子は兄には及びません。だけど尚子には、ものごとを継続させる力がありました。努力を惜しまないのは断然、妹のほうでした。中学で陸上部に入ってから、毎日毎日どんなことがあっても走り続けておりました。しかも、幼い日に春を見つけにいった道を走ってくれていたようです。お父さん、もうレンゲの花が咲き始めたよって教えてくれることもありました」

兄の哲郎は勉強もよくできた。兄妹の仲はよく、高橋は宿題を兄に頼むというちゃっかりしたところもあった。その兄は、しっかり妹の特質を認めていたという。

「尚子は雨でも雪でも、どんなことがあっても走る。僕にはとても無理だよ」

当の高橋は、「中学時代にランニングクリニックに来てくれた、世界選手権に出た選手がいってくれたことを守っただけ」と謙遜する。それは、「練習の後、毎日一〇〇メートルのダッシュを三本でいいから続けなさい」だ。高橋はそれを自分の種目に置き換えた。

「毎日一〇分でいいから長く走る。それを二三年間続けてきたんです。でも、これをやり続けてきたことが私の支えになりました」

父はつくづくと語った。

「好きなことをして生きていけるのは、すばらしいことです。それに、好きだからこそ生かせるということが人間には必ずひとつあると思います。尚子の場合はそれがマラソンだった――いえ、マラソンだけでなく一所懸命に取り組むこと、努力することがあの子の好きなことなんです」

高橋は県立岐阜商業高校に進んだ。県岐阜商での花形クラブは野球部と陸上部だ。実は早田もこの高校の出身で野球部から陸上部に転じている。陸上部の監督は永井寛だった。高橋も早田同様に彼の指導を受けている。ただ、早田は高橋より四歳上なので、二人が同じ学舎で学んだことはない。永井は良明を髣髴《ほうふつ》とさせるほど温和な人物で、およそ声を荒らげるということはなく、何ごとも諄々《じゅんじゅん》と説いていくタイプだ。

高橋は高二の一月、全国都道府県対抗女子駅伝に出場する。だが三二番目にタスキを受け、二区四キロを走って四一位にまで落ちた。区間順位は四五位という惨敗だった。しかし、永井は動じなかった。

「早田も同じですが、高橋も高校時代に燃え尽きてしまわないよう、無理をさせず大事に育てたつもりです。才能のある選手こそ、高校時代はじっくりと基礎を固め、次のステージで活躍してほしかったからです」

中澤正仁は高橋が三年生になるときに県岐阜商へ新人教師として赴任し、陸上部の面倒もみた。良明はつくづくと永井、中澤に感謝している。彼は二度、三度と、ここにはいない彼らに対して頭をさげた。

「中澤先生のひとことが、ことさら尚子にはじんわりときいたようです」

——寒い日に花は咲かない。そんなときこそ、根を深く深く張っていきなさい。いずれ、高橋はオリンピックを目指せ、大きな花を咲かせなさい。

高橋の進学先は大阪学院大だった。しかし、この大学はお世辞にも陸上の強豪校といえない。陸上重視なら日体大や山梨学院大、順天堂大、あるいは偏差値的に難関だが早稲田大と筑波大という選択になる。

「大阪学院大を受験したのは、私の思惑と先生がたの意見が合致したからなんです。駆けっこが大好きといっても、当時はそれで食べていけるなんて、とても想像できませんでした。だったら親と一緒の教員になればよかろうといったんです」

永井や中澤は良明の意を汲んでくれた。二人の教師は、「社会や体育は先生が余って就職できるかどうかわからない。だったら商業科の先生の資格を取ればいい」とアドバイスしてくれた。

大阪学院大では珍しくも商業科の教員資格が取得できた。後年、高橋は教育実習で母校を訪れている。無論、陸上での鍛錬は怠らず、四年生のインカレでは一五〇〇メートル二位、三〇〇〇メートル三位に食い込んだ。

3

高橋がリクルート、さらには積水化学で小出義雄の指導を受け、トップアスリートとして世界に飛び出していった経緯は周知のことだ。小出は高橋ばかりか有森裕子や鈴木博美らトップ選手を指導し、オリンピック、世界選手権でメダルを獲得させた。名伯楽の呼称に恥じないコーチだった。

良明は「小出監督」とか「小出さん」ではなく「小出先生」と呼ぶ。

「小出先生なくしてマラソンランナーの尚子は存在しません」

それだけに、娘から小出のもとを離れると打ち明けられたときは仰天した。

「小出先生のもとでやっているほうが楽だよ」

父はいった。「これまでのご指導に対するご恩はもちろんのこと、何かと壁になり、世間から尚子を守ってくださったのは小出先生じゃないか」

だが娘の決意はかたい。父も翻意させられないことを知った。

「これもまた、生きるということなのですね。マラソンランナーとしてはもちろんですが、人間としてどのように生きていくかが大事です。これまでは小出先生に支えていただき、これからはチームQの皆さんに支えていただきながら生きていく——そういう中で、尚子には人間として大きく成長してほしいと思いました」

良明は小出のもとに向かい、「わがままをいって申し訳ありません」と陳謝した。

高橋の走りは一人の女子アスリートの生きざまとして語られるだけでない。彼女を巡る二人の男をも巻き込んだ。まず、小出は高橋の指導と初期のマネジメントに心血を注ぎ、金銭面でもかなりの出資をしている。

小出本人から話をきいた。

「シドニーオリンピック以前から、アメリカのボルダーで高地トレーニングをしてたんだけど、あの頃はボロッちいアパートが本拠だったんです。エアコンが効かなかったり、雨漏りがしたりしてね。これじゃ、とても勝てないんで、僕が現地に合宿所を建てたんです」

この家は地上二階、地下一階で、バス・トイレを完備した七つの部屋とマッサージルーム、オフィスなどを備えた豪邸だ。価格は「一億円近い」と囁かれている。資金は、千葉県佐倉市の小出宅を抵当に入れた。彼の家は、三〇〇坪の敷地に建坪三八坪の家屋がたつ。陸上関係者によれば、「借金は五〇〇〇万円、返済のメドはなかったはず」という。

小出は豪快に口を開き、喉の奥までみせつけた。

「女房から、『銀行の人が測量士を連れて来てるけど、お父さん家を売るつもりなの！』って叱られちゃった」

だが、小出が覚悟したハイリスクは、すぐハイリターンの実入りとなり充足される。〇〇年、高橋がシドニー五輪で金メダリストになったのを機に出版した『君ならできる』（幻冬舎）は、三三万部のベストセラーを記録した。高橋と小出の師弟コンビは講演会でもひっぱりだこで、一回の講演料が五〇〇万円を超えたこともあるという。酒豪の彼らしく、鹿児島の芋焼酎のＣＭにも出演した。小出は、彼ならではの金銭哲学を強調した。

「Ｑちゃんが走って感動を与えるだけでなく、たくさんのお金を稼ぐことで、次世代のランナーたちが一層奮起できるんです」

才あるものが、それの対価として報酬に恵まれることに異議はない。ましてアスリートの全盛期は短い。限られた、輝ける時間で栄誉とカネが得られるなら、それにこしたことはない。だが、小出は突出するＱちゃん人気に対処しきれなくなる。それほど高橋をとりまく状況は尋常ならざるものになっていた。

〇一年からはＩＭＧに高橋を委ねた。本書にＩＭＧは度々登場するからこれ以上書かない。俗っぽいが、世界的なスポーツマネジメント会社という理解でよかろう。この時点で高橋をめぐっては、指導を小出、マネジメントならＩＭＧと分割されたわけだ。これにともない、彼女はその年の四月にプロ宣言をする。

ＩＭＧで高橋を担当したのが安野仁《やすのひとし》だ。六五年生まれの安野はユニークな経歴をもつ。東京商船大を卒業し映画配給会社で洋画の買い付けを担当、それからスポーツマネジメントの世界にやってきたのだ。

安野は九二年からＩＭＧで働き、この業界で早くから辣腕ぶりを評価されていた。彼の担当リストには、テニスの松岡修造や元大リーガーの木田優夫《まさお》（ヤクルト）、野球解説者の川崎憲次郎などの名が連なり、小学六年生だった浅田真央も含まれていた。安野は小出とも縁があり、千葉県の佐倉高校で教諭をしていた小出から保健体育を教えてもらっている。安野はいう。

「小出監督には逆指名のような形で任されました。小出監督からは、Ｑ太郎（高橋）を通じて、マラソンを走る若い選手に夢を与えてほしいというオファーがありました」

だが安野は、当時の高橋のイメージが現在ほど明るいものではなかったと回顧する。

「だってＱ太郎はマラソンランナーですからね。本来、アスリートは孤独なもんですが、その中でもマラソンランナーは究極の孤独と闘っているんです」

マラソンのレース展開は人生にもたとえられ、とりわけ日本人はそこに己を投影することを好む。東京五輪の銅メダリスト円谷幸吉はマラソンに押しつぶされ自死を選び、メキシコ五輪で銀メダルの君原健二も首を傾げ表情を歪めて走っていた。瀬古は〝走る修行僧〟といわれ、有森だって瀕死の様相で倒れこむようにゴールしている。

「だけど高橋は違った。シドニーでは颯爽とサングラスを投げ捨て勝負に出たし、ゴールは笑顔のうえ、まだまだ走れるような余裕すらありました。彼女ならマラソンのイメージを変えられる、変革者になるなって思いました」

安野はさらに、小出と同じく、高橋がコマーシャルに出演して高額なギャラを稼ぎ、マスコミに大々的に露出することで新しいアスリート像を構築できると踏んだ。

「金メダルをとるために、高橋尚子がどれだけの苦労を重ねてきたことか……でも、それがあるからこそ、堂々とビジネスの世界でも胸を張って稼げばいいんです。がんばったら、陸上の世界でも飯が食える。アマチュアの壁を破って、アスリートとしてプロ野球やメジャーリーグ、Jリーグと同じ土俵でビジネスができるということを示したかった」

もちろん高橋も、小出や安野の描いた新しいアスリートの姿に共感し、そこを目指して活動をしたがっていた。ただ、高橋と小出には走るためのノウハウはあっても、マネジメントによって世論に訴えていく方法論がない。安野に逢うたび高橋は訴えた。

「どうしていいのか、わからない」

安野は答えた。

「素のままのQ太郎を出せばいいんだよ。自然体のQ太郎を知ってもらえれば、多くの人に愛してもらえるし希望を与えられるよ。そのための方法はいくつもあるけど、ひとつずつモヤモヤを解消していこう」

安野は高橋の明るいキャラクターを生かし、より広範に浸透させていく。高額のスポンサー契約やCM出演などを取り付けたのも彼の手腕の賜物だった。だが、安野の登場で小出と高橋の関係は崩れてしまう。やがて高橋は、小出ではなく安野をパートナーに選んだ。それは〝Qちゃん利権〟の移管をも意味した。

高橋独立の損得勘定について尋ねると、小出から豪放さが消え、口をつぐんでしまった。小出と親しい記者が代弁する。

「監督とQちゃんのコンビ解消で監督の収入が、激減したのは事実です。それ以上に監督が臍《ほぞ》を噛んだのは、ポスト高橋の選手がハッキリしないうちに、Qちゃんを手放すことになってしまったことでしょうね」

小出は、〇一年六月に「佐倉ランニングクラブ」を発足させ、二〇人近い選手を集め、第二の高橋の育成に力を注ぎ始めていた。この新規事業にとって、高橋尚子という広告塔の威力は絶大だった。前出の記者は肩をすくめる。

「ところが、Qちゃんにすれば、新人選手が集まることが面白くなかった。彼女は、従来どおりマンツーマン指導で小出監督を独占したかったんです」

高橋は苦渋の決断を下し、小出から自立する道を選ぶ。「Qちゃんをそそのかしたのは安野だ」という噂が立った。中には「高橋と小出は犬猿の仲で修復不可能」という記事もあった。

父の良明は、娘をめぐる状況が泥仕合と報じられても見守っていた。

「安野さんが信頼のおけるかただということは、私も重々承知しておりました。彼も尚子のことを考えて行動してくれたんです。それだけに、安野さんが悪くいわれるのが申し訳なかったです」

娘と安野の間に何の齟齬もなく、意思の疎通がなされている点も父には心強かった。

「アスリートとしてなら、チームQではなく小出先生のところにいたほうが成績はよかったでしょう。あと二回か三回は優勝できたかもしれません。でもあの子は、自分で選んだ道を走っていくしかないんです。それが人生というもの、生きていくということですから。自ら望んで別の道をいくということが、本当はいちばん意義深いことだと私にも思えるようになりました。選択の結果がマルなのかバツなのか、そんなのはいま決めることではないでしょう。とにかく一所懸命に生きるということが大事なんです」

以降の高橋と安野の軌跡は、そのままチームQの歴史と重なる。練習メニューは、高橋が小出時代のメモを元に自分でつくるようになった。広報やPR業務は安野が引き継いだ。何より、高橋がマラソン指導者ではなく、マネジメントのプロを選択したことは興味深い。

一方、安野は〇四年にIMGを辞し、スポーツマネジメント会社「ARS」を創立した。前述した木田や川崎もARSに所属している。安野は設立の理由を語った。

「選手はカネを稼ぐ道具じゃない。アスリートの人間性や、ハートに共感しないと仕事はできません」

彼は高橋とのパートナーシップを振り返った。

「〇四年の頃、彼女はどん底でした。走っていて楽しくない、何のために走るのかわからなかったんです」

安野は、高橋の不安と疑問を解きほぐした。

「自分で走ることを追求するため、すべてをリセットして〝新しい高橋〟に挑戦することになりました」

高橋の力走はビジネスに直結した。

彼女が最も稼いだのは、〇〇年のシドニー五輪直後だった。積水化学所属ながらアシックス、明治乳業、中日新聞、ロッテ、大和証券などとCM契約を結んでいた。契約金は一社六〇〇〇万円から八〇〇〇万円で、当時としてはサッカーの中田英寿と並んで最高ランクだった。

本業のマラソンでも、高橋は自力で賞金をもぎ取っている。〇一年のベルリンマラソンを例にとると、優勝賞金が二八五万円、他に世界最高記録達成で五七〇万円、シーズン最高記録と大会新記録に対してそれぞれ五七万円、二時間二三分を切ったボーナスが三四〇万円など、合計で約一三〇〇万円を独占してみせた――だが、金メダルの価値は、大会出場料に象徴される。世界の一流クラスで三〇〇〇万円が相場だが、高橋の場合は五〇〇〇万円以上、一説には一億円近かったという話もあるほどだ。

高橋のビジネス面での凄さは、アテネ五輪の代表選考で最後の一枠をめぐって敗れても、なおカネを産んだことにつきる。そのアテネでは、野口みずきが金メダルを獲得した。だが、アスリートとしての優劣はともかく、市場価値において野口はまだまだ高橋ブランドの足元にも及ばない。高橋のスポンサーはスカイネットアジア航空からファイテンに代わり、〇九年までの四年契約で六億円、他に明治乳業、アシックス、中日新聞が契約した。こちらは一社五〇〇〇万円から六〇〇〇万円で、総額三億円近い収入があった。彼女はマネジメントの面でも、日本の女性アスリートでトップを張り続けたのだ。

他方、チームQのコーチやトレーナー、栄養士らの生活保証もある。チームQの人件費や海外合宿費などが、かなりの負担になっていたのは間違いなかろう。経費は年に一億円という話を耳にした。

ただ、残念なのはその後の戦果だ。優勝したのが〇五年東京国際のみという戦績はいただけない。父の良明も語っているように、チームQでの成績は小出指導時代に及ぶべくもない。高橋は重なるばかりの年齢に加え、故障にケガ、調整ミスが目立った。これが並のアスリートならともかく、女王にして怪物の高橋は観るものを啞然とさせ、震撼せしめる走りをしなければ――。

4

高橋尚子が正式に引退を表明したのは、〇八年の一〇月二八日だった。

記者会見の最後、彼女が退席するとき、期せずして取材陣から大きな拍手が起こった。さながらスタンディングオベーションの様相だった。

良明は、さすがに感慨深げだ。

「最後に尚子がみせた涙は、決して悲しかったからではないと思います。まして、マラソンに悔いがあったのでもありません。いろいろな方々に支えられ、励ましていただき、愛されて走っておったわけですから何の思い残しがありましょう。おかげさまで、オリンピックでは金メダルまで頂戴して。人間的にもずいぶん成長させてもらいました」

では、何ゆえの涙だったのか。

「最後の最後、マスコミの皆さんの拍手で送っていただけるなんて、あまり例のないことだと聞きました。あのとき、尚子は改めて気づいたんです。皆さんの情けが自分の喜びに直結していたことを。だから、悲しみではなくうれしさで泣き出したのだと思います」

ひな壇の端には安野の姿もあった。彼は周到に動き、TBS「総力報道! THE NEWS」で彼女がスポーツ担当キャスターに就任するのを決めた。本章で最初に紹介したランニングクリニックや、市民マラソンへの参加や環境、慈善活動の手筈を整える。雑誌「ソトコト」のプロポーザルを受け、日本で不要になったシューズをケニアに送り、靴を用立ててくれた人にケニア産のひまわりの種子を渡す計画はその一環だ。

しかし、高橋は引退表明する約七ヵ月前、いかにも彼女らしいサプライズを放っている。それは、冒頭にも書いたように、国内の三大女子マラソン大会を連続して走るというものだ。彼女は明らかに引退への花道を模索していた。何しろこの仰天プランは、北京五輪代表をかけた名古屋国際で高橋が惨敗した直後のものなのだ。引退を見越しての出来レース、ネームバリューの低下を防ぐための苦肉の策と受け取られても仕方はあるまい。〇九年の初春、私は安野をつかまえると、半ば食ってかかるように質問した。しかし彼は悪びれることもなく答えてみせた。

「去年の八月、日にちはいつ頃だったかなあ……アメリカで合宿してたQ太郎から国際電話があったんですよ」

高橋はつとめて穏やかに切り出した。

「ヤッシー(安野)、もう私、走れないかもしれない」

北京五輪をかけた〇八年三月の名古屋国際の惨敗を、チームQは実戦練習の不足とみていた。同年一一月の東京国際女子マラソンに向けて、彼女はすでに二本、ハーフマラソンやそれ以上の距離のレースをこなしていた。安野はケータイに向かって語った。

「Q太郎がうまく練習しているか、納得いく走りができてるかは、声を聞いたらわかるって。走りたくないなら、もういいんじゃない」

「えっ、ヤッシー怒んないの。走らなくっていいなんて、そんなのありなの？」

「ありに決まってんじゃん。だってQ太郎が無理して、チームQの誰が喜ぶんだよ」

それでも安野は四日後、あたふたとアメリカへ旅立つ。

「Q太郎の気持ちが揺れているのは当然のことでしょう。ひょっとしたら九月になって、やっぱり走りたいっていい出すかもしれない。マネジメントはそこを見極めないと」

彼はこんなこともいっている。

「経営者としては高橋の後釜を探すべきです。でも、それはしない。最後まで伴走します」

安野は「あくまでビジネス面からの視点」と注釈して、今回のプランを説明した。

「大会に出て賞金や出場料はもらえるかもしれないけど、その交渉はまったく手つかずのままでした。第一、僕にはQ太郎が三つ走っても、彼女のマーケティング価値が上がるとは思えない。あれは、Q太郎がやってみたい、たくさんの内のひとつってくらいの意味しかないんです」

とはいえ、三大会連続優勝こそ絵空事としても、ひとつでも高橋が勝てたら、彼女の現役アスリートとしての立場は一気に高まる。まして、野口の長引く故障や土佐礼子の引退などで日本女子マラソンには、話題性と実力を兼ねたアスリートが払底している。高橋の劇的すぎる復活は両手をあげて歓迎されるはずだ。しかし、ここのところの高橋の走りをみていれば、自ずと結果は導き出されよう。安野ばかりかチームQの面々にとって、すでに高橋引退はカウントダウン状態だったはずだ。それを裏付けるように——安野が高橋からの電話を受ける直前だったのか、それとも後か、とにかく〇八年八月二日に彼とあったとき、安野の口からこんな台詞が飛び出している。

「マラソンを通じて恩返しをしたいですね。小中学生対象に陸上競技の楽しさを伝える仕事なんていいと思うんです」

「本人は漠然とだけど環境問題に関心があるみたいだし——そりゃバンコクで走って、ボルダーでも走ってりゃ、空気の違いはわかるはずです。そこのところを方向づけするのが、僕の役目かな、と」

「ランナーが引退してから、どうやって食っていくかというのは、本当はそんなにシビアな問題じゃないんです。イベントやトークショー、市民マラソンのゲスト、それにランニングクリニックと仕事はいっぱいありますもん。もちろん、マネジメントする側にしてもビジネスとして成立できるはずです」

安野がもっとも気を配ったのは引退後の高橋の露出の仕方だ。彼はメディアの中でもテレビを重要視する。

「高橋尚子は現役時代、走ることで情報発信できました。彼女はこれからもいろんなことをアピールしていきたい人。だから、テレビなんです。しかも定期的に出演できる媒体が必要です。去る者は日々に疎《うと》しっていいますが、常に露出していないとすぐに忘れられてしまう。いまの高校生もシドニーオリンピックのときは小学校低学年ですよ。そこから下の世代は、ひょっとしたらQ太郎のことを知らないかもしれない。それじゃダメなんですよ。知名度は命です」

小学生は新聞や雑誌を読まない。ブログは、高橋の性格ではこまめな更新が無理、と安野は肩をすくめた。

「実はホームページやブログで報告する方法って僕が大嫌いなんです。ああいうやり方は、どこか伝わり方と伝え方に違和感が残る。インターネットというワンクッションが眼ざわりというか、もっとダイレクトに伝える方法がありますもん」

やはり幅広い層に顔を売るのはテレビがいい、と彼は断言した。

「テレビカメラの前できちんと自分の意見をいえば、そのままの彼女をわかってもらえます。Q太郎はこれまでも、ずっと肉声で皆さんにメッセージしてきました」

高橋がテレビの枠の中でどう評価されるかは予想がつきにくい。プロのジャーナリストではなく、タレントでもない彼女の〝芸〟や〝技〟がどこまで通用するか――。しかし、報道番組のキャスターとしての仕事ぶりをみると、天然ボケの具合が妙味になっている。何より、彼女が営々と築いてきた「Qちゃん人気」が底を支えてくれ、独自の路線をつくっていけそうだ。専門分野のマラソン解説者としては、持ち前の一所懸命さ、真摯さを前面に押し出している。とりわけ、取材の段階から熱心ぶりを発揮しているというから、いかにも彼女らしい。この点に関しては、陸上関係の記者やライターたちも認めていた。増田明美、有森、千葉真子、谷川真理……いささか供給過多な女子マラソン解説者業界だが、高橋の実績は圧倒的だ。彼女の参入でワリを喰う者が出るだろう。

何より彼女の強みは発言の信憑性が高いことだ。ボキャブラリーが豊富というわけでもないし、特別なインテリジェンスがあるわけではない。だが、絶対にバカとは思われまい。おべんちゃらや虚偽、おもねりとは無縁にみえる。難関大や有名大を出ているうえ、容姿も優れた若手の女子アナと、高橋が同じものを奨めたとしたら——おそらく高橋のほうが説得力と信頼性に勝るはずだ。そこのところは、マネジメント担当の安野もよく考慮している。

「CMのオファーは多いんですが、お酒の申し出は高橋が下戸なのでお断りしています。広告とはいえウソをつきたくない」

高橋の魅力は、スポーツ界で培ってきた実績という強力な背景があってのことだ。しかし、彼女は確かにそれだけでない人間力を持っている。両親の愛情たっぷりに、まっとうに育てられてきたこともその要因ではなかろうか。

この感慨は、高橋と直に接することでいっそう強くなっていく。揖斐川で質問したとき、彼女はぐっとこちらを見据えて語った。身振り、手振りも動員し身体のすべてで理解させようという気迫がある。

「この日が来るのをドキドキ、ワクワクしながら待っていました。二日間、朝の九時から夕方の六時までリハーサルしました。話す内容を書きつけたら二〇ページにもなっちゃって。でも、ちゃんと全員に伝わったのか心配です」

一段と声が大きくなり、高橋は眼を見開いた。「たったひとこと、それが子どもたちに伝わればいい。かつての私が、毎日三本たくさん練習しなさいって教えてもらったように」

自らを「Qちゃん」と呼んだことも、前夜まで悩んだ結果だった。

「私、自分のことをQちゃんっていうの、これが初めてなんです。幼稚かなって思ったりもしましたけど、子どもたちとの距離を少しでも短くしたかった」

つくづく、誠意の人なのだと感じ入った。しかし、こういった仕事はネームバリューや意気込みだけで続けられるものではない。クリニックの現場での高橋は、ハラハラするほどぎこちなく、素人っぽい先生ぶりだった。果たして先輩教師の父はどう評価するだろう。そういえば、障害のある生徒を指導する場面もあった。高橋は人を教えるということの難儀を痛感したはずだ。

同じくマスコミでの仕事も、誠意や無邪気さだけでは乗り越えられまい。彼女の際限ない明るさを疎ましく感じる人は少なくないだろう。何ごとも悪意にしか受け取らず、揚げ足をとる種族も存在する。努力するほど反感をかうのも浮世の常だ。人気とバッシングは表裏一体の危うさを孕む。

クリニックの間、安野はずっと高橋を遠目にみつめていた。彼は財団法人をつくって、この事業を本格化させ、五年をメドに全国を回る計画だ。チームQの面々も一緒に仕事をする。現に揖斐川で開催された最初のランニングクリニックには、チームQのコーチやトレーナー、栄養士も帯同し、高橋と一緒に専門分野についてレクチャーしていた。

安野は仕事を終えた高橋にいった。

「これからは――プロランナーって呼んでもらう?」

高橋は即答した。「プロランナーはイヤだな。そうじゃなくって、ランニング教室で子どもたちと一緒のときはQちゃん、キャスターのときは高橋尚子」

驚いたのは、今後の予定、陸上への恩返し、テレビに出る意義……高橋の口をつく台詞が、事前に行った安野への取材での返答と寸分も違っていなかったことだ。それだけ二人は緊密に意見を交わしているのだろう。これほど、マネジメントとアスリートの意向が一枚岩なのは他に例を知らない。そこに安野の敏腕ぶりが垣間見えた。彼はどのメディアや媒体にも愛想がいいが、その実、きちんと掲載の効果や作用に目配りし、峻別している。この計算高さも、彼が名マネージャーたる所以《ゆえん》といえよう。

「今日はこれから同窓会なんです」

クリニックを終えた高橋は元気さと愛敬をふりまきながらクルマに乗り込んだ。

後日、父の良明はあきれながらも、いかにも彼らしい笑顔になって教えてくれた。

「あの日、同窓会にでかけた尚子は、お酒を飲まないくせに朝の五時になってようやく戻ってきたんですよ。夕方から、小学校、中学、高校と全部のお友だちと逢い、大いに盛り上がっていたそうです。それだけのお友だちが集まってくださるなんて、尚子は本当に幸せ者です」

父はそんな愛娘に言葉を贈った。

「人生を八〇年だとしたら、まだ半分もいっていない。一日にたとえたら、尚子はまだ午前一一時。たっぷり時間はあるから、安心していろんなことにぶつかっていきなさい」

第五章　谷亮子「女王はタブーさえ呑み込む」

たに・りょうこ　一九七五年九月六日、福岡県出身。
福岡工業大学附属高校から帝京大学を経て、現在の所属は
トヨタ自動車。高校二年生だった九二年にバルセロナ五輪に
出場して以降、二〇〇八年の北京五輪まで五大会連続で五輪代表に選出。
全大会でメダルを獲得しており、〇〇年のシドニー大会、
〇四年のアテネ大会では金メダルに輝いた。世界選手権では、六連覇を
含む七度の優勝回数を誇り、全日本女子柔道選抜体重別選手権、福岡国際女子
柔道選手権では一一連覇を記録している。

日本人は、死にざまを生きざま以上に重視し、散り際にこそ美学を見出してきた。鮮やかな幕引きだけが、感動を与え、長く語り継がれていく。

花の盛りに余力を残して去るか。満身創痍となりながら前のめりに倒れこむか。あるいは人知れず朝露のように消えるか――アスリートの引退のさまにも、顕著にその本領があらわれる。

谷亮子は稀代の柔道家であり勝負師だ。彼女が歩んできた軌跡は栄誉に満ちている。少女の頃から女子柔道界を牽引し、プロ野球選手との結婚、男児の出産を経てもトップに君臨するさまは類例がない。田村でも、谷でも、彼女は最強の格闘家であり続け、国民的な認知度を誇り、絶大な声援を受けた。アスリートとしての貢献度、存在感のいずれも突出している。彼女に並び立てる女子選手といえば、高橋尚子くらいしか思いつかない。

だがそんな亮子にも、青畳をあとにする時機が迫りつつある。

国内ではすでに福見友子、山岸絵美といった若手に敗れてしまっており、もはや無敵とはいえない。ところが全日本柔道連盟（全柔連）は、過去の圧倒的な実績を楯に、勝者を押しのけて亮子を世界選手権、オリンピックという大舞台にあげた。このとき世代交代の声がわきおこり、世論は二分された。いや、亮子に否を唱える論調のほうが存外に大きく強烈だったというべきだろう。

それでも、彼女は二〇〇七年のリオデジャネイロ世界選手権で優勝し、巷間の騒ぎを封じ込めてみせる。この大会で得た七回目の王座は、男女含めて前人未到の快挙だった。

しかし、〇八年の北京オリンピック代表選考会でも亮子は負け、またも同じ轍を踏んでしまう。

全柔連の裁可で、夏季五輪五大会連続出場という日本記録をひっさげ北京に乗り込んだものの、準決勝では技が出ない。指導ポイントを取られて敗者となり、ここで五輪三連覇の夢はついえた。彼女の胸もとに吊るされたのは銅メダルだった。

再び引退を迫る波が押し寄せる。女子柔道のパイオニアで、筑波大准教授の山口香《かおり》はいう。

「谷は柔道界が生んだスーパースター、もはや伝説の選手です。彼女の偉大さは、私も大いに認めます」

だが、山口の舌鋒は鋭い。

「谷は〇七年、〇八年と全日本選抜体重別選手権で敗れながら、実績を買われて五輪に出場させてもらったんです。その状況と期待を考えれば、敗北は許されません。金メダル獲得は最低限のノルマだったはずです」

それでも亮子は現役続行を選んだ。とはいえ北京五輪後、彼女は〇八年に一度も試合に臨んでいない。〇九年二月には第二子の妊娠を発表し、いっそう復帰は遠のいた。その間、グランドスラム大会フランス国際では山岸、ドイツ国際は福見が優勝する。八月のロッテルダム世界選手権の代表を巡っては、ポスト谷で鎬《しのぎ》を削る両人が争い、福見が山岸を制してオランダへ向かうことになった。

いつしか、女子柔道のシンボルには、「辞めない女王」の風評がつきまといはじめた。それどころか、もう亮子は絶対的なチャンピオンではなく、彼女の闘う四八キロ級は、横一線の戦国時代に突入したとみなす者も多い。実際、亮子は今後、肉体的に下り坂となる。国際大会を転戦してポイントを積み上げ、五輪出場権を目指す新システムはベテランにはきつい。

しかし、亮子の意志は堅固だ。あくまでロンドン五輪の出場を目指し、金メダルをとりにいく。

1

谷亮子の今日に至る足跡をたどると、いまさらながら圧倒される。

小学二年生から、福岡県警第一機動隊の道場「東福岡柔道教室」で柔道をはじめた。「男の子を投げ飛ばしたい」という、いかにも無邪気な想いが動機となった。以来、亮子は一心不乱に柔の道を究めていく。

台風で誰もが自宅でじっとしている日も、稲田明師範は暴風雨をおして道場へ出かけた。「そんな天気だから柔道をやりに来る子どもなんていません。たった一人を除いては」果たして、亮子だけが長靴にレインコートを着込んでやってきた――このエピソードは、彼女を端的かつ十全に表現している。

福岡国際女子柔道選手権を制したのは、わずか一五歳三ヵ月、中学三年生だった。九二年に開催されたバルセロナ五輪、つづく九六年のアトランタ五輪は惜しくも銀メダルに終わったが、そのときですら亮子の強さを疑う者はいなかった。敗れてもなお、最強のポジションにふさわしいのは彼女だと信じられた。事実、彼女は高いレベルにありながら、なおも貪欲に、確実に進化をとげていく。

この身長一四六センチという小さな柔道家は、勝利だけを見据え、そこから決して目線を外さない。亮子を取材してきたジャーナリストは一気にまくし立てた。

「彼女はすごい人、尊敬できる人、人懐っこくて、あたたかい、とびきりのいいやつです。本当に人格のできた女性で、私は彼女を〝巨人〟と呼びたいです。彼女の生き方は人生のお手本ですよ。彼女を知っている人、一度でも取材したことのある人なら、みんな同じ気持ちになるんじゃないですか」

それでも、まだ言い足りないのかジャーナリストは念を押した。

「ヤワラちゃんと呼ばれる彼女は、ほんの一面でしかありません。いつもニコニコとして、屈託がないのは外に見せている顔で、実はとっても繊細で純粋な人なんです。誰にもまけないくらい柔道が好きで、勝つための道をマジメすぎるくらいマジメに追究しています。なのに、神様はときどき彼女に微笑むのを忘れてしまう。それでも、彼女は腐ることなく、柔道に邁進しています」

確かに私たちは、田村であろうが谷と名がかわろうが、彼女を「ヤワラちゃん」と呼んで憚らない。彼女が醸すイメージには、可愛らしさ、無邪気な笑顔がつくる親しみやすさの寄与するところが大きい。そこに武道家らしい礼節と態度、圧倒的な戦績の証明する力強さなどがトッピングされても、彼女から漂うものは獰猛さからほど遠い。触れただけで肉を断つ鋭利さもうかがえない。「ヤワラちゃん」の谷亮子には、あたかもペットと接するかのように、気安く手を伸ばせる感覚がある。

○一年の盛夏、北海道で合宿していた彼女ら一行と偶然に同宿したことがある。ホテルで、街角で、彼女を見つけた人々が、「ヤワラちゃ〜ん！」と叫びながら遠慮会釈なく押し寄せる。そんなときも彼女は満面の笑みで迎え、サインに応じていた。

しかし亮子は、こういう印象と異なる隠された顔を持つ。しかも、それは多くのマスコミが触れようとしない影の部分でもある。彼女をよく知るスポーツ紙デスクはいった。

「谷は正真正銘の勝負師。勝つためなら、冷徹かつ非情になりきれます。しかも頭脳明晰で、心に迷いがなくブレません。他人に弱みは絶対にみせないし、勝利と何かのどちらかを二者択一しなきゃいけない場合、迷わず勝利を選べる人間です」

彼はこうも語った。「彼女に織田信長や『三国志』の曹操の姿が重なって仕方がないんです」

二人の武将は勇猛ながらクールで、機知に秀で権謀を張りめぐらせた。旧弊を打破し刷新を旨とした。詩歌を愛し芸術に理解を示す一方で、肉親や陪臣であろうと斬って捨てる非情さもあわせ持つ。余談だが、亮子の名は曹操も活躍する『三国志』のヒーロー諸葛亮（諸葛孔明）にちなんでいるそうだ。

デスクは表情を改めた。

「そんな谷の強力なバックボーンが父親の田村勝美です。この父なくして、あの娘はありません」

勝美は四八年生まれ、福岡市の北西部、玄界灘に面した東区大岳《おおたけ》の出身だ。七人きょうだいの末子だという。

大岳はJR香椎《かしい》線で福岡市街から約三〇分、大規模な海浜公園が整備され、休日となれば家族連れでにぎわう。小学生時代の亮子は、この地にある大嶽神社の石段を昇降して足腰を鍛えていた。

しかし、私が大岳の町を訪れたときは、潮風が活気まで吹き飛ばしたのか閑散としていた。気軽に立ち寄れるような飲食店すら見つからない。家並みの間に空き地が目立つ。靴音を響かせて歩いていると、ひっそりした家々からこっそり観察されているような錯覚に陥る。

そんな一角に「田村」の表札を掲げる家を見つけ、来意を告げた。年かさの女性が対応して「勝美の長兄の家族」と答えた。

「勝美は裏に住んどったっちゃけど、今は売り払って別の人が家を建てとる」

彼女は忌み払いをするかのように、手を振った。

「勝美や亮子とは、まったく付き合いがなかと。なんもしゃべることはなか」

取り付く島もない対応だった。近親者が日本で最も有名な女子アスリートというのに……。

福岡在住のライターや地元の新聞記者たちに聞いて回ると、勝美がかつて〝やんちゃ者〟だったのは有名な話だという。彼に関する資料の中には、週刊誌の取材に対し「保険金詐欺の前科はあるが、それ一回だけ」と認めた記述もある。福岡県警ＯＢも、この件に関していっていた。

「一時はテキヤまがいのシノギをしていた。離婚歴もあって、前妻との間に亮子より三つ上の兄がいる」

勝美は前妻と七三年に離婚した。今の妻の和代とは七五年に再婚、同年に亮子が生まれている。しかし、谷が一五歳で世界へ飛び出してから、勝美の来歴どころか、彼の血族の動向も語られたことはほとんどない。母や母方の祖父母ばかりが目立つ。

母の和代には、『亮子、起きんしゃい』（日本文化出版）の著作がある。この本で勝美が登場する場面はごく少ない。「夫も私も平凡な人間」と書かれているものの、勝美の名は明記されなかった。しかし、この父の存在は一家にとってとてつもなく大きい。兄がはじめた柔道を、一緒にやりたいといった亮子に対し、和代はアイススケートを奨めた。亮子は小二とはいえ、五歳児くらいの体格しかなかったからだ。しかし、娘の背を押したのは勝美だった。

「やりたいものは、やらせたらいい」

彼は、「勉強する時間があったら、柔道でがんばれ」とまでいっている。妻は黙って夫の言に従った。朝は六時に起床して海辺をランニング、学校が終わると午後六時から九時半まで一日も欠かさぬ道場通いが続く。休日は元旦だけだった。田村家の時計は柔道、いや娘を中心に回り続ける。

亮子が帝京大に進学してからは、和代が身の回りの世話をするため、一緒に上京した。

「夫にはアトランタ・オリンピックまで福岡で独り暮らしで辛抱してもらうことになりました」

こんな具合だから、マスコミにも勝美の存在を知らない人間はかなりいた。スポーツの現場での仕事が多いカメラマンは苦笑する。

「アトランタ五輪の前だから九五年頃かな。会場にいた親父さんを撮ろうとしたら、見知らぬスポーツ紙記者から、『それは、やめておこうよ』と諭され、びっくりしたことがあります」

前出のスポーツ紙デスクは、それにまつわる事情を説明した。

「これこそ、谷亮子の人徳というものですよ。彼女の柔道や勝負への真摯な姿勢に、私たちは感動しました。だから、暗黙の了解として父親には触れずにきたんです。だって彼女が柔道で築いてきた素晴らしい実績と、親御さんの経歴はまったく関係ないんですから」

なるほど、デスクのいうとおりではある。だが、作家というのは因果な商売だ。父と娘をめぐる因縁が深く複雑に交錯していると知れば、その深層に興味が向く。下世話と一喝されれば、それまでだ。反駁する資格はない。しかし、深い淵の底にはアスリートとしてはもちろん、人間としての谷亮子の素顔が見え隠れしているのではないか。そんな想いがふつふつと湧いてきて、抑えられない。骨肉、血縁をめぐる葛藤を避けて、人間を描けるかという反問も生じる。

勝美が公然と姿を現すのは、シドニー五輪を控えた九八年頃からだ。再び県警ＯＢが語る。

「勝美は五十の手習いながら本格的に整体を学び、師匠から免許皆伝のお墨付きをもらったんだ」

福岡市内で治療院を開業する、勝美と同じ師匠のもとで学んだ整体師にあったら、彼は手放しで〝亮子の父〟を褒めた。

「お父さんは一所懸命に修業されました。整体師としての腕は超一流、それは私が保証します。亮子ちゃんも、お父さんだからこそ大事な身体を任せる気になったんです」

勝美は娘のため、トレーナー役を申し出た。過去を清算したばかりか、娘のサポートスタッフとして再生し、初の金メダル獲得に大きく貢献したのだ。勝美への取材が解禁されたのは〇〇年からで、スポーツ紙上に彼のコメントが掲載されるようになる。「日刊スポーツ」の〇〇年九月一七日付の報道から、勝美の発言を振り返ろう。勝美が語った場は、シドニー五輪の柔道会場となったエキシビションセンターだ。彼はスタンドの最前列で、娘が初めて獲得した金メダルを万感の思いで見つめていた。このとき亮子は二五歳、勝美は五二歳になっている。娘は「最高で金メダル、最低でも金メダル」の公約を果たしたのだ。

「ベリーグッド、勝っちゃったね。いい戦いをしてくれた」

彼は紙面で、「この四年間は筋力アップなどに協力した父が、初めて娘亮子を語った」と紹介されている。

「(アトランタ五輪の敗因が)最初は分からなかった。でも、(亮子が)日々の練習の中で自分の体力を知ってから、筋肉を鍛えようという結論に達しました。自分がカイロプラクターになったのも、その足りないものをサポートできたらと思ったから。この四年間で、力が強いだけの筋肉では勝てないことが分かり、手首や指などを包む繊細な筋肉を鍛えようと練習してきました」

勝美の軍師ぶりが浮かび上がる。いみじくも、彼はこうも言い放った。

「柔道場でのけいこ以上に、わたしとやってきたトレーニングが一番苦しかったと思います。(娘が)自主管理の上でトレーニングをこなすところは、頭が下がる思いです。個人トレーニングに妥協がなかった。妥協しない気持ちが、アトランタ五輪からの四年間を支えたんだと思う」

娘もようやく、公然と「父のおかげ」の台詞を口にするようになった。柔道関係者は深くうなずく。

「ヤワラちゃんの凄いところは、親父を受け入れたことです。いや、彼女の勝負師としての慧眼に、勝美が適ったというべきでしょう。親父はヤワラちゃんの身体のケアはもちろん、トレーニング方針やメニューを決定するようになりました」

関係者はことばを継いだ。

「あの父娘に共通するのは、野獣のように研ぎ澄まされた勝負師の勘と、勝利という獲物を狙う獰猛さです」

2

そんな勝美と逢えた。場所は、彼が住まう福岡市の高級住宅地・笹岡にある二六四坪の豪邸だった。

この屋敷は、県下で有数の料亭オーナーが所有していたものの、外資企業の手に移り、それを亮子が買い取った物件だ。地元の不動産業者は、「土地代だけで一億三〇〇〇万円」と試算する。

勝美は玄関のドア越しに、「全柔連の許可がないと話せない」といった。私は「せっかく遠くからきたんです」と粘る。しばらく攻防戦が続いたが、結局勝美は取材に応じてくれた。

招き呼ばれたのは駐車スペースだった。勝手口の向こうで盛んに鳴いているのは、亮子が愛してやまないテリア系雑種犬のアトランタ、あるいはメリーか。メリーを雨の日に拾ってきたのは他ならない亮子だ。メリーの仔のアトランタは、よそへやられそうになっていた。それを当時は高校生で、アトランタ五輪出場を目指していた亮子が懇願し、押し留めた。両親もオリンピック開催地と同じ名の仔犬をむげにはできない。

そんな『亮子、起きんしゃい』で得た知識を反芻していた私は、次の瞬間に息を呑んだ。勝美が現われたからだ。彼は着古したジャージー姿だった。スキンヘッドに加え、短軀ながら逆三角形の逞しい肉体――それらが渾然一体となり、放たれる威圧感は尋常なものではない。娘そっくりの黒目のまさった瞳の奥には、炯々《けいけい》と鋭い光が宿っている。

だが、彼は存外に気安い態度で話し始めた。破顔してみせると、人懐っこさがこぼれるほどに広がる。その落差に戸惑っていると、勝美は自ら語りだした。

「俺が試合会場におらんのは、いつも控え室から亮子を見守っとうっけん」

勝美は稽古場から合宿先、試合会場と必ず娘に同行している。彼は嘯《うそぶ》いた。

「園田勇先生や稲田明先生といった、亮子が幼い頃からの師匠でも金メダルがとれんかった。じゃけん、俺が出ていったと」

字面だけだと師範批判とも受け取られかねない。だが、現場で彼の飄々《ひょうひょう》とした口ぶりを耳にしていると、そういったニュアンスや敵意はまったく感じられなかった。これは勝美のためにも記しておくべきだろう。

私は勝美に質問した。

「お父さんは、道場での稽古以外にどんなトレーニングを亮子さんに指示されたんですか?」

彼は「うん」とうなずき、少し得意そうに語り始めた。勝美の風貌に思わず尻込みしてしまった物々しい雰囲気はすっかり薄れている。

「たとえば、レスリングたい。ありゃ亮子が高校時代のこと。誰とやった試合かは忘れてしもうたばってん、亮子が腿にタックルば受けてペタンと尻もちばついたことがあるっちゃん。これはえらいことばい。そこからね、わしがつきっきりでレスリングのタックルば研究するようになったちゃん。あん頃、レスリングのタックルの勉強ばしとった柔道家はおらんでしょ。これは時代の先端」

言い終えてから、勝美はそれでなくても分厚い胸板を、ここぞとばかりにぐいと張った。

「亮子は高校時代にレスリングを究めたばい」

「でも、ヨーロッパの選手の中にはレスリング出身者が少なくないわけだし、時代の先端はいいすぎでしょ」

「あんた、なんばゆうちょると」

勝美は心外だったのだろう。子どものように口を尖らせた。早口でまくし立てる。

「そりゃ確かにレスリング出身の選手は多かばってん、真髄まで究める選手がどんだけおるか。たいがいの選手はレスリングから逃げて柔道に来とるばってん、そんなのと亮子は根本から違うとる。それに、亮子が修めたんはレスリングだけじゃなかとよ」

私は勝美の一気呵成な語調に気圧され、のけぞりながらも何とかパンチを返した。

「武芸百般、免許皆伝というわけですか。たいしたもんですね」

そういえば、ベランダにはサンドバッグが吊るされている。そのことをきくと勝美はこともなげにいった。

「最近は、ボクシングやテコンドーのトレーニングも取り入れとうっちゃん。ボクシングの三分間フルに動き回って一分休み、また三分ハードにアクションするトレーニングはスタミナづくりにいちばんよかと」

「テコンドーはどうなんですか。足技中心の武道ですよね」

私は少々、皮肉をきかせていった。「足払いにキレがでましたか」

勝美は上目遣いにこちらを見やって、咳払いをした。そうして私のことばを軽くいなすと説明をはじめた。

「柔道で強くなるには、柔道から遠回りすればよか。協働筋とかキネティックチェーンちゅうんやが、人間の筋肉はひとつの動作をするとに、三〇〇以上ある筋肉が微妙に働きおうとるとよ」

勝美は「風が吹けば桶屋が儲かるっていうやろ？　それと同じたい」と笑った。

「テコンドーみたいに足を中心にした格闘技をマスターすることで、柔道であまり使わん筋肉が鍛えられ、それが結果として思わぬ効果を生むったい」

勝美には失礼だが、まさか彼の口から「キネティックチェーン」ということばが出てくるとは――キネティックチェーンとは「運動連鎖」のことで、内容はまさに勝美のいうとおりだ。私は、かつてロッテでコンディショニングの腕をふるい、ヤンキースに入団した伊良部秀輝に請われて渡米した、トレーナーの吉田一郎から教えてもらった話を思い出した。

ある有名な救援投手は、利き腕の肘に故障を抱え、何度もメスを入れざるをえなかった。だが、彼はストレート主体の投球で、さほど肘に負担がかかるわけではない。吉田は説明してくれた。

「この投手は以前に、利き腕と反対側のくるぶしを捻挫していました。彼はそれを完治させないまま登板を続けてしまった。この部位に歪んだ形で力が入ったために、キネティックチェーンに異常が生じて、利き腕の肘に余計な負担がかかったんです」

勝美を侮ってはいけない――心の中で自戒していると、勝美は私を覗き込んだ。

「あんた、ちょっと左半身に痛みや故障があるんやなかか？」

図星だった。私は頸椎と、臀部の梨状筋《りじょうきん》に故障を抱えている。二〇年以上もウエイトトレーニングに打ち込んだ末の、金属疲労のようなものだ。

勝美は物置からビニールシートを引っ張り出すと、私に命じた。

「そこへ横になりんしゃい。即席でもうしわけなかが、整体で歪みをとってやるけん」

勝美は、「医者の不養生で腰を痛めてしまい、さっきも横になっていた」とぼやきながらも、万全ではない腰をいとうことなく、満身に力を込めて施術してくれたのだった。

「頸椎をカックンと音ばたてたかが、あんたの首はガンコたい。ちょっとやそっとで回りきらん」

「田村さん、オレ、その首を鳴らされるの苦手なんです。どうしても緊張してこわばってしまう」

「そうか？　じゃ詰まりをとらんといかんけん、伸ばしましょ」

勝美は私の顎に両手をかけると、ぐい、ぐいと力をこめる。小さな身体に似合わぬいかつい手だったが、やさしいぬくもりがあった。

いくぶん楽になった首筋をさすりながら、私は勝美に問いかける。

「お父さんがつきっきりで指導してらっしゃるのに、北京オリンピックの結果は残念でした。コーチとしては忸怩たるものがあるんじゃないですか」

だが、彼はさばさばとした調子でいった。

「銅でよかったちゃなかと？　バルセロナやアトランタの銀より、亮子の闘争心に火がつきようよ」

　亮子はロンドン大会の年に三七歳となる。

「年齢がハンディにならんよう、これまで以上にいろんな面からアシストするよ。精神と身体の両方を強化しようと、脳を活性化する方法も研究しとうよ」

　勝美は「脳の勉強は奥が深いし、おもしろい」と真顔になった。彼は逆に私へ質問してきた。

「あんた最近、花をみて美しいなあって感動したことはなかか？　ベッピンさんをみて、抱いてみたかって思うたことはなかか？」

「花はともかく、美人をモノにしたいというのと、谷選手の稽古にどんな関係があるんですか」

「勝負と大いに関係あるとよ。よか絵を見て、素直に感動できるのは右脳やん。亮子が小学生の頃、ピアノのレッスンをさせたんも同じことたい。右は感性の脳やん。理屈や論理がつまっとるのは左脳。人間はね、右脳と左脳がうまいバランスで動かんかったら、一〇〇パーセントの力が発揮できんと。それに大脳と小脳の関係も大事っちゃん。小脳は運動神経、本能の脳っちゃん」

　勝美は両手を構え「ウオッ」と雄たけびをあげた。

「本能丸出しで、野獣のようになって戦わにゃ勝てん場合もある。理論や良識も大事っちゃけど、ここぞちゅうときはそれを解き放たんといかん。亮子には右脳と左脳、小脳と大脳のバランスを完璧にコントロールさせたかっちゃん。そうなりゃ、亮子はまた一段高いところへ上がれるばい」

父という知謀者を得て、娘は勝利への態勢を強固なものにした。だが、ある柔道指導者は打ち明ける。

「谷は、親父と二～五人の練習パートナーたちからなる〝ヤワラ組〟で動いています。全柔連の国内合宿どころか海外遠征もヤワラ組で行動し、独自メニューをこなします」

北京五輪でも、谷たちはホテルの一室に畳を敷かせて単独で稽古した。

「全柔連も谷に限って、特別行動を認めています」

別の指導者は憤る。

「谷は〝ヤワラ組〟のパートナー以外と乱取りをしません。谷に憧れて柔道を始め、目標とする若手にとって、彼女と対することがどれだけ成長のプラスとなり、喜びであることか。でも、谷はそれを許さない。後輩の芽を伸ばすことは、自分に不利を招くからです」

亮子に近かった人物は、こんな逸話を教えてくれた。

「記者が、ライバルの話を振っても、あの笑顔ではぐらかしてしまいます。谷は私に、『ライバルと名指しすれば、その選手が奮い立って練習に熱が入ってしまう』と漏らしました」

地元では、「国民栄誉賞を高橋尚子に持っていかれたのは、勝美の過去のせい」という声を耳にした。ちなみに、高橋の両親は教師だ。しかし、勝美は肩をすくめると同時に声を大にした。

「亮子はあのとき、総理大臣顕彰を受けとう。これは国民栄誉賞と同格の賞。顕彰をもらったら栄誉賞はあきらめんと。両方をいっぺんにはもらえん。そういうことですよ」

娘はすべてのベクトルを試合に向け、父は娘に親父ならではの観点からトレーニングを施す。

母の和代は孫の佳亮《よしあき》の養育係だ。そういえば、勝美は祖父としての一面も見せた。彼は、高さ一メートルはあろうかというプラスティックの箱を指差しニコニコ顔になった。

「孫はやんちゃよ。亮子より元気たい。この箱によじ登っては、ぴゃーってジャンプばしよる。こっちはハラハラして心臓が悪うなるばい」

この一家を取材した新聞記者は指摘した。

「あの親子は、人当たりが抜群にいいけど、敵か味方かを鋭く嗅ぎ分けます」

スポーツ紙記者もいっていた。

「フェアな視点で書いても、谷に不利な記事は不興を買い、その記者は遠ざけられますね。あの父娘は、目配りがきいているというか、小さな記事まで丹念に調べているんです」

亮子番の記者やライターたちは、彼女が〇三年にプロ野球選手の谷佳知と結婚したとき、胸をドキドキさせていたという。

「招待状が来なかったら、それはあの父娘から敵性媒体だと思われていることになりますから」

3

谷亮子は選手として晩節を迎えつつある。第二子の懐妊はめでたいが、台頭著しい若手たちのことや、北京五輪後を見据えての練習で右ひざの内側の側副じん帯と半月板を負傷、復帰後もかなり無理なスケジュールで試合をこなさねば五輪出場がおぼつかないなど、その行方は順風満帆とはいい難い。

だが、マスコミ関係者は谷の値打ちにいささかの翳りも感じていない。テレビ局幹部はいう。

「やっぱり〝負けても谷〟ですよ。ヤワラちゃんは柔道界にとって宝物ですもん」

彼は、井上康生や野村忠宏といった男子の有名選手が束になっても、谷亮子ひとりのバリューには勝てないと明言した。いわんや、マスコミ的な意味で亮子を凌ぐ女子選手は皆無だ。冒頭にも書いたが、この点は高橋尚子とよく似ている。

「ロンドンで金メダルを取ったら、激しいCM争奪戦になりますよ。食品から家電、子供服、保険、薬品とファミリー層商品を中心に展開がいくらでも可能です」

勝美はカネ勘定やマスコミ対策も担当する。亮子をめぐるカネの動きで話題となったのは、彼女が帝京大学に進学した際のことだった。週刊誌は一時その話題でもちきりだった——彼女の進学先として、当初は拓殖大や筑波大、日体大、福岡工大などの名が上がっていた。しかし、結局は帝京大に落ち着く。雑誌には「勝美が巨額の支度金を要求したせいで、他の大学とは決裂した」という記事がおどった。

確かに、帝京大は三顧の礼で亮子を迎えた。当時の報道を要約するとこうなる——柔道場と寮を総額四億円かけて建設し、七〇〇〇万円ともいわれる支度金が用意された。そればかりか彼女が小学校時代から教わっていた稲田を監督に迎えてもいる。稲田は福岡県警に勤務していた。

だが勝美は、娘の大学卒業後の進路を帝京大の大学院ではなくトヨタにする。帝京大は激怒し、マスコミに「絶縁状」をファクスする騒動となった。この件を勝美本人にぶつけると、彼は語調を改めて語った。

「企業として世界一を目指すトヨタだからこそ、柔道で世界一になりたい亮子をお任せしたんです。志が同じだから、トヨタは娘をバックアップしてくれます。この事情は帝京大も理解してくれ、和解しました」

　実際、トヨタの支援態勢は磐石だ。〝ヤワラ組〟の人件費はもちろん、亮子の年俸や遠征費、勝美の手当などを丸抱えしている。全国紙運動部記者は教えてくれた。

「トヨタ関係者から、父親が毎年、綿密かつ詳細な強化日程と予算書を提出すると聞きました。金額は一億円を超えたこともありますが、ここ数年は八〇〇〇万円ほどに落ち着いています。でも、円高と自動車不況が長引いているだけに予算削減もありえますね」

　家族単位なら、夫の佳知の推定年俸二億二〇〇〇万円が加わる。佳知はオリックス時代に五億円の邸宅を兵庫県・西宮市の高級住宅地・苦楽園に建てた。巨人移籍後は、東京ドームに近い九段の高級マンションが夫婦と息子の城だ。ちなみに亮子は独身時代、一〇〇㎡を超す目黒の高級マンションに住んでいた。近所の不動産業者によると「家賃は五〇万円をくだらない」ということだった。

　意外な素顔として、亮子は世間の風向きにことのほか敏感だ。度重なる故障やケガに苛まれても柔道を諦めなかった彼女が、北京五輪代表選考を巡る厳しい世論や心ないバッシングに深く傷ついた。

「もう、辞めたい」

無論、発言は撤回したものの、彼女が初めて見せた弱気だった——この不世出の女柔道家の不幸として、一所懸命さや屈託のなさ、底抜けの明るさ、前向きな姿勢が裏目に出たり曲解されたりするきらいがあることをあげておきたい。試験前に猛勉強をしていて、「ガリ勉」と揶揄されるようなものだ。別に悪いことをしていないのに、それが目障りになってしまう。パリでの挙式やテレビ中継された派手な披露宴、「週刊現代」誌上における、女を撮らせたら随一の写真家・野村誠一のカメラによるグラビア……どれも本人には邪気が皆無なだけ、反動も大きい。

先に紹介した亮子と近かった人物は、佳知の意向が谷の引退を左右すると睨んでいる。

「谷は、亭主関白を地で行く親父の教えもあって、佳知君には絶対に逆らいません。彼が『もういいだろう』といえば、潔く勝負の世界から身を引くはずです」

引退後は「スポーツコメンテーターに転身」「育児や家事をテーマに執筆活動」「ファッションブランドを立ち上げる」などの声があがる。何より、亮子ほどの選手なら、指導者への道が取り沙汰されて当然だ。しかし、指導者として先輩の山口香はここでも疑義を挟む。

「特例待遇を甘受し、自分の技を後輩に伝授してこなかった谷が、指導者になって成功できるでしょうか」

とはいえ、谷亮子を知る人ほど、彼女のアスリートとしての凄みと一途さに、畏敬の念を抱いている。柔道ばかりか、父の運命をも呑み込んだ娘は、最後の力を尽くして偉業に立ち向かう。

伝説の掉尾《ちょうび》に何が起こるのか——勝負師の父娘は、それをどう演出するつもりだろう。

二〇一二年、私たちは稀代の柔道家の〝最期〟を目の当たりにする。

第六章　イチロー「偏愛され続ける天才」

本名・鈴木一朗　一九七三年一〇月二二日、愛知県出身。
愛工大名電高を経て、九二年、ドラフト四位でオリックス・
ブルーウェーブに入団。九四年にシーズン通算二一〇本の安打
記録を樹立、同年より七年連続で首位打者を獲得する。
二〇〇一年より、日本人野手として初めてメジャーリーグ、
シアトル・マリナーズでプレー。〇四年にはシーズン通算
二六二本安打のメジャー記録を樹立し、〇九年には
生涯通算安打の日本記録、三〇八五本を更新した。
ＷＢＣ（ワールド・ベースボール・クラシック）には、
日本代表として二大会に出場。日本の連覇に貢献している。

熱狂の渦中には、やはりイチローがいた。
第二回ワールド・ベースボール・クラシック（WBC）優勝の日本が、「サムライジャパン」から「イチロージャパン」に取って代わられたのは、日本野球あるいはマスコミにとってのイチローの位置づけを語ってやまない。同時に、彼の野球人生における何度目かのピークがここにある。

放送、活字を問わず、メディアは韓国との決勝にいたる日本チームの動向をこぞって追いかけ、煽った。それに応え、スポーツファンも過剰なほどにWBCへ入れ込んでいった。二〇〇二年の日韓共同開催ワールドカップ以来、サッカーの急追を受けていた〝国民的スポーツ〟の座を、野球が取り戻したといっても過言ではない——このさまは、後世で日本のスポーツ史を俯瞰したとき、どう評価されるのか興味深い。

イチローは〇六年の第一回WBCでも、日本優勝の原動力として大いに貢献し衆目を集めている。そのとき、クールとか孤高という形容詞で語られることの多いイチローは、大いにリーダーシップを発揮してみせた。選手の輪の中心で檄をとばす姿は、それまでの彼のイメージからすれば豹変といっていい。イチローのハイテンションぶりは驚きをもって報じられたが、結果として新たな側面として理解され、彼のポイントはまたも上昇した。

イチローはいつも刺激的なことを口にする。韓国戦でも、真骨頂といえる発言を残す。
「ただ勝つだけじゃなく、すごいと思わせたい。戦った相手が、向こう三〇年は日本に手は出せないなって感じで勝ちたい」

これには韓国側がチームどころか世論をあげて過剰な反感を示した。にもかかわらず、イチローは韓国に敗れたとき「最大の屈辱」と吐き捨て、火に油を注ぐ。一方の日本では、イチローの意気と熱意の発露として好意的に受け止められた。

彼は日米球界で数々の偉業をなし遂げ、「天才」の称号をほしいままにしている。イチローが達成したメジャー八年連続二〇〇本安打、〇四年の二六二本の年間最多安打記録、〇九年に更新した張本勲の日本記録三〇八五本をしのぐ通算安打などの圧倒的な業績には賞賛こそが似合う。だからこそイチローは畏敬の対象として、マスコミから「伝説」と崇められた。イチローは天下無双のアスリートであり、王国は繁栄の一途をたどってきた。野球選手としての彼が盟主であることを疑う者はもちろん、あげつらう声もあがらない。

ただ、第二回WBCでイチローはファンが望んだプレーを十全に発揮できなかった。一部には彼を危ぶみ、揶揄する声も聞こえてきた。それでも、最後にはやってくれるという期待は大きかった。実際にファイナルの韓国戦では決勝打を放つ。これこそ、イチローならではのパフォーマンスであり、彼の底力の凄まじさを証明するものだ。

優勝会見でイチローは原辰徳監督の隣に座っていた。

「個人的には最後まで足を引っ張り続けました。韓国のユニホームを着て、キューバのユニホームを着て、最後にジャパンのユニホームを着ることができました。おいしいところだけいただきました」

語り口や表情はリラックスし、穏やかさに満ちたものだ。彼はペコリと頭をさげた。

「本当に、ごちそうさまッした」

会場は爆笑に包まれ、晴れの場の快活さがいっそう明るさを増す。

しかし、大会開催前から、イチローは倦《う》んだような、枯れた気配を常に漂わせていたような気がしてならない。少なくとも鋭利な自信に満ち、意気揚々とした面差しではなかった。弾けようにも何かが引き止める、突進しようにもどこかで錘《おもり》を引きずっている……。

大会終了後、彼は胃潰瘍と診断され、メジャーリーガーとなってはじめて故障者リストに入ってしまう。開幕戦の日は、キャンプ地で調整にあたらざるをえなかった。臓腑に異常が生じるとは、何ものかが彼の神経を蝕み、繊細な感情を逆なでしているはずだ——。

最近のイチローには内面的な変化もあったのではないか。マイクを突きつけられるたび、皮肉めいたスパイスをきかせ、ときに小意地の悪い言いまわしをする彼の対応は、いかにも〝イチローらしさ〟を発露してはいよう。だが最近は、その露悪の塩加減、漏れ出ることばの棘がいぶかしくもある。イチローの深層に、肥大し抑制しきれない怪物めいたものが潜んでいるように思えてならない。

一九九二年、高校を出た彼は必達を信じて疑わなかった念願をかなえ、プロ野球選手となった。鈴木一朗からイチローへの登録名の変更は九四年のことだ。〇〇年、今度はメジャーリーグへの飛躍をとげイチローからＩｃｈｉｒｏになった。

いま、彼は中年の域に達した。野球だけで塗りつぶした来し方を振り返りつつ、残された選手生命とその後の半生への想いを脳裏にかすめさせながら、彼は今日もバットを振る。

1

イチローと何度か会ったのは、彼がメジャー移籍の意思を明確にした九九年春のことだった。彼はまだオリックス・ブルーウェーブの選手だったが、すでにアリゾナで行われたシアトル・マリナーズのキャンプに参加し、大いなる手応えを得ている。イチローは、淀むことなく胸のうちを吐き出した。

「今の僕に必要なのは危機感。すべてを出し切らなきゃ、メジャーでやっていけないという、切羽つまった気持ちが欲しいんです」

イチローは唇を結ぶと、こちらを睨《ね》めつけた。彼の黒目がまさった眼には、反応を窺うだけでなく、挑発や値踏みの気配もちらつく。

「僕がメジャーでどうこうより、もっと大きなこと、日本野球が通用するかどうかを感じてもらいたい」

イチローと語り合う場に漂うのは、包み込む温かさや、気の置けない睦まじさとはほど遠い。喉笛に剣先を突きつけられたような緊張感がみなぎる。

「野球だけじゃなくて、日本の国自体が、世界でどう評価されるかという時代にきています。僕はそこも意識して乗り込むんです」

その翌シーズン、彼は七年連続でパ・リーグ首位打者を獲得、オフにマリナーズへ移籍した。

日本では満たされなかった、さまざまな渇望を抱えて――。

渡米以来、メジャーリーガー・イチロー人気はとどまるところを知らない。中央調査社が実施した「二〇〇八年度人気スポーツ調査」で「好きなスポーツ選手」の一位に輝き、この部門において四連覇を達成した。イチローは年代、性別を問わず、好感度や知名度、尊敬といったポジティブな項目でダントツの人気だ。ヤンキースの松井秀喜も健闘し追走しているものの、その差は歴然としている。

〇九年三月のWBC直後には、明治安田生命保険が新入社員を対象にした「理想の上司」の調査でも一位に選ばれた。理由は「実力がある」「頼もしい」などで、二位は島田紳助、三位が関根勤だった。

しかし、イチローの言動に全国紙の運動部記者は苦言をのべた。

「選手の立場を超えた、WBCの監督人事をめぐる発言や、三〇八五本の安打日本記録を持つ張本勲さんに対して、『(〇八年のシーズンに)記録を破れなかったことより、張本さんの口を封じられなかったことが悔しい』と公言するなど、不遜や傲岸と紙一重の振る舞いが目立っていました」

もっとも、彼は自嘲気味に続けた。

「ウチの紙面でも同様なのですが、イチロー批判はタブーなんです。論説委員から現場の記者まで、記事の論調はイチロー賛美で統一されています。球界はもとより、社会全体がイチローを神格化し、自由に批評できないムードが濃厚なんです」

イチローほどの実績と記録に彩られた選手なら、カリスマ視されるのも当然といえよう。そんな中、野球解説者の江本孟紀《たけのり》は直球を投げつけてきた。

「イチローは間違いなくスーパースター。天才であり、努力の人です。でも〝打撃に長けた野球選手〟以外の何ものでもないということを、本人も私たちも再認識しなければならないんです。野球の成績と、人格や社会的な位置づけを直結させるのは筋違い。周囲が無条件に持ち上げるから、自分のいったことを〝神のことば〟と勘違いしてしまう」

江本の意見は刺激的で、一言居士の面目躍如だ。彼は「張さん（張本）の件でも、いいたいことがある」と嘆いてみせた。

「若い世代の選手や記者は歴史を否定してしまっている。というか、歴史を知らないくせに知ろうともしませんからね」

江本によると——ジャイアンツの若手で主力のある投手は、金田正一のことを知らなかった。原監督と金田が談笑しているとき、若いピッチャーは会釈もせずに前を通り過ぎようとした。金田の手前もあって、見とがめた原はさすがに注意した。

「おい、大先輩の金田さんにご挨拶せんか。ほら、四〇〇勝投手の金田さんだ」

若手はキョトンとしたままだ。

「よん、四〇〇勝も？　マジっすか」

江本は大仰に太息をついた。

「若い選手とマスコミの人は、眼の前にいる選手や現象しか知らない。特に二〇代の記者やライターはサッカー世代で、野球に興味なんて持たずに育ったから、野球に関する全般的な知識に乏しいんです。だから過去の名選手と比較できない。結果として、現役の選手が一番すごいと勘違いしてしまう。文献をひもとき、大先輩の記者に尋ねて過去の名選手の実績や功績を勉強するべきなのに、そんなことは大事だと認識してないんですよ」

余談だが、同じことをベテラン俳優の愛川欽也からも聞いたことがある。

「俳優もこなす、人気の男性アイドルとご一緒する機会があってびっくりしたんです。彼、洋の東西を問わず、名作といわれる映画をぜんぜん観てないんだね」

愛川の顔に情けなさと怒りがない交ぜになった。

「それどころか、その子、高倉健さんを知らないんだよ。こりゃー、僕、ショックだった」

温故知新なんぞと煙たいことをいうつもりはない。それでも歴史をひもとき、たぐるのは楽しみというものだ。ロバート・B・パーカーが生んだ名探偵スペンサーではないが——張り込み中の手持ちぶさたを紛らわせるため、スペンサーはしばしば胸中でベースボールやバスケットの古往今来の名選手によるスーパーチームを編成している。

だが、まさかイチローが張本の業績を承知していないわけはなかろう。むしろイチローの発言は、彼一流のイガイガとしたユーモアだと解すべきではないか。いささか強めで濃い味つけだが、それでもこういった表現が、イチローをイチローたらしめている。

イチロー発言の真意を解くには、彼の心情にも踏み込まねばなるまい。彼には打者としての揺るがぬ自信と、心根にはりめぐらされた叛骨心が縦糸、横糸になって編みこまれている。私が「打撃の神様」といわれた川上哲治にインタビューした内容を、イチローにぶつけたときのことを思い出す。イチローは存外におもしろい反応をしめした。

川上は一九三八年に巨人入団、首位打者五回、本塁打王二回をはじめ数々の打撃タイトルに輝き、「ボールが止まってみえる」の名文句を放った。監督として巨人を日本一に九回連続で導いた不世出の名将でもある。彼は「一流と超一流のバッターの差」をこう語った。

「超一流の選手は神経が細かく、過剰なほど神経質で心配性だ」

川上はつづけた。

「試合でヒットやホームランを打ったら、一流の選手は浮かれて飲みに出かけてしまう。でも、超一流の選手は違う。明日の試合を考え、どうすれば再び打棒を爆発させられるかが心配でならない。相手チームの先発は誰か、第一打席の配球はどうだろう、そのとき塁上にはランナーがいるのか……考えずにおられないし、考え出したら止まらなくなってしまう。超一流のバッターは思わずバットを手に取り振っている。だから、とても飲みになんていってられない」

川上は、彼が認める超一流バッターとして五人の名を連ねた。

「長嶋茂雄、王貞治、張本、それに榎本喜八だな」

最後、彼はご本人の「川上」の名を加えた。いずれも戦後のプロ野球で打棒をふるったどころか、球史に名を残す名バッターぞろいだ。中でも、はじめて「安打製造機」といわれ、オリオンズ時代に打棒を爆発させた、榎本を選んだのは慧眼だと感じ入った。榎本は真摯に打撃を追求するあまり、奇人あつかいまでされてしまった選手でもある。ただ、川上にどういう意図があったのか知らぬがイチローを入れていなかった。

イチローはじろりとこちらを睨んだ。手元のジュースをとったあと、彼は不敵に笑ってみせた。

「試合後の深夜の素振りなんて、意味ないですね」

イチローがときにみせる、毒気を孕んだ、ひりりとした口ぶりだ。どうして彼は、こうも場の空気を緊迫させてしまうのか。私は苦慮しながらも場をつくろった。

「川上さんのはたとえ話、むしろ精神論というべきものじゃないですか。川上さんに名指しされたバッターたちが、いつも深夜の練習をしてたわけでもないだろうし」

「精神論としても同じですよ。たとえ試合で凡退しても、その原因をつかんでおけばいいことで、翌日に調整できます。まして試合で好打しているのに、夜中にトレーニングする必要はありません。疲れを残すだけですよ。そんなことをするなら、何のために日頃のトレーニングがあるのか、キャンプで何をしてきたのかを問い直す必要がでてきてしまう」

強い目線でもう一押ししてから、イチローは再びストローに唇を寄せる。何とか話の筋道を微調整したいのだが、取り付く島もない口調に、砂をかんだような気持ちになってしまう。それでも私はことばを差しはさむ。

「確かに寓話チックだけど、王さんや榎本さんなら、深夜の素振りをやりかねない印象ですけどね。イチローさんはそういうイメージで見られるのはイヤですか」

「打席に入る前にちゃんと準備してありますから。練習が足りないということは、絶対にないんです。僕ならバットを振るより、打てる感覚を取り戻すための努力をしますね。それもビデオを見たりじゃなくて、感覚を自分の中で思い出すんです」

にべもない言い方に会話は途切れた。

当時のノートには、イチローに対する短い感想がいくつか記してある――「権威に対する挑戦」「人の話を肯定から入らず、否定から入ることで自己主張」「持論への絶対的な自信」「ホットな面とドライな面」「孤高を選んだゆえの孤独」「激しい感情と繊細さ」「豊かな表現力、独特のユーモア」「厳しく人を峻別」「気さくさを上回る緊張感」。

その後も、イチローとの会話は私を幾度も驚かせてくれた。それどころか、持て余したこともたびたびだった。

「視力が悪くなるからテレビや映画を見ません。酒も好きじゃない。夏、たまーにビールを飲むくらい」

その後、彼は自宅にワインセラーを設え、ビールのCMにも出演するようになったのだから、多少は酒を嗜むようになったようだ。しかし当時は、キャンプ地の宮古島やアリゾナで逢ったとき、決まってフレッシュジュースを注文していた。私としては酒の話をふっても仕方ないし、映画で盛り上がるわけにもいかぬ。音楽もロックやブラックミュージックにのめりこむ私と、彼の趣味は違いすぎた。イチローは異界の人間――苦笑していると、彼は追い討ちをかけた。

「本も読みません。横書きなら、野球の球筋と同じ眼の動きをするから苦にならないんだけど、上から下の縦書きはダメ。一〇分もしたら頭痛がしてくる」

そんな中、身体の資質に関しての話題は少し盛り上がった。イチローは野球選手にしてはスリムといわれる。しかし、私が彼と正対した印象は違う。彼の背中を構成する広背筋、腰部の脊柱起立筋、臀部の筋肉の充実ぶりには見とれてしまった。脆弱さは微塵もなく、野球のための機能美を感じた。

　ただ手首の骨は細く、指も武骨に節くれだたず、皮膚は女性を連想するほど白かった。あのとき、イチローはいった。

「この筋肉と体格のまま、パワーだけつけたい」

　アスリートとしてのイチローの真摯さは、すべての面で疑うべくもない。オリックスのバッティング投手をつとめ〝イチローの恋人〟と呼ばれた奥村幸治は、「技術や身体のケア、メンタルなどすべての面でこだわりが違う」と絶賛する。

「彼は、キャンプに入ったら平気で三時間も四時間もバッティング練習をするんです。しかもその間、まったく集中力が途切れない」

2

　イチローが現在のステイタスとイメージを、マネジメント会社やブレーンの手を借りずに築き上げたのは、紛れもない事実だ。放送作家の小山薫堂《くんどう》は、イチローのセルフプロデュース力に眼をみはる。

「彼はすごい演出家です。野球人として卓越しているだけでなく、俳優だってこなすうえ、メジャーリーガーになってからは外交力もついたように思えます」

小山は「欠点らしい欠点のないところが、唯一の欠点ですよ」といってから思案した。

「何でも器用にこなすうえ、大方のマスコミが好意的に報道するところが、逆にやっかみを呼ぶことになるかもしれない。仮に私が彼のイメージ戦略を練るとしたら、あえてカッコ悪い部分、人間くさい部分をみせますね」

しかし、カッコ悪さを押し出したイチローほど、イチローらしからぬものはないのも事実だ。イチローには、自分を三枚目にポジショニングする気などさらさらなかっただろう。おまけに、好むと好まざるとにかかわらず、彼には緊張感をともなった狷介《けんかい》さがついてまわる。ただ、ここにきて少しだけ変化の兆しはみえている。

イチローの差配は、八歳年上で、元ＴＢＳアナウンサーの妻・弓子にも及んでいる。イチロー番の新聞記者たちによると、弓子が球場に来る日は必ず赤いワンピースを着込んでいて、「イチローがそのファッションを気に入っていて指定している」とのことだ。

「イチローは三百六十五日、朝食にカレーしか食べない。弓子はその意向によろこんで従い、遠征用のレトルトまで用意している」

ベテラン記者は、「わが夫婦生活を振り返って」という注釈つきで苦笑した。

「弓子のほうが上手《うわて》って感じがしてならないね。自分の思い通りでないと気がすまないイチローを、手のひらの上で遊ばせてるんだ」

イチローのファッション面での変化も、彼のセルフプロデュースぶりを如実に物語る。長らく彼は、キャップにオーバーサイズでカジュアルなシャツとパンツをあわせた、いわゆるギャングファッション、B系モードだった。

「ヨウジ・ヤマモトのスーツが好きみたい」

九九年のアリゾナキャンプで女性記者から聞かされたときは、彼のセンスとヨウジのブランドコンセプトのギャップが大きすぎて困惑した記憶がある——確かに当時の山本耀司のデザインするコスチュームは総じて〝ダブダブ〟ではあったが。

いまやイチローはもっとお洒落さんになった。雑誌の写真やテレビに映る彼は、しばしばジュンヤ・ワタナベ、コム・デ・ギャルソン、ボッテガ・ヴェネタ、ニール・バレットなどをまとっている。いずれもファッションに関心の高い人が選ぶ〝セレブリティ〟な服装だ。中には青山でしか買えないアイテムも含まれている。総じてカジュアルラインに傾いているのは、「気軽だけどハイソで厳選した服を着ている」という点に自己演出の眼目があるからなのだろう。

イチローのセルフプロデュース力は、マスコミ対応の面で一段と発揮される。イチローを取材する際に生じる「やりづらさ」は、彼が日本にいたときから定説となっていた。かつてイチロー担当だった記者も閉口していた。

「気に入らない質問にはひと言もしゃべらない。『へえ〜、有名大を出た記者がそんな質問をするんだ』とバカにされたり、名刺を受け取ってもらえなかった記者もいます」

私が九九年の宮古島キャンプで見た光景も同様だった。もっとも、さほど野球を知りもしないのに、イチロー番に任命された記者がいたのはなぜなのだろう。一途に野球に邁進し、野球で自己実現しようとするイチローに、こんな記者をつけるのは失礼というものだ。実際、「メジャーに行ったらヒゲを剃るか?」などと訊く記者がいたし、せっかくの機会なのに何もイチローに取材しない者もいた。そんな連中が、毎日ぞろぞろとイチローの後を追いかける。イチローはいつも不機嫌だった。国内での〝イチロー対記者〟の応酬は不毛というべきだ。

イチローを知る雑誌編集者は証言する。

「イチローに気に入られたければ、技術面を含め野球に詳しくなければいけない。〝イチロー教徒〟というのも必須条件です。イチローに取り入るため、彼の高校時代のスコアブックを入手し、必死で暗記していたライターもいました」

メジャーへいってからのイチローの取材現場はどんな具合だったのか――報知新聞の通信員として、イチローを取材した林壮一の語気は鋭い。彼は現在、通信員の職を辞しアメリカでジャーナリストとして活躍している。『メジャーリーグ・オブ・ドリームズ』(アスキー)は彼の著作だ。

「イチローはマリナーズのロッカールームで、バスタオル片手に、背中を向けたまま日本人記者団の質問に答えるんです」

取材陣はイチローを遠巻きにしている。ただ一人、ある通信社の記者だけが〝お近づき〟を許されていた。

「彼がイチローの横で両膝を床につきインタビューしていました。他の記者は直接イチローに質問することができず、事前にこの記者に頼むんです」

憤慨した林が直接イチローにコンタクトを取ろうとしたら、並みいる記者たちから止められたという。

「これ以上近づくな。ルールなんだから」

アメリカを代表するスポーツ雑誌「スポーツ・イラストレイテッド」も、彼らを「イチローを囲む四七人の日本人ジャーナリスト」と呼び、その所業を揶揄している。林の矛先はイチローばかりか記者たちへも向く。

「イチローが通信社の記者の質問しか受け付けなかったのは、彼なら自分の都合のいいことしか書かないと計算したからでしょう。でも、これじゃ、メディアはイチローのPR担当であってジャーナリストじゃないですよ。しかも彼らは確信犯なんです。何しろ、スポーツ紙の記者は、スポーツ・イラストレイテッドの取材に応じて、『私たちのやっていることは、ジャーナリズムじゃない』って認めているんですからね」

もっとも林は、イチローが、アメリカ社会で生きる日系の年配者に大きな希望と喜びを与えたことを話してくれた。

「敗戦をアメリカで迎え、ジャップやイエローと蔑まれた年代の人々にとって、イチローは日本人初のボクシング世界王者の白井義雄や〝フジヤマのトビウオ〟の異名をとった水泳の古橋広之進、あるいは日本人初のノーベル賞に輝いた湯川秀樹らと同じくらいのポジションにいるんです」

そんなイチローに対して「頭が切れ、ユーモアの分かる男」とする声がある一方、「皮肉屋で、底意地が悪い」の見方もある。イチローは記録のかかった前日、ニタニタと笑いながら、『初めて行ったソープの、待合室での高ぶりみたい』とコメントしたそうだ。いくらなんでも、こんな良識のない談話を新聞に掲載はできまい。

何人かの記者によると、イチローは〝ここだけの話〟と打ち明け、その情報がどんな形で掲載されるかを追跡する。

「中には、他の媒体でアルバイト原稿を書いたり、情報を提供する記者もいますからね。イチローはこうやって、記者が関わる雑誌や行動範囲を洗い出すんです」

あるキー局関係者によると、イチローは球団広報に命じ、自分に関する記事をすべてチェックさせているそうだ。彼は声をひそめた。

「イチローのお近づきになれるのは、イエスマンか、私生活に一切触れない通信社の記者、もしくは大本営発表の効果が高く、ギャラも弾むテレビ局というラインナップになります」

今回の取材でも、イチローと親しいといわれる関係者に何人か当たったが、全員が一様かつ露骨に困惑を示した。中には、何度も連絡したにもかかわらず、返事すらよこさぬライターもいた。今回、取材に協力してくれた人物は、恐る恐るという態《てい》でいったものだ。

「いくら忠誠心を示しても、イチローは心底から信用してくれません。でも、彼とのパイプがあれば仕事にありつける。だから僕は、恐怖政治に耐えるんです」

彼は心底、イチローに怯えていた。

いずれにせよ、イチローのセルフプロデュース力は、それが強権を伴ったものだとしても、なまなかのものではない。

それに、思い返せばイチローはもともと〝わかりやすい変人〟であり、一途な頑固者だった。これは「Ｎｕｍｂｅｒ」をはじめとするスポーツ媒体で、彼を取材してきた編集者やライターが異口同音に指摘することだ。たとえば彼は、オリックスに入団して、首脳陣からバッティングフォームを改造されそうになっても、頑なに拒否し自分を守っている。同じことは、バットやグローブ、シューズなどの用具の選択、食事や生活習慣、果ては日々の練習メニューにもあらわれた。イチローは元来、周囲におもねるような人間ではない。

幸か不幸か、オリックス時代の注目度はメジャーの比ではなかった。彼の内実はつぶさに報道されていないし、彼自身も無邪気でスレたところが少なかった。どこかで「優等生は嫌い」と発言していたらしいが、九〇年代半ば、ようやく世に騒がれだした当時、彼のイメージは「ナイスガイ」そのものだった。

ところがメジャーへ飛躍し、アスリートとしての価値が格段に飛躍した。年齢を増していくと言動に自信があふれ、場合によれば諸刃の剣ともなる。若手時代の取材に対する新鮮な喜びも、慣れるにつれ希薄になるのも仕方あるまい。自ら恃《たの》むところが肥大すると、峻峭《しゅんしょう》さもめだってくる。

同時に、彼が前人未到の世界で勝負している点も斟酌《しんしゃく》せねばなるまい。イチローは、彼しか知りえぬ恐怖と戦い、それを払拭し、己を鼓舞するために挑発的なことばを投げつけているのかもしれぬ。また、異能者は心の奥に何かしらの、いびつさを孕んでいるものだ。私はそういう例を芸能や芸術の世界でたくさんみてきた。「天才」は天才ゆえに凡人の規格からはみ出してしまう。

おまけに、彼はクレバーだ。自意識が人一倍強いだけに、他人の意向に無頓着であるわけがない。今後も、発言が大きく危険域に倒れこむことはあるまい。そのギリギリ感もまた彼の魅力ではある。

ただ、イチローは彼に付き従うメディアやファンに対し深く感謝せねばなるまい。何をやっても何をいっても神格化し、それをイチローの計算どおり無条件に受け入れてくれるのは、他ならない彼らなのだから。

3

イチローは、おそらく現時点でもっともカネを稼ぐ日本人アスリートだろう。

収入の多寡はアスリートの価値を示す指標でもある。イチローは〇一年からマリナーズと三年一四〇〇万ドル（約一五億八〇〇〇万円・以下、レートは全て当時のもの）の契約を交わし、〇四年に四年で四四〇〇万ドル（約四七億五二〇〇万円）の再契約を締結した。FA宣言した〇七年には五年契約を結び、年俸総額九〇〇〇万ドル（約一一〇億円）と報じられた。加えて、オールスターゲーム出場や年間二〇〇本安打などのオプションがつき、その額は一二億円といわれる。オリックス時代も含めた年俸総計を弾くと、約一八五億八〇三〇万円だ。

コマーシャル関係も順調だ。現在、イチローはキリン（一番搾り）、日産、佐藤製薬（ユンケル黄帝液）や日興コーディアル証券、新日本石油（ＥＮＥＯＳ）、ＮＴＴ西日本などのＣＭに出演している。広告業界では「一本につき一億五〇〇〇万円はくだらない」といわれ、その価格は第二回ＷＢＣ後さらに高騰する勢いだ。

○八年、「スポーツ・イラストレイテッド」が発表した〝アスリート年収ランキング〟で、イチローは二七六〇万二二四九ドル（約三〇億九一四〇万円）を稼ぎ二〇位に入っている。ちなみに野球選手のトップは、一一位のアレックス・ロドリゲス（ヤンキース）で三五〇〇万ドル（約三九億二〇〇〇万円）だった。

巨額の年俸を球団から引き出したのは、イチローの代理人トニー・アタナシオだ。彼はボビー・バレンタインをロッテに売り込み、〝大魔神〟佐々木主浩《かずひろ》のマリナーズ入団を手がけたほか、川上憲伸《けんしん》のエージェントも務めている。もっとも、アタナシオは三九年生まれの老体だ。のんびりとした、気のいい代理人として通っている。その手腕は、松坂大輔をレッドソックスに仲介したスコット・ボラスに比べれば豪腕といい難い。何しろボラスは〝吸血鬼〟と異名をとるほどの辣腕で鳴らしている。イチローがアタナシオと契約にいたった経緯に関して、スポーツマネジメント業界ではもっともらしい話が流布していた。

「イチローはある日本人投手のたっての頼みで、アタナシオを代理人にしたんです。この投手はイチローの前で土下座までして頼み込みました。そこまでされたら、イチローも承諾しないわけにいかない。投手がアタナシオから受けた仲介の見返りは相当な額だったらしいです」

イチローとマリナーズ経営陣の関係も興味深い。マリナーズの親会社は、「Ｗｉｉ」を大ヒットさせた任天堂だ。同社の大立者・山内溥《ひろし》相談役は、イチローにぞっこんといっていい。口さがない連中からは、「だからイチローは、ＧＭや監督人事にまでいちゃもんをつけることができる」という話が飛び出す。

何しろ、山内は個人株までプレゼントしているのだから、その傾倒ぶりがわかるというものだ。山内がイチローに贈った任天堂株は五〇〇〇株、当時の株価で約五八〇〇万円、〇九年四月二八日現在の相場だと約一億二五〇〇万円にまで跳ねあがっている。

私がイチローの取材をしていた九九年、オリックスでの年俸は推定五億円だった。メジャーとは比較にならないが、それでも巨万のカネは芳香を放つ。清濁あわせた、さまざまな面々が集まってきた。

巨人軍の名参謀といわれた人物の息子は、その典型だ。彼は大手広告代理店に勤めていたが、「イチローのCM制作に関わった縁で独立し、イチローの広告がらみの仕事をするようになった」と来歴を語っていた。彼は皮算用をしてみせた。

「イチローがメジャーに行ったら、僕のビジネスチャンスも大きく広がる」

イチローの相談役といわれた中年女性もいた。私がまったくの別件で元巨人のエースに会ったとき、彼から真顔で忠告された。

「イチローに取り入りたいなら、彼女のお気に召すことが絶対条件だよ」

他にも、イチローマネーと名声に群がった人々は多かった。カリフォルニア在住の日本人ボディビルダーがフィットネスコーチとして売り込んできて、しばらくイチローに押しかけ指導をしていたこともある。思えば、当時は牧歌的なほどイチロー周辺のガードは緩かった。

イチローの父・宣之《のぶゆき》が〝チチロー〟と呼ばれて頻繁にメディアに登場した時期もある。彼は息子のマネジメントを統轄しようと意図したようだ。しかし、手に余ったのか実務からはずるずると後退していく。

現在、彼らの多くはイチローに関与していない。彼らのマネジメント能力をイチローが見切ったのか、それとも自ら身を引いたのか。いずれにせよ、一時は親密な関係を築いても、手腕が伴わねば話は別というシビアな成果主義はイチローの特質というべきだ。

〇二年以来、イチローの日本でのマネジメントは、大阪にある「バウ企画」が管轄している。同社の岡田良樹社長はオリックスの広報担当だった。関西の夕刊紙記者をして、「頭脳明晰で、気配りも手抜かりない。イチローが彼に惚れて退団させ、マネジメントを任せた」といわしめる存在だ。

イチローは、シアトルの高級住宅街に居を構えている。彼と妻、愛犬からなる生活で、子どもはいない。住まいの様子は、NHKをはじめごく限られたメディアによって紹介された。だが、親しいライターでもおいそれとはあげてもらえないそうだ。日本時代はもとより、アメリカでも愛車がニッサンというのは妙に義理堅い。以前に住んでいた豪邸が邦貨にして三億円で売りに出されたが、その後に一億七五〇〇万円まで値がさがっている。妻は近々、シアトルで美容関係のビジネスを開始するという。

イチローは九九年にも、故郷の愛知県西春日井郡豊山町に敷地三〇〇坪以上、建築費五億円といわれる御殿をつくった。同じ町の六畳に四畳半、三畳、台所、汲み取り便所という平屋に育った彼は、いまや分限者といってよかろう。

とはいえ、イチローは正真正銘の〝野球バカ〟であり、その一途さと真摯さ、妥協を許さない探究心は、数多いプロ野球選手の中でも一頭地を抜いている。何よりも野球とそのための環境づくりが第一で、金銭に拘泥しないという証言がいくつもある。なるほど、イチロー関連の書籍、記事やインタビューをひもといても、カネにまつわる話はそれほど披瀝《ひれき》されていない。カネから派生する事々はあまりに現実的だし生臭すぎるというものだ。そんな異臭をまとわないことが、イチローのプラスイメージづくりに大きく貢献している。

4

高校時代のイチローを語るのは、元愛工大名電高監督の中村豪《たけし》だ。

中村は工藤公康（横浜）や山﨑武司（楽天）など数多くのプロ選手を育成した名伯楽でもある。豊田大谷高監督を最後に高校球児の指導からは身を引いたが、いまでも彼の人柄と指導力を慕う者がひきもきらない。

彼の住まいには、イチローから贈られたサインボールや二一〇本のシーズン最多安打記録のバットなどが飾ってある。

「イチローは細い子だったけど、投打のセンスはピカ一だわ。最初から父子揃って、『甲子園なんかどうでもいい。絶対にプロへ行くんだ』と自信満々でした」

名電野球部は全寮制だ。そこでの日々は悲喜こもごもだった。

「イチローは、『寮生活だけは二度とイヤ』だって。拳骨《げんこつ》制裁を加えた先輩やコーチを、『人生最大の屈辱』なんて、まだ許しとらんみたいだね。もう時効にしてやりゃいいのに」

ここにもイチローの性情がのぞく。中村は高校時代の愛弟子を端的に表現してくれた。

「一匹狼で親しい友だちは少なかったねえ。みんなと一緒なんてのは、あの子はイヤなんだで」

名電の野球部寮に幽霊が出るという話でもちきりだったことがある。中村が真相を明かそうと調べたら、深夜に黙々とバッティング練習をするイチローがいた——昔日に想いを馳せる中村の話題は、やがてイチローと父の宣之の関係に転じた。

「あの親父は、毎日グラウンドに来るんだで。寒い日、火にあたれと声をかけたら、『イチローが我慢しているのに、私が温まるわけにいかん』と震えて立っとったくらいです」

宣之は〝チチロー〟と呼ばれ、息子が題材の著作は七冊におよぶ。四二年生まれの彼は、次男のイチローを含む二人の子の父であり、現在は先述の豊山町に「イチロー展示ルーム」を建て館長職にある。地上四階建ての館内はイチローグッズで埋め尽くされているばかりか、彼が息子とのキャッチボールで使ったグラブまで恭しく展示してあった。決して広々とした建物ではないのに、大勢のスタッフがいることにも驚いた。いずれにせよ、この館は「イチローの父」として後半生をすごす宣之の、自意識が具象化したものであることは間違いなかろう。

館の裏手は、小体《こてい》なマンションかと見まがうほどの〝イチロー御殿〟だ。

宣之は、かつてパートタイマーの従業員を三人雇い、プレハブ建ての小さな工場を営んでいた。父は息子イチローをプロ野球選手にすべく心血を注いだ。その経緯は『いちばん好きなこと一直線　子育ては、父親最大の仕事』（麗澤大学出版会）をはじめとする一連の自著や、『イチローを育てた鈴木家の謎』(斎藤茂太・集英社文庫)、『天才は親が作る』(吉井妙子・文春文庫)などに詳しい。

宣之は、小学二年生で「野球選手になりたい」といった息子のベストファーザーであると同時に、ベストパートナーになろうとした。いや、なりおおせた。イチローの下校を待ちわび、仕事をパートたちに託してグラウンドへ出かける。毎日バッティングセンターへ連れて行き、利用料は月五万円にもなった。少年野球チームの監督を引き受け、そこに息子も入れる。当然、仕事は二の次とならざるをえない。極めつけは、高校入学まで毎日続いたという、父が子にほどこす夜毎の三〇分以上に及ぶ足のマッサージだ。これらの一途さは、やはり凡百の域を超越しており、真似しようにも実行できるものではない。

野菜嫌いを筆頭に極端な偏食のイチローを許し、好物のマスクメロンや霜降り肉、アワビ、大トロといった高級食材をふんだんに与えたのも父だ。父子が度々訪れた近所のすし屋でも、父は分不相応なほど高価な料理を並べさせた。店主は語る。

「親父さんの口癖は、『うまくて高いものを食べろ。そのかわり、プロになってどんどん稼げ』でした」

宣之は中学時代の野球部監督に、息子のバッティングフォームをいじってくれるなと直訴している。中学や高校はもちろん、プロに入ってからも毎日、練習の場にかけつけじっと息子を見つめた。彼のイチローに対する姿勢は一貫している——親が子をリードするのではなく、子どものあとを親がついていくのだ。彼は息子の主体性を第一におき、イチローがやりたいもの、ほしいものを最優先させた。宣之は断言する。

「イチローに指図をしたことは一度もない」

先に述べた偏食への対応も好例だ。私が感服したのは、宣之が『天才は親が作る』で吉井に語ったこの一節だった。

「才能を引き出し、可能性を見つけてやるのが親の義務だと思いますけどね」

かつて「ｅｄｕｃａｔｉｏｎ」には「教育」つまり「教え」「育てる」の訳語があてられた。だが、ｅｄｕｃａｔｉｏｎの原義は「可能性の芽をみつけ、それを引っぱりあげる」というものだ。教育ということばには、どこか育てる側の高い目線を感じる。やはり子育てにはｅｄｕｃａｔｉｏｎが本来持つ意味をもってあたりたい。宣之のこの意見には、私も賛同する。

余談だが、イチローこと鈴木一朗は次男で、一泰という五つ上の兄がいる。イチローは兄をこよなく慕い、幼少時はいつもくっついていたという。一泰は一級建築士の資格をもつだけでなく、スポーツブランド「ＳＵＷ　ＷＥＡＲ」のデザインと国内ネット販売を手がけている。イチローがトレーニングで身につけているウェアやウォッチキャップがそれだ。兄は大手広告代理店の博報堂と関係が密だとも聞いた。イチローの兄が、父の注ぐ弟への偏愛をどう受け取り、自分のなかでいかに処理していたのかには興味をそそられる。だが、饒舌に子育て論を語る父をもち、稀代の巧打者の兄でもある彼にはとうとう連絡がつかなかった。

父とはイチロー展示ルームのオフィスで会えた。すっかり土地の名士となった彼は多忙を極めているという。それでも気さくに対応してくれた。

「私の使命は、親としてイチローを支えること。今も昔も、ただそれだけです」

袖口から金無垢のロレックスを覗かせながら、宣之はこういった。

「イチローが野球を選んだことで、私の新しい人生が始まったんです。親子というより、私たちは同志でしたね」

一卵性父子とでもいうべきか、あまりに宣之とイチローの距離は接近しすぎ、濃密すぎたのではないか。そう尋ねると彼は答えた。

「それは責任の問題ですよ。私はイチローの将来に関する責任をすべて背負うことにしたんです。妻にしかできないこともあったけど、それ以外のことは全部、私が引き受けて面倒をみました」

得々と語る宣之の顔はイチローとそっくりだ。しゃべったあとで、己の言を反芻しているのか、思い入れたっぷりに深くうなずくところも変わりない。

父子の関係は、イチローと弓子が結婚してから険悪になったと報道された。しかし、現在は互いの程よい距離感をつかみ、平穏な親子に戻っているようだ。

「結婚してイチローは私から羽ばたいていきました。親離れ、子離れは何のトラブルもなく、ごくごく自然になされましたよ」

宣之には、どう反応していいものか困惑したことばもあった。

「イチローを甘やかしたんじゃないかという気もしています。でも、あの子はアスリートとしての才能だけでなく、人間としてもバランスが取れている子でしたからね。自由にさせても、立派な人格に育つという確信がありました」

吉井は先述の著書で、幼少時のイチローをこう書いている。

「イチローの頑固さは、宣之が子育てを間違ったのかなと思うほど強烈だった。駄菓子屋に菓子を買いに行って、目的のものがないと店の前でひっくり返って泣きわめき」

宣之はこうもいった。

「チチローってネーミング、気に入ってます。コミカルだし、うまくつけたもんだと思っています」

宣之をよく知る人物は、彼を「負けず嫌いでエネルギッシュ、逆境をバネにするタイプ」と語った。宣之は、中京地区を代表する名門進学校の東海中学、高校に学んだ。同校は元首相の海部俊樹や哲学者の梅原猛、建築家の黒川紀章、作家の大沢在昌など各方面に著名人を輩出している。宣之は東京の私立工大に進み、紆余曲折を経て機械製造の小さな工場を営んだ。野球を志したものの、高校時代にデッドボールを受けて断念した経緯もある。彼にすれば、来し方の道のりには万感の想いがあろう。堅実に懸命に日々を生きながら、鬱屈が芽生えそうになったことも否定できまい。そんなルサンチマンの注ぎどころこそ息子ではなかったのか——もし、イチローがプロ野球選手になれなかったとしたら……イチローの父を知る人物は腕を組んだ。

「高いもんを食べさせるのが、本当の愛情なんですかね。安価でも、心のこもった料理のほうが大事じゃないですか。野球をやっているからと、次男を最優先にしてステーキを食べさせている一家より、一匹のサンマを全員で分けあってるほうがまっとうな家族だと思う。彼の教育は、そういう点が欠如しているんですよ。野球に夢中になりすぎて、友情こそが一生の財産とか、野辺に咲く名もなき花の美しさ、芸術の素晴らしさなんかはなおざりになってたんじゃないですか」

オリックス時代のイチローときわめて親しかったが、今は距離をおくスポーツライターの永谷脩はいった。

「私がイチローに何軒か食事の出来る店を紹介してやったんですが、彼が気に入って通いつめたのは、どこも家庭的であたたかい店ばかりでした。気の置けない店の雰囲気、親身になってくれる店主との会話が彼を惹きつけたんでしょうね」

イチローが店のオヤジに重ねたのは実父なのか、それとも彼にとっての理想の父なのだろうか。

イチローにはいくつかのコンプレックスがあり、それがバネとなっているという見方がある。

中村はいっていた。

「イチローは成績がよかったからね。確か、学業優等で特待生やなかったかな。野球だけじゃのうて、勉強も親父がみとったらしい。イチローの中学の校長からは、『高校で勉強させたいから、野球なんかに誘ってくれるな』ってウチんとこへクレームがきたくらいなもんだで」

当時の名電の学業についてきくと、中村は豪快に彼ならではのユーモアで笑い飛ばしたものだ。

「そんなもん、チンピラ学校だで」

イチローは、野卑な球友たちと常に一線を画していたという。また、すでに甲子園どころかプロ野球を見据えていたとはいえ、名門大学に進む道が閉ざされたことへの悔悟はなかったか。

同じ観点からの、江本の意見は容赦ない。

「イチローは、巨人やヤンキースといった球界の権威からまったく相手にされなかった。ドラフト指名されたオリックスもそうだし、入札してきたマリナーズだって人気チームじゃないですからね。何でもトップでなきゃ満足できない彼にとっては、悔しかったことでしょう。そんな反発心やコンプレックスが彼のバネとなったんじゃないですか」

イチローが、己の実力や実績と比して、置かれた境遇に歯噛みすることもあるだろう。だが、結果論として宣之の子育ては〝大成功〟だったと評価されてしかるべきだ。

ただ、私は声を大にしていいたい——子育てに定法や王道はあるまい。親子の数だけ方法論があっていい。子が親の願ったように大成してくれるのも奇跡なら、思惑から大きく外れてしまうのも奇跡だ。親と子はそれぞれの軌跡の交錯と合致に、それぞれの想いをぶつけあうしかない。

5

イチローが、二〇〇〇年代最初の一〇年で球界に残した足跡と功績、存在感は類例がなく突出している。

第二回WBCでも、王貞治コミッショナー特別顧問や原監督との関係は、ホットラインで繋がるほど親密だった。松坂大輔を弟分のように扱うさまからは、イチローの大物ぶりが見てとれる。川崎宗則（ソフトバンク）と青木宣親《のりちか》（ヤクルト）らイチロー・チルドレンたちからの信頼も厚い。

「WBCは北京オリンピックのリベンジの場ではない」

この発言が北京五輪で惨敗した星野仙一監督の続投の可能性を葬ったのは、イチローらしさの発露だった。

「WBCは歴史の浅い大会だけど、自分たちが育てるという意識を持つことで、大会の育ち方も変わる」

「アジアを代表するチームがアメリカで勝利をつかむ。このことが世界の野球、アジアの野球にすごく大切なことだと思う」

これらの発言も大向うを唸らせた。もっとも、他方では挑発しながら果敢さと不遜さを垣間見せる、イチローならではのどぎつい光がくすんでしまっているという指摘もある。いつからイチローは優等生になったんだ、というわけだ。しかし、彼の言動の軌跡をつぶさに振り返ると、イチローのクレバーさと意外なほどの素直さが浮きぼりになってくる。

イチローは今回のWBCで図らずもパフォーマンスの低下を露呈させてしまった。ときに高飛車だった小天狗も、さすがに鼻が折れた。何しろ、イチローがWBCの注目度を上昇させたために、私たちは彼のふがいない実態をも目の当たりにしている。この天才打者は、己の挫折の瞬間をまざまざと目撃されてしまった。ただイチローが利巧なのは、事実をきちんと受け止め、すぐに対策を講じたことだ。彼の発言から眼に見えて毒気がうすれていき、いかにも人間味にあふれたことばが漏れるようになった。イチローはテレビカメラをすごく意識するし、能弁でもある。結果としてイチローは新たなファンを獲得したはずだ。彼は、コメントが表情つきで全国津々浦々に流れるテレビという媒体をうまく使いこなした。しかも、それを新聞や雑誌が二次使用し補完までしてくれるのだ。

ところが、一連の騒ぎを総括して江本は再び吼えた。

「ＷＢＣのアジア予選が読売の営利イベントだったことを忘れてはいけません。イチローはそこを充分に意識しつつ、音頭取りをして盛り上げました。おかげで本選に対するアメリカ本土の無関心もどっかに吹き飛んだ。イチローのＷＢＣ賛辞は、これまで盟主・巨人に相手にされなかった彼の、拭いがたい複雑な想いの裏返しですよ。それに、最近のイチローの発言はどこか尊大な感じがしませんか。そこが僕には少し気持ち悪い。これはスーパースターと呼ばれるアスリートが陥りやすい傾向ですね」

彼は王とイチローの共通点をあげる。ホームラン世界記録を打ち立てた大バッターをイチローは敬愛してやまない。王もまた現役時代に伝説の人となり、いつしか彼への批判はタブーとされた。それらを踏まえたうえで、江本はイチローが本当の意味で球界を引っ張っていくための条件をあげた。

「現役時代の王さんのプライドの高さは尋常じゃなかった。巨人で監督をされたときも、王さんの判断基準は記録でした。何本打った、何勝あげた、何割残した……つい自分の記録と比較してしまうから、目線が選手のところまで降りていかない。でも、王さんと互角に張り合える選手なんて一人もいませんよ。その高い目線が災いして、チームの人心を掌握できなかったんです」

そんな王を諫めたのは、彼を監督に招いたダイエー・ホークス球団社長の根本陸夫だった。根本は球界の寝業師といわれたほど、人情の機微に通じ、社会の酸いも甘いも嚙み分けた人物だ。

「根本さんのおかげで、神様だった王さんは気がついて、やっと一般人の目線をもてるようになったんです。そうしたら、たちまち選手が慕いはじめた。いまのイチローにも同じ意識改革が必要だと思いますよ」

永谷はこう分析した。彼の野球に関する取材量の豊富さと見識の確かさは定評がある。

「王を持ち上げ、原との仲をアピールし、読売に擦り寄るのはイチローならではの選球眼の良さの証明です」

永谷は静かにことばを継いだ。

「おそらく、イチローは野球人生の幕引きのことを考えているのでしょう。彼ほどの超一流選手となれば、微妙かつ繊細な感覚で、自分の衰えを察知するはず。もう、引退へのカウントダウンが始まっているんです」

確かに、第二回WBC期間中も、週刊誌には「老いの兆候」「硬直イチロー」「イチローの異変」などの見出しが並んだ。〇九年に三六歳を迎える彼は、野球人生の最終コーナーを迎えている。

アスリートとしての未曾有の成功と、手中にした巨万の富、それに卓越したプロデュース能力――イチローは不世出の野球選手として、歴史に名を刻むことだろう。

私は再び一〇年前のインタビューを振り返る。

イチローは死について語った。

「僕はいつ死んでもかまいません。だって、これまでやれる限りのことを、全力でやってきましたから」

あのとき、彼がふと見せた力みのない面立ちが今も鮮明に浮かんでくる。

「ビジネス」に翻弄された「夢」

―上原浩治　遅すぎたメジャーリーグ―

上原浩治みたいな男を、大阪弁では「けったいなやつ」という。

口に含めば淡白な味でつるりと喉をとおる。そのくせ、舌に妙な余韻が残ってしまう。聞こえてくるメロディラインはシンプルにもかかわらず、耳をすませば意外に凝ったアレンジが施されている。剣をとれば構えは隙だらけ。なのに、どういうわけか攻めにくい。

あるいは勘ぐりが過ぎるというものか。うむ、彼に複雑な糸が交錯しているわけもなかろう。表と裏のシンプルな構図のはずだ。だが、待てよ。表の逆は裏、その逆は表で、これを裏返してまた逆にすれば表……ああ、ややこしい。

二〇〇九年一月四日、上原浩治はボルチモア・オリオールズのユニフォームに袖を通すと、ようやく強ばった頬をゆるめた。「挑戦者のつもりで、気持ちを高めていきます」

文字にすると、念願のメジャーに対する気合がにじむ。だが〝父っちゃん坊や〟とでもいうべき上原の面相と同じく、口調は茫洋としている。聞く側の胸元をつく剛速球とはいかない。自信があるのか、怯えているのか。善玉なのか悪党か——上原の実像は漠としたままだ。上原はつかみどころのない男という印象が、私の中でいっそう強まっていく。ただ、彼のこうした厄介さが持ち味となり、曲者ぶりがそのまましたたかさに直結しているのは間違いない。

上原は一九七五年四月に大阪府寝屋川市で生まれた。彼は幼稚園に入る少し前、二歳違いの兄と一緒に父の隆二から野球を仕込まれた。母の僚子もソフトボールの選手だ。上原の小学校から中学校にかけて、兄も含めた一家が揃ってランニングにキャッチボール、トスバッティング、乾布摩擦などで構成した早朝トレーニングにいそしんでいたという。

一家は、上原が二歳のとき寝屋川団地に引っ越し、以降プロ入りするまで暮らす。団地内で一度引っ越しをして、上原一家が最終的に住んでいた棟は五階建て、家賃五万円少々の３ＤＫだ。現地へ足を運ぶと、日本中そこかしこで見慣れた、何の変哲もない集合住宅の町だった。棟と棟の間には小さな公園がある。一〇歳くらいの子が遊んでいた。自転車の籠にはサッカーボールがのっかっている。この子に、有名なピッチャーが住んでいたことを尋ねると、素っ気なく答えた。

「そんなん、知らんわ」

もっとも、年かさの人になると事情は異なり、一家を知る人々がまだ残っている。中年の主婦が声をひそめて、「ここだけの話」と語りだした。

「浩治君には悪いけど、お兄ちゃんのほうが、男ぶりだけやのうて、野球センスも学業もずっと上。なんちゅうか、そう、お兄ちゃんのほうが浩治君より華があんねん。お兄ちゃんは東京学芸大を卒業して、先生をしてはりますよ」

上原の両親は現在、この団地からクルマで一〇分ほどの住宅地に居を構えている。次男の浩治がプロ入りした九九年に建ててくれた家だ。目測したところ、敷地は一〇〇坪近くあるだろうか。目立つデザインを施してあるわけではなく、落ち着いた印象の邸宅だった。

門扉ごしに声をかけると、上原の父・隆二が出てくれた。浩治は隆二が三二歳のときの子だ。

団地時代、上原一家の暮らしぶりは質素だった。セーターやトレーナーを家族全員で着まわしていたうえ、どの部屋にもクーラーがついてなかった。

「クーラーどころかクルマもあらへんから、家族旅行にも行ってまへん。親子の楽しみといえば、河川敷で野球することとくらいですわ」

大阪の河内で生まれた私には懐かしい、いかにも気のいいオッサンという語り口だった。

「狭いながらも楽しいわが家です。一家がいつもわいわいと暮らしていました」

上原の高校、大学時代を通じて、一家が外食に出たのは一度だけだった。

「それも浩治がバイトで稼いできたお金で、近所のファミレスへ行ったんです。こんな暮らしぶりやけど、浩治も兄ちゃんも文句ひとついいませんでした。外でメシ食おかって誘っても、お茶漬けでええわっていうんです」

イチロー一家も決して豊かではない生活だった。しかし、父は次男の偏食を許したばかりか尋常ならざる心血を注ぎ、お大尽さながらの食事を与えた。上原家と鈴木家ではずいぶん事情が違う。ちなみに、上原の母の僚子は書いている。

「好き嫌いは言わさへん。他には食べる物ない」

上原が書いた『我慢』（ぴあ）や、父母の共著『雑草魂の育て方』（ゴマブックス）でも再三、貧乏暮らしにふれている。ところが、こういった生活を上原の父母はもちろん、上原本人さえ悲嘆せず卑下の気配なんぞ微塵もない。それどころか、ほのぼのとさえしている。両親の闊達《かったつ》な人柄や庶民の力強さが伝わってくる。上原一家は実に明るく、したたかだ。

上原は地元中学に野球部がなかったので陸上部に入った。野球をしたのは地域の少年野球チームだ。甲子園、さらにはプロを目指すなら、越境入学や他府県に野球留学したり強豪の私学に進む方法がある。しかし、上原や両親にそういう発想はなかった。

上原は東海大仰星高へ進んだが、ずっと同級生の建山義紀《たてやまよしのり》（日本ハム）の控え投手に甘んじた。公式戦の登板はほんの数えるほどしかなかった。彼が本領を発揮するのは、大阪体育大学に入り阪神大学リーグで投げ始めてからだ。三年生のときには、全日本で強豪キューバに投げ勝ったこともある。しかし、それでも彼は全国的に無名のままだった。

ところが、こんな境遇でも彼には鬱屈の念は募らなかった。むしろ、大学浪人の一年間がつらかった。上原は、二度と野球ができなくなるんじゃないかと思いつめ、苦しんだ。彼は一九歳で体験した心痛を忘れぬため、巨人ばかりかオリオールズでも背番号19を背負っているのだ。

だが、そのことを知って、彼には申し訳ないが拍子抜けしてしまった。浪人生は苦労するだろうし、不安な気持ちもわかる。でも、そこまで精神的に追いこまれるものなのだろうか。上原君、スケールがちっちゃすぎるで、と苦笑を禁じえない。あるいはこの気弱さが後の人生の選択で露呈してしまったか。とはいえ、その繊細さが緻密な投球に活かされているという解釈もあろう。

上原を語るうえで、絶対に忘れてはいけないことがある。

それは、上原がメジャーと巨人を天秤にかけ巨人を選んだという事実だ。九八年、彼はアナハイム・エンゼルスからの誘いを振り切り、巨人を逆指名している。私には、この決断が今日に至るすべての歯車を狂わせた原因だと思えてならない。彼が心に刻むべきは、浪人体験よりこちらのほうではあるまいか。当時の週刊誌やスポーツ紙は、巨人が二億円を提示し、それ以外にも八億円の巨額が動いたのではないかと書きたてた。もちろん実際の金額は不明だが、相当のカネが動いたことは上原や両親だって否定できまい――彼は大金という目前の現実に傾いたのだ。

もっとも、大阪の片隅から世界のステージへ駆け上がるまたとない好機を、自ら摘んでしまったのはカネのせいだけともいえない。エンゼルスと契約しても、メジャーのマウンドに登れる保証はゼロだ。上原が、そんなリスクを負いたくなかったのだろうとも解釈できる。あるいは、渡米で激変する生活環境への懸念や、学生時代から英語が大の苦手ということも影響したのか。

親思いの上原ならでは、という見方もあろう。事実、両親の生活は次男の巨人入りで一変する。

父は陽気な調子で話した。

「浩治のおかげで、いまは楽をさしてもろてます。ゼニを稼ぐのは男の甲斐性、値打ちちゅうもんでっしゃろ。兄貴に対しても『どないや』って胸はっとるんやないんですか。けど、億ちゅう単位をいわれても、私らなんかピンとけえへんがな。稼ぎは女房に渡して、そっから小遣いもろてた生活が長かったさかい」

しかしながら、両親は意識して豪奢な暮らしを排そうともしている。

「私はいま繊維会社を定年退職して、ゴルフの打ちっぱなしに通ったり、菜園で農業の真似事するのが楽しみですねん。けど、女房は『ボケ防止や』ゆうて、浩治がちっこいときから勤めてる、ベヤリング工場のパートの仕事を続けとるんですわ」

ちなみに上原の地元・寝屋川市での評判は上々だ。どこでも「気さくで気取らない」「愛想がいい」という声が返ってくる。オフに実家へ戻ったときもキタやミナミへ遠征するのではなく、近場の店で盛り上がっているようだ。そういえば、タクシーの運転手がポロっと漏らしていた。

「上原選手はしっかりしてはりますわ。一〇〇円のお釣りもチップにせんと受け取りはる」

遠征時の上原がデパートの紙袋を愛用していたことを髣髴《ほうふつ》とさせるエピソードだ。上原のいう「雑草」の魂とは、燃え上がる叛骨とルサンチマンの文脈ではなく、庶民派や小市民のニュアンスに通じる野辺の草々の心情と解すべきだという気もしてくる。

話が横にそれてしまった。上原にも人生の岐路で葛藤はあった。懇意にしていた郷里の寿司屋の女将は真顔で語ってくれた。

「上原君は巨人に入るとき顔を曇らせて、ウチの旦那にも相談してました。あの子、ホンマは大リーグにいきたいなんていうてたんよ」

だが結局、上原は巨人に寄り添った。対照的に〇九年には田澤純一が日本のドラフトを拒否し、レッドソックス入りするという初の快挙を成し遂げている。往時の上原に数々の難問や事情があったにせよ、彼は事実として冒険へ踏みださなかった。このとき勇気をもって挑戦していたら、上原は野茂英雄と同じように、パイオニアとして長く球史に名を残すことも可能だったはずだ。とはいえ、巨人時代の上原はそれなりの衆目を集めていた。

彼の魅力は抜群の制球力と鋭いフォークのキレ、それにタフネスだ。デビューの年、ペタジーニ（当時ヤクルト）との対戦で、敬遠のサインが出たときに見せた悔し涙も忘れられない。彼は巨人にいた一〇年間で通算一一二勝をあげた。獲得したタイトルは一五個だった。中でもルーキーイヤーの二〇勝、次いで一七勝をあげた〇二年の戦績が光る。

上原には、人がよさそうな間延びした面相と裏腹に「肩は消耗品だから無理したくない」とキツイことをいってのける一面がある。アスレチックスと巨人のオープン戦が開催されたときだって、「日程的に問題がある。パ・リーグが開幕したばかりのこの時期に、なぜメジャーとやるのか」と発言して物議を醸した。上原には江川卓ばりのヒールの素質があるとみた。さぞや読売の首脳陣も閉口したことだろう。

上原はタフネゴシエーターでもある。むしろ巨人が苦虫を嚙んだのは、彼のこういうしぶとさだったのではないか。そう思わせるほど、上原対巨人の駆け引きは狐と狸の化かしあいだった。スポーツ紙デスクによると、巨人は入団五年後にメジャー行きを認める口約束を交わしたそうだ。ただし、書面になっていない以上、拘束力はない。ところが上原も粘り、タダでは引き下がらなかった。上原はそれをタテに、毎年のように「移籍を確約してくれ」と迫るが、不可能と分かると賃金闘争に持ち込んだ。〇四年のオフが好例で、巨人は三五〇〇万円アップを提示したが、上原は〝メジャー断念料〟として六〇〇〇万円アップを要求、推定三億六〇〇〇万円でサインしている。

　上原がジャイアンツ在籍中に稼いだ年俸合計は、二一億八四〇〇万円と推定されている。彼は〇四年一一月、世田谷区内にある地上二〇階のタワーマンションの最上階に、３ＬＤＫの物件を購った。元レースクイーンの美穂と結ばれ、〇六年には長男が生まれた。上原は副業にも積極的で、〇五年に目黒区にある四階建てのマンションを丸ごと一棟買い上げ、単身者向けに賃貸している。価格は一億四〇〇〇万円だった。上原は庶民どころか、立派なセレブ・アスリートとなったわけだ。

　巨人担当記者たちは、上原が同じ年にデビューした松坂大輔（当時西武）を強烈に意識していたと証言する。父の隆二によれば、プロ野球入りする前は「あれは怪物や。僕なんかは太刀打ちでけへん」と弱気もみせていたそうだが――実際にプロでやる以上は簡単に引き下がるわけにはいかない。まして松坂は高校野球で全国を沸かした人気者だ。相手にとって不足はない。

　その年、松坂の「リベンジ」は、「雑草魂」以上に知れわたっている。両人とも開幕から熱投を続け、新人賞や最多勝利賞などを獲得した。だが〝最高の投手〟に贈られる沢村賞は、最多奪三振と最優秀防御率、最高勝率をも制した上原の頭上に輝いた。名もなき草を任ずる彼にとって、名花に先んじた喜びは望外のものだったろう。

　彼の著作『我慢』でも上原の松坂に対する風当たりはかなりきつい。上原は、〇四年のアテネオリンピックで一ヵ月、巨人の戦列から離れたときのことを記した。

「例年通りの醜いタイトル争いが行われていたように思う。僕が残念に感じたのは、パ・リーグでは西武の松坂大輔君の防御率のタイトル。大阪ドームで近鉄としての最終戦だったと思うが、松坂君が短いイニング数を投げたことがあった。僕は、うわべだけの数字を調整してタイトルを取りに行ったように感じたが、松坂君ほどの投手が、そんなにまでしてタイトルが欲しいのかと考えてしまった。後味の悪いタイトルだと思った」

だが、松坂は〇七年、二六歳というアスリートの盛りにメジャーへ移籍し大成功してみせた。一方の上原は、毎年のようにメジャーへの羨望を口の端にのぼらせながら巨人に留まり、ようやく三四歳でメジャーデビューしている。

メジャー移籍にともない、上原とオリオールズは二年総額一〇〇〇万ドル（約九億円）、出来高払いは最高額で六〇〇万ドル（約五億四〇〇〇万円）の契約を結んだ。彼は、『我慢』の中で結果については「正当に評価してもらいたい」といい、「その評価の目安として、年俸というものがある」と記している。しかし、上原の年俸は、ライバル視する松坂の六年契約五二〇〇万ドル（当時の換算レートで約六〇億八〇〇〇万円）に遠く及ばない。

しかも彼は巨人在籍二年目に故障した左太腿、三年目の右膝のケガによって年々ボルテージを落としていった。上原が巨人を去るとき、現役最高のエースといえば彼ではなくダルビッシュ有（日本ハム）だった。そればかりか巨人の大黒柱の座も内海哲也に奪われていたのだ。

と、ここまで偉そうに書いたけれど、多額のカネを眼の前に積まれて動揺しない人間はそうそう多くあるまい。私は妻へ愚にもつかぬアホ話をふる。

「バスケをやってる中三の息子に、NBAのキャバリアーズから声がかかったらどうする」

「それは名誉なことじゃない。喜んでお受けしましょう」

「んじゃ、JBLのトヨタから一〇億円でぜひっちゅうオファーがきたら？」

妻は笑いを納めた。鋭く光った眼が私を正視する。彼女の脳裏には、住宅ローンや三回も車検を通しているボロ車、床板が腐り踏み抜いてしまったウッドデッキなどが横切ったに違いない。

妻はコホンと咳払いした。

「……一〇億円、にします」

私も現実に踏みつけられ、「……やっぱ、一〇億円やな」と力なくつぶやいた。

数日後、夜半に仕事を終え、うまい日本酒をぐびりとやっている私に妻はいった。

「この前の話なんだけどさ。ほら、夢か現ナマかって究極の選択。ずっと気になっていて、あの子にきいてみたの」

「で、ヤツはなんて答えた」

「そうなったら、お父さんとお母さんには悪いけど海外でチャレンジしたいって」

私は思わずニンマリした。択一の正誤は誰にもわからない。息子の背中を押してはみても、山と積まれた現金の幻想に苛まれるだろう。でも、わが家は夢をとろう。

紆余曲折を経ながらも、ようやく上原はメジャーリーガーとなった。だが、彼はアスリートとして晩節に入っていく。太腿の裏や膝の故障も懸念材料だ。〇九年七月には右肘の腱の部分断裂で故障者リスト入りしている。全盛期に渡米していれば――上原は臍を噛む想いではなかろうか。

そんな風評を耳にして、父の隆二はエールを送る。

「あの子は、そういう星の下に生まれとるんですわ。でも、ピンチになるほど、浩治は力を出しますからね。親父としても、やってくれると期待してますねん」

父は息子をかばった。「浩治は、田舎モンが、そのまま大きくなってしもうたようなものです。派手な世界は似合わんのですわ。浩治は、ただ野球が好きなだけやのに」

上原は、大学を卒業したら高校か中学の教師になりたかったそうだ。そんな彼の前に大金が積まれ、そこから人生が思わぬ方向へ滑りだした――だからといって、何人《なんぴと》が彼を嗤《わら》えることだろう。彼ほど気持ちと現実に正直な人間もいまい。

それに上原は巨人から多額の契約金をもらいエースの地位も得た。両親にも孝行を尽くしている。巨人時代に稼いだカネは投手として破格のものだ。しかも彼は、一度捨てたメジャーへの夢を再び手中にしてみせた。こうして振り返れば、まんざらどころか実り多き野球人生といえるのではないか。

上原は、踏まれても芽吹く雑草を標榜した以上、俗物のまま生きればよい。ただ、願わくは小さくとも花を咲かせてほしい。路傍の一輪は、きっとメジャーの大輪の中で眼をひくことだろう。

第七章　浅尾美和「スポドルのジレンマ」

あさお・みわ　一九八六年二月二日、三重県出身。
二年連続で春高バレーに出場した三重県立津商業高校を卒業後、ビーチバレーに転向。二〇〇七年シーズンでは、「ファイテン・ジャパン・ツアー」で三位に入賞するも、北京五輪代表の座は逃す。ビーチバレー選手としてだけでなく、モデル、タレントとしても積極的に活動している。

1

浅尾美和の生家の前には、見渡すかぎりの田園風景が広がっている。

初夏、田に苗の緑が敷きつめられ、水面に陽光が照り返す。秋になると黄金色の稲穂が波打つ。冬から春にかけては、黒みのまさった土くればかりだ。遥かに土手を見やれば、一両編成の電車がゆるゆると眠たげに走っていく。

この彩りの変化は、都会に住む身にすれば羨望の気も揺れる。しかし毎年、四季の移ろいが、飽くことも倦むこともなく繰り返されるとなれば事情も変わってこよう。

三重県鈴鹿市の東部、彼女の実家は、最も近いターミナルの近鉄四日市駅までクルマで三〇分かかる。近年になって、期間労働者用の賃貸集合住宅が建つようになったものの、基本的に人口の流出入は少ない。家並みは間延びし、平日の日中も人影がまばらだ。喫茶店に入れば、見慣れぬ顔だと必ず誰何《すいか》される――浅尾美和はこの町に生まれ、変わらぬ風景を眺めながら育った。

「ビーチバレーをしてなければ、地元で平凡なOLになっていたかもしれない」

後年、彼女はぎこちなく笑いながらいったものだ。しかし、浅尾は地味で塗り固められた故郷から飛び立っていった。彼女が舞いおりたのは、アスリートという鍛錬と克己で成果をつかめる明瞭な土地だけではない。浅尾の半身は、魑魅魍魎がうごめくアイドルという沼地にどっぷりとつかっている。

浅尾美和を見初め、熱心に口説いたのが川合俊一だ。彼は浅尾に迫った。

「ビーチバレーなら、君はきっとオリンピックを狙える」

川合の語気に圧倒され、彼女はこくりとうなずく。

浅尾は三重県立津商高に在学中のバレーボール選手で、全国大会に何度か出場していた。しかし、チームはベスト16どまりのうえ、浅尾も身長一七一センチと身体的に恵まれているわけではない。ただ、面立ちは化粧気がなくとも愛くるしい。プレーで発散する、ひたむきさと溌剌さも新鮮だった。アスリートとしての際立ちより、むしろフォトジェニックな面で目立っていた。

そんな選手を川合はずっと探していた。浅尾はバレーボールだと五輪出場どころか、実業団入りも難しいだろう。だが川合には勝算があった。選手層の薄いビーチバレーというステージなら、この子は二重、三重の意味で大化けする。いや、させてみせる。

何より、彼には、ビーチバレーをメジャーにするための切り札が欲しかった。だからこそ、川合は浅尾にかけたのだ。決め手は、やはり彼女の容姿だった。

これまで、集められるだけのバレーボール選手の名鑑や大会パンフレットを広げて候補を選び、試合会場に出向いてチェックを重ねてきた。スタッフには、浅尾を「全体に垢ぬけせず、野暮ったい。ショートカットのせいもあり、遠目だと少年に見まがいそうだ」と懸念する意見もあった。それでも、川合は押し切った。田舎臭さは都会の水で洗えば落ちる。何より川合は、長年の芸能活動を通じて知ったアイドル製造術の威力を知っていた。川合は回想する。

「超美女ではなく、誰からも愛されるアイドルが必要でした。ビーチバレー発展のため、彼女を絶対に口説き落とさなければならなかった」

川合は二〇〇七年以来、日本ビーチバレー連盟のトップの座にあった。彼がこの競技の普及にどれだけ心血を注ぎ、邁進してきたかは後述する。川合はいう。

「ビーチバレーは、インドア（バレーボール）を引退した選手の再就職先のようになっていました。だから、どうしても選手年齢が高くなるし、フレッシュ感に欠けてしまうんです」

ビーチバレーはオフィシャルには「ビーチバレーボール」という。一九二〇年代にアメリカで発祥し、九六年のアトランタ五輪からオリンピック正式種目となった。だが、日本ではまだまだ浜辺のリクリエーション程度の認識から完全に脱却しきれていない。

日本人選手としてはアトランタ五輪で高橋有紀子・藤田幸子組が五位、シドニー五輪では高橋・佐伯《さいき》美香組が四位に入賞する健闘をみせている。しかし、その後は低迷が続いた。アテネ五輪は徳野涼子・楠原千秋組が出場し予選リーグ敗退の一七位だった。北京五輪も佐伯・楠原組が挑んだものの予選で姿を消している。世界における日本男子のポジションも女子とおっつかっつだ。

だからこそ、川合は歯嚙みする。

「ビーチは選手生命の長い競技ですが、やはりアスリートとしてのピークは二〇代半ばにやってきます。インドアの名選手がビーチに転向するのを待っていても、それでは遅い。インドアで基礎を培った一〇代の有望選手を五、六年かけてじっくり育成し、世界を相手に戦わせてホンモノにする。そうでなきゃオリンピックで勝つことはできないんです」

ビーチバレーの強豪国といえばアメリカ、ブラジル、オーストラリアなどがあがる。これらの国々にもバレーボールからの転向者がいないわけではないが、広範な競技人口をバックに若い選手の層が分厚いのは事実だ。

佐伯に逢ったとき、彼女はバレーボールとビーチバレーの差異を説明してくれた。佐伯もまたバレーボール出身だ。

「インドアの床と違ってビーチは砂地だけに、ジャンプの仕方が全然違います。インドアでは爪先でジャンプしますが、砂の上では足の裏全体を使って強く蹴らないと身体が浮かないんです。このコツを身につけるだけでも相当苦労しました。やはりビーチとインドアは別の競技ですよ」

佐伯は、かつてスポーツ誌「Ｎｕｍｂｅｒ」の「スポーツ美少女、夏の記憶号」（九四年）で取り上げられたほどの容貌をしている。しかし、彼女は浅尾のような道を選んではいない。アスリートとしての栄達しか眼中になかった。シドニー五輪後は結婚と出産を経験し、ママさんアスリートとして女子選手の新しい道を模索したことにも、彼女の信念が垣間見られる。

佐伯も一七二センチと浅尾と同じく上背に恵まれていない。だが彼女はバレーボール時代に実業団の名門ユニチカで活躍し、九六年にはＶリーグ優勝、ＭＶＰに選出されるなど大きな足跡を残している。同年のアトランタ五輪にもバレーボール日本代表として出場した。

「私は二五歳でビーチに転向しました。理由は、インドアでオリンピックに出場したものの、九位と惨敗に近い成績しか残せなかったし、私自身も納得のいくプレーができなかったからです」

それどころか、「アトランタ五輪では開会式や閉会式にも出ていない」と彼女は口をとがらせる。

佐伯は大きな眼をさらに見開いた。

「ビーチに転向したとき、私を支えてくれたのは、もう一度オリンピックに出場し、勝ち、メダルをとるというアスリートとしての喜びを満喫したい、完全燃焼したいという強い想いでした」
○九年春、彼女はトップアスリートとしての競技人生に幕を引いた。浅尾はこの先輩アスリートの軌跡と引退をどう受け止めたことだろう。ビーチバレーもまたチャンピオンスポーツである以上、アイドルと掛け持ちで勝ち進めるほど甘くはない。だが、彼女の胸中にうずまくものをかっさらうかのように、川合は強弁してみせた。
「卵が先か、それともニワトリなのか。ここのところは僕も本当に悩みぬきました。そうして、マイナースポーツをメジャーにするには、ときにはカンフル剤も必要だと結論づけたんです。それが美和のやっているアイドル路線です」

高校を卒業した浅尾は○四年にビーチバレーデビューを果たした。最初は斯界の第一人者だった高橋有紀子と、次いで清家《せいけ》ちえ、さらに西堀健実《にしぼりたけみ》とペアを組んできた。それぞれ八歳、ひと回り、五歳差というぐあいに年長者のベテランばかりだ。彼女たちは、選手として未完成の浅尾をサポートしリードしてくれた。しかも浅尾は、川合の目論見どおりに〝ビーチバレーの妖精〟と呼ばれるようになり、アイドルの座を射止めた。いきおい、ペアへの注目度は一方的に浅尾へ偏る。勝利の手柄も持っていかれる。それをも了承し、呑みこめなければパートナーは務まらない。川合の目配りがあってのペアリングだった。

2

浅尾美和人気は〝スポドル〟ブームが後押しした。

〇八年、ホリプロが大手フィットネスクラブチェーンの「セントラルスポーツ」と共催で運動美人のスカウトに乗り出した。〇八年度のミス日本やミスユニバース日本代表も、体育学科に在籍している。鍛えた肉体、健康美の魅力やスポーツが与える感動だけでなく、強さと可愛らしさ、セクシーさなどがスポドルたちの人気の秘密だ。

浅尾のようなスポーツ側からのアプローチのみならず、タレントの分野からの参入も目立つ。ホノルルマラソン挑戦を機にランニングへとベクトルをシフトしたタレントの長谷川理恵や、浅尾と並んでアディダスの販売促進のキャラクターとしてフィーチャーされているモデルのSHIHOなどがその好例だ。スポーツという調味料がまぶされると、健康美やストイックさはもちろんのこと、さっぱりとした清潔感と開放的なイメージまでが付与される。これは男の目線を集めるだけでなく、女の支持を得るための良薬ともなるからおもしろい。

しかもここにきて、アイドル活動に重きをおかなくても、アスリートがスポドル扱いされるようになってきた。本書の第二章で取り上げた浅田真央は、軸足が百パーセント競技にあるのにトップのスポドルとも認められている。ただ、真央には芸能人の醸す胡散くささがない。アスリートとしての圧倒的な強さがそれらを払拭してくれる。

その点、浅尾の立ち位置はどうだろうか——ことの善悪はさておき、彼女ならではの微妙なポジショニングがみえてくる。まず、アイドルとしての側面だ。「超美女ではなく、誰からも愛される」という川合の狙いは的中した。加えて、ビーチバレーという競技の特質が作用する。ビーチバレー人気はコスチュームなしに語れない。ビーチバレーの水着はセパレートなうえ、ショーツのサイドが七センチ以下と規定され、かなり肌が露出するようになっている。スパッツの許容される大会もあるが、水着着用を義務づけられる試合が圧倒的に多い。〇九年、元バレーボール日本代表の菅山かおるが、三〇歳にしてビーチバレーへ転向してきたときも、マスコミの興味はビキニ姿に集中した。

〇九年四月六日付の日刊スポーツの見出しはこうだ。

「かおる姫　脱がず　勝てず」

記事も試合内容ではなくコスチュームの話題で埋まっている。当然、純粋にこのスポーツを愛しているファンもいるだろう。ところが、世間どころかスポーツマスコミがビーチバレーをどうとらえているかは明白だ。そんな、ビーチバレーが抱える下世話なエロチシズムについて、浅田真央の章でスポドルについて論じてくれた中森明夫が皮肉をたっぷりきかせていう。

「ビキニでするスポーツという発想自体が、フィギュアスケートや新体操より、ずっと新鮮でエッチ。ビーチバレーの発案者は天才じゃないですか」

選手たちはカメラ小僧の標的となる。このウェアのせいで、有望な女の子がビーチバレー選手になることを敬遠している可能性もあろう。運営側は、盗撮の取り締まりに躍起になるだけでなく、〇九年には週刊誌の取材も一時的に禁止した――とはいえ、ビーチバレーならではのコスチュームこそが人気の要因なのだから、その意味では自殺的行為であり、この競技の存在意義にもかかわる大問題だ。傍から見ていると、撮る側と禁止する側の関係はどこか空々しい茶番じみてもいる。

私が浅尾に取材した〇六年一一月、彼女はすでに、胸元や下半身をレンズで狙われていた。それにもかかわらず、彼女は明るく健気にいい切った。

「試合会場に来てくださるファンの存在が、私にとって大きなパワーなんです」

浅尾のアイドル活動は順風満帆といっていい。売り出し当初こそ、アスリート紹介番組はノーギャラ、別の番組ではナースのコスプレまでさせられるなど、ひどい扱いを受けていたが、メディアの力を利用してファンを増やしていく。

前後して彼女は次々と青年誌のグラビアを飾った。〇七年一月に出版された彼女の写真集や同年二月発売のＤＶＤ（ともにタイトル『ａｓａｏ　ｍｉｗａ』）は各三万部を超える大ヒットとなり、アイドルとしての存在感を明確にした。何しろ、人気グラビアアイドルでも一万部で成功といわれる業界だから、彼女のケースは異例の売れ行きだ。

ＣＭ出演も、〇七年に三本だったのが、〇八年は四本に増えている。サントリー、サンヨー食品、パナソニック、ホンダ、アサヒビールなどが彼女を起用した。大手広告代理店社員によると、「ギャラも一本二〇〇〇万円だったのが、四〇〇〇万円へツーランク躍進しています」とのことだった。テレビ番組制作会社幹部に試算してもらうと、浅尾ビジネスは「年間で約一億五〇〇〇万円」の規模だ。しかし、代理店社員は苦笑した。

「浅尾は北京五輪出場を逃し、世界ランク六〇位あたりをうろちょろしているB級アスリートです。松坂大輔やイチローならともかくこの価格は大健闘ですよ」

彼女のスポンサーには、かつて健康食品を販売する『ハーバライフ』が名を連ねていたこともある。この会社は、消費者問題に詳しい紀藤正樹弁護士をして、「ハーバライフは典型的な連鎖販売取引、つまりマルチ商法的なビジネスをする会社です」といわしめた企業だ。

〇九年になって、ハーバライフの名こそ浅尾のウェアから消えた。しかし一社スポンサーがなくなっても、浅尾ビジネスは快調そのものだ。テレビ番組への出演のほか、ビール会社や旅行代理店の広告での露出ぶりも目立つ。浅尾美和の名は、まずアスリートとしてよりもスポドル路線の顕著な成功例として記憶されることだろう。キー局のテレビマンは川合の戦術を高く評価した。

「彼女の所属事務所と放送局の思惑が見事に合致しました。写真集は扶桑社、DVDがポニーキャニオン、テレビで浅尾人気を煽ったのがフジと、いずれも系列会社です。川合はフジでレギュラー番組をもっていましたから、このあたりのコネ活用術はさすがです」

テレビ業界関係者を回ると、異口同音に川合とフジテレビの強い関係を示唆する。また、彼の営業手腕を認める声も高い。

「川合君は芸能界で評判いいよ。一緒に銀座や六本木で飲んでも、さっと自分で支払いをすませてしまう」

川合を知る大手芸能プロ社長は、ニヤリと笑った。

「それが、何倍にもなって返ってくるのがこの世界だということを、川合君はよく知ってるんだ」

アスリートとアイドル——二つのベクトルはすんなり融和しそうに思えて、その実、なかなか合致点が見出せない。バドミントンの〝オグシオ〟こと小椋久美子と潮田玲子のペアを取材したとき、有力なバドミントン関係者は烈火の勢いでまくしたてた。

「オグシオを浅尾選手と同じにしないでください。オグシオの芸能活動は、あくまでもバドミントンの普及と広報の一環でしかありません。オグシオはアスリートとしての活動をメインにしているんです。選手として強くなければ何の意味もない。いいですか、オグシオは世界ランクで五位までいきました。北京五輪にも出場しました。いっちゃ悪いですが、浅尾選手の戦績はどうでしょう。オグシオと同列に論じること自体、おかしいんじゃないですか」

振り返ってみれば、古くはブロンドとモデルなみの容貌で売った、ゴルフのローラ・ボーにはじまり、スポーツ界にはアイドルとして生きてきた選手が存在する。彼女たちはおしなべて美人だったり可憐だったり、色香で抜きん出たりしていた。だからこそ、広告塔になりえたのだ。特にマイナースポーツほど効果は高い。ただ、こういった選手の大半が、アスリートとしての絶対的な強さと程遠かったのも事実だ。極端な話、スタート時点から、名選手であるよりアイドルで突き進むレールが敷かれていた。だからこそ、彼女たちは人気を得ながらも軽佻《けいちょう》と蔑まれ、真摯な敬意を受けることはなかった。しかも、それらの状況が浅尾にもことごとくあてはまる。

浅田真央や安藤美姫、オグシオ、福原愛らの登場でそれぞれのスポーツは飛躍的に観客動員数を伸ばした。昭和四〇年代半ばのボウリングブームを引っぱった中山律子の例もある。彼女たちが果たした、競技人口の底上げへの貢献度も見逃せない。だが、アイドル効果はえてして一代限りで終わってしまうものだ。カンフル剤にはなっても、恒久的な定着にならない。そこにスポドル路線の落とし穴がある。

何より、浅田を頂点としてオグシオや福原たちは結果としてスポドル扱いされながらも、世界に伍して勝負を展開している。逆の発想をすれば、浅尾もアスリートとして強くなりさえすればいい。浅尾につきまとう、あやふやでどっちつかずな、ぬるい印象を払拭するにはこれしか方法はあるまい。

だが、選手としての彼女は苦境にある。

バラエティ番組に出演し、グラビアを飾ることで人気だけは飛躍的に上がった。会場にはファンが詰めかける。とはいえ、人気に比例するとはいいがたい成績が、浅尾に重くのしかかる。

デビューした〇四年は、ジャパンレディースで三位、ワールドツアーイタリア、ブラジル大会の本選出場が目につく。〇五年は、宮古島大会をはじめ、ファイテンＪＢＶツアー松山大会、福岡大会、お台場大会でそれぞれ三位、七月にはワールドツアー日本大会本選ほかポルトガルとフランス・パリ大会に出場した。〇六年もファイテンＪＢＶツアー東京大会三位、翌年には同大会第一戦から五戦まで連続して三位、ビーチバレージャパン＆マーメイドカップでも三位だった。

〇八年から釜山アジア大会優勝の渡辺聡をコーチに据え、北京五輪出場を目指して国内から世界転戦へシフトしたが最高位で二五位、ほとんどの大会で四〇位以下と成績は伸びなかった。結局、北京五輪出場はかなえられていない。もっとも、選手としての参加は無理だったが、北京では日本テレビ系列のレポーターとなり、アイドルとしての業務をこなしていた。ビーチバレーに詳しいライターは指摘する。

「国内三位というのが浅尾組の実力であり定位置でした。北京五輪代表の佐伯・楠原組の引退で順位はひとつ繰り上がりますが、二番手の田中姿子《しなこ》・小泉栄子組の強さは圧倒的で、浅尾ペアはちょっとやそっとでは勝てない」

先にふれたが、菅山かおるの転向も美和にとって脅威だろう。

「大友愛（現姓山本）にも打診があるようですから、浅尾はうかうかできません」

3

ここで視座を変え、川合俊一という人物から浅尾美和を照射してみよう。

川合は明言している。

「ビーチバレーのためなら、なりふり構わない。批判にビビって動かず、チャンスをふいにしたくない。美和をアイドル路線に乗せたことだって、すべてはビーチバレーをメジャースポーツにするためなんです」

川合とビーチバレーとの宿縁について、本人が語った。

「九〇年のバレーボール引退後、アメリカ西海岸で暮らしてたんです。そこでビーチバレーに出会いました。あっちでビーチバレーは大人気スポーツ、片田舎の砂浜にもコートがあります」

川合は新潟県糸魚川《いといがわ》市出身、明大中野高校から日体大へ進み、八五年に富士フイルム所属となった。一九五センチの長身で、バレーボール時代は名選手として鳴らした。日本代表の主将を務めたほか、八四年のロス五輪と八八年のソウル五輪に出場している。現役当時、川合は前髪を垂らした独特の髪型で女性ファンを魅了し、大人気を博した。九〇年にビーチバレーのプロ選手へ転身、〇七年から日本ビーチバレー連盟会長職にある。

もっとも、今日の川合の知名度がタレント活動によるものだということは、衆目の一致するところだ。

「僕がビーチバレーを始めた頃は〝ビーチボール〟と混同され、オモチャのビニール球でやるもんだと勘違いされる始末でした。もちろん、まともにビーチバレーが楽しめる砂浜なんてひとつもありませんでした」

川合はそんな環境下の日本で、ひとり声高に「浜辺でビーチバレーができないなんてカッコ悪いといわせたい。オレは必ずビーチバレーをメジャースポーツにしてみせる」と息巻いた。日本中に一〇〇〇面のビーチバレーコートを設営する計画は、川合の発案だ。周囲は彼を、ロバにまたがり風車へ突進するドン・キホーテになぞらえ、冷たく笑った。

だが、川合は本気だったのだ。彼はまず、神奈川県平塚市にコートを設営しようと、週の半分ちかく通いつめ、三年間も手弁当で大会を開催してきた。最初は胡乱《うろん》げに遠巻きにして観ていた人々が、やがて声援を送るようになった。

「平塚市はビーチバレーの常設コートに及び腰でした。それは、ビーチバレーがマイナースポーツだからです」

川合は叫ぶように市の担当に詰め寄った。

「じゃあビーチバレー人口が増えて、メジャースポーツになれば動いてもらえるんですね」

川合は各地の高校や大学にも出張って熱血指導を繰り広げる。もちろん無償の行為だった。こんなことは、なまなかな決意でできるものではない。川合はぐいと胸を張ってみせる。

「現在は三〇〇面近いコートが誕生しています。高校や大学の部活動にも火がつき、競技人口は一万人にまで増加しました」

なぜビーチバレーなのか。どうしてカネにもならない奉仕活動を続けるのか。テレビでタレント業に励んでいたほうが、よっぽど実入りはいいのではないか。

「インドアは僕の出る幕がないほど、指導者も競技施設も整っています。競技人口だって小学生からママさんバレーまですごい数です。僕はアスリートとしてずっと大きな目標をもってやってきました。引退したあと、ぽっかり空いた心の穴を埋めてくれたのがビーチバレーなんです。確かにタレント活動も併行していますが、僕はやっぱりアスリートとしての部分も忘れたくない」

ビーチバレーが九六年に五輪種目となったことは書いた。だが、組織的にはバレーボール協会の内部団体でしかない。それゆえ、ビーチバレーに対する企業協賛金がいったん協会に入ったり、思うように強化費が捻出されないなど、川合がかこってきた不遇や不満はつきない。

「それもこれも、やっぱりビーチバレーがマイナー競技だからです。悔しいけど、いまはガマンするしかありません」

バレーボールが国際大会ごとにテレビ中継され、大会場を観衆で埋めるのは周知のことだ。しかも、ワールドグランドチャンピオンズカップ、ワールドグランプリ決勝ラウンドなど主要大会の多くが日本で開催される。

マイナースポーツの悲哀は賞金額にも反映される。ビーチバレーの国内トップ大会「ファイテンJBVツアー2008」ですら、優勝賞金は五〇万円、二位が三〇万円、三位で二〇万円、賞金の出る最低ラインの九位にいたっては二万円しかない。一方、欧米各国を中心に開催されるワールドツアーの賞金は、決勝トーナメントに残った二五位以内に与えられる。通常大会の優勝賞金が二万八〇〇〇ドル（約二八〇万円）、二五位でも三五〇〇ドル（約三五万円）、グランドスラム大会になれば、優勝賞金は四万三五〇〇ドル（約四三五万円）だから国内大会とはケタが違う。

すでに書いたように、浅尾が挑む世界の壁は厚く険しい。海外遠征費が出るのは強化選手（日本ランク一位ペア）だけで、彼女たちはそこにも届いていない。浅尾がスポドルとして稼いだカネは、大半が強化費と遠征費に回っている。つい最近まで、浅尾ペアは海外遠征のホテルを自分で予約し、マネージャーやコーチの付き添いもなく、たった二人きりで飛行機に乗っていた……。

浅尾がデビューしてからの二年間は、ほとんど川合の財布からの持ち出しだった。浅尾ひとりではなく、ペアの相手やコーチのギャラ、交通費、保険料にいたるまですべて川合がタレントとして稼いだカネから捻出した。こんな状況も踏まえ、彼の話には一層熱がこもる。

「世界一の選手を育成するのは、時間がかかるしカネもいる。でも、万人受けする〝ビーチアイドル〟を発掘するのは、さほど難しくはない。とにかく、メディアの力を動員しないと、マイナースポーツはメジャーになれません。浅尾美和は、そのための大事な柱です」

だが現在のところ、浅尾は完全にビジュアル先行で成績が追いつかない。これがいろんな意味での浅尾批判の要因となっている。テレビ番組制作会社幹部によれば、地上波テレビ局が中継に二の足を踏むのも、「浅尾人気はわかるが、五輪でのメダル獲得の現実性を考えると話にならない」からだ。スポドルについて言及してくれた中森も手厳しい。

「浅尾には、北京五輪へレポーターじゃなく、選手として行ってほしかった。レポートするときだって、どうせなら水着姿になるべきです。普通のファッションだと、色の黒いOLって感じだし、水着以外の浅尾は意味がない」

浅尾のレポーターぶりは、お世辞にも良いできとはいえなかった。機転が利かないことは致命的だし、「すっごい」「楽しい」の繰り返しでは素人と変わりない。このままだとバラドル転出は無理だろう。スポーツコメンテーターとしてもかなり勉強しないと苦しい。やはり、アスリートとしての成長に力を注ぐべきだ。

川合にとっても浅尾の伸び悩みは痛い。彼は冗談交じりでいった。

「ブラジルの一九〇センチの強豪選手を帰化させて美和と組ませましょうか。インドアの木村沙織を転向させるのもいいかな」

木村は現役のバレー日本代表で、オールラウンドプレーヤーとして評価が高い。そこまでしないと、浅尾と世界の距離は縮まらないのか——しかし、川合は決して彼女を見放したわけではないと明言した。

「スカウトしたときから、選手のピークを一二年開催のロンドン五輪、いえその次のオリンピックと見据えて指導しています。タレント活動のギャラだって、強くなるのに欠かせない海外転戦にかかる莫大な費用にあてています」

川合は愛弟子の課題についてこう話す。

「守備面につきますね。打つほうはだいぶよくなったから、打たれてからのブロック、レシーブを強くしないと。サーブの時点から、相手のスパイクをどこに打たせるか、罠を張るぐらいのしたたかさもほしい」

ちなみに浅尾本人は「メンタル面の強化」をあげている。

ところが川合の憂いはこれだけではない。浅尾人気が少しずつ翳《かげ》りをみせているからだ。〇八年五月、大阪であったワールドツアー日本大会は、有料席を五日間で一万五〇〇〇席用意したのに、入ったのは九〇〇〇人だけだった。

事務所移籍も火種のひとつだ。浅尾は、川合が社長の「ケイブロス」に所属していたのに、〇八年二月「エスワン」へ移った。エスワンは川合の高校の後輩で、彼のマネージャーとして仕えてきた曽根康浩が代表だ。業界では、川合と曽根の不仲説や金銭がらみの確執が噂になった。

もっとも、このことを川合に質《ただ》したら、彼は一笑に付した。

「連盟会長の事務所に選手が所属するのもヘンでしょ。エスワンとは業務提携していますし、曽根との関係も良好です」

移籍の陰には、ビーチバレー利権をめぐる、テレビ局や芸能界の思惑が複雑に絡んでいるという指摘もある。キー局の運動部デスクは声をひそめた。

「浅尾の五輪レポーターは、本来なら川合がらみでフジに落ち着いていたはずです。ところが、日本テレビとテレビ朝日も参戦したことで事態は混乱しました」

結局は日本テレビが浅尾を獲得したことで、川合の思惑は外れ、逆にエスワンと日テレの関係が強化されたとする芸能関係者は多い。だが、話はそれだけで済まないから、ややこしい。浅尾争奪戦が繰り広げられたのは、彼女の存在や人気云々《うんぬん》より、ビーチバレーの次の局面を睨んでいるから——局の狙いは、ビーチバレーとタレントを合体させ、第二のフットサルの展開に持ち込むことだという。

フットサルは主に室内で行われる〝ミニチュア版サッカー〟だ。一チームのメンバーは五人以下、ピッチのサイズもサッカーより小さく女性でも気軽に楽しめる。芸能界では、「モーニング娘。」を擁するアップフロントエージェンシーが、フットサルに着目しビジネスモデルを確立した。テレビ局のプロデューサーは、〝芸能人フットサルビジネス〟を、「企業協賛金や入場料、グッズ販売、ファンイベント開催、海外ツアー、『モー娘。』と食事できる特別会員費などで利益を得る、五億円規模のおいしい商売」と試算してみせた。

「現状でビーチバレーに視聴率を期待するのは無理です。でも、ビキニ姿のグラドルが出て、砂浜でくんずほぐれつしたら、これは使えますよ。水着が外れ、おっぱいがポロリとなることもあるでしょうし、往年の〝芸能人水上運動会〟のようなお色気コンテンツが期待できます」

ビーチバレーは、六本木ヒルズで大会が催されているように、都心部でも砂を敷けば会場設営ができる。衣装代も安くすむ。早くも、有力芸能プロダクションが手を上げているという。川合も、「ビーチバレーの前座に、グラドルの試合をもってきてもいい」と前向きな発言をしていた。

彼はこんな計画も口にした。「やっぱり、浅尾ひとりでビーチバレーを牽引するには無理がある。第二、第三の浅尾美和をスカウト中です。実は、もう目星もつけています」

浅尾人気で引っ張って、限界と見たら二番手、三番手と交代――しかし、これでは浅尾の立つ瀬がない。しかも、ビーチバレーというスポーツは、観るよりもやって楽しい競技なのではないか。それなら、川合はいたずらにポスト浅尾を仕立てて前面に押し出すより、初心に戻り、地道に草の根運動的な競技人口増加のキャンペーンを張ったほうが得策というものだ。

スポーツ界には「記録に残るより、記憶に残る選手」という喩えがある。現状のままなら、浅尾には人寄せパンダとしての印象だけが刻まれることになってしまう。

4

浅尾には兄二人と一人の弟がいる。〇八年九月には高三だった妹が交通事故にあって死亡した。両親は九一年に離婚、子どもらは父方に身を寄せ、美和が一一歳のとき新しい母を迎えた。近所の話だと、「実母は紺野美沙子似の色白美人」という。

鈴鹿市にある彼女の実家で父・令志と逢った。長身のうえ細身、小さな顔に大きな瞳と父子の外見には共通点が多い。何より、父もバレーボールの選手だった。

「美和がバレーボールを始めたのは小学二年生からです。特別に私がすすめたわけでもないんですが、すぐ夢中になりました」

父はすっと眉をあげていった。

「当時、家の中が前の嫁のことでゴタゴタしてましたから、親としても娘がスポーツに打ち込んでくれるのはありがたかったです。これであの子がグレたりしたら、もう眼もあてられんことになってたでしょうから」

とはいえ、令志の口調は終始穏やかだった。

「津商に入って一年生で春高（全国高等学校バレーボール選抜優勝大会）に出場しました。川合さんから声をかけていただいたのは、このときが最初だったそうです。正式にビーチバレーに転向しないかと打診をいただいたのは、高三になってからでした」

父は、できれば娘が実業団に入ってバレーボールをすることを夢見ていた。だが、身長の低さゆえに、これはかなわぬことだと諦めかけてもいた。それだけに、ビーチバレーに進めば競技は違えどアスリートとしての道を拓いてゆける。

「川合さんは『ロンドンオリンピックが本番です。それまでは絶対に、何があっても僕が責任を持って面倒をみます』と力強くいうてくださいました」

だが、家族の意見は分かれた。継母の反対があったからだ。

「嫁は、美和がスポーツで生きていくことに反対やったんやないんです。バレーボールやったらいいけど、ビーチは水着でしょ。美和をそんな格好にさせたくないというんです」

兄や妹たちに先がけて、継母をまっさきに「お母さん」と呼んだのは浅尾だ。腕を組んで一緒に買物に出かけたり、父にはいえない相談を持ちかける先も母だった。しばらくして弟が誕生したときも、浅尾がいちばん喜んだ。いまでも帰省するたび、まだ小学生の弟と一緒にお風呂に入るという。普段はやんちゃ坊主だという弟は、人見知りするのか私の前ではおとなしかった。でも浅尾のことを尋ねると、大きな声でいった。

「僕、お姉ちゃんが大好き」

母と彼女の話し合いは続いた。母は当時のことを述懐した。

「美和ちゃんはビーチバレーでがんばりたいっていいました。あの子はしっかりした考えを持った娘です。美和ちゃんが決心したのなら、私も反対はしません」

ただ、川合は両親にこのことをはっきりと伝えた──「ビーチバレーで強くなるにはお金が必要です。資金を得る方策として、娘さんにはアイドル活動をしてもらいます」

父は娘のことを、「何をやらせてもドンくさい。バレーボールと長距離走以外はスポーツも全部ダメ」といって苦笑した。

「でも、美和は何ごとに対しても本当に一生懸命にとりくみます。バレーだって努力してようやく人並みになれたんです。高校時代のトレーニングを一度だけみたことがあったんですが、親としては途中で眼を覆いたくなるほどのハードなものでした。責任感も人一倍強い子ですから、キャプテンに選ばれた以上は倒れてでも練習をまっとうしようと決意してたんでしょう」

そんな父の横で、母は言い添えた。

「美和ちゃんほどまじめな子もいません。この人（令志）は躾に厳しくて、美和ちゃんが高校を卒業するまで外泊は絶対禁止でした。中学でも門限を六時にしていたくらいなんですが、美和ちゃんは不平ひとついわんと、ちゃんと約束を守ってくれました」

浅尾家では夕食は家族全員が揃って、その日の出来事を報告しながらとっていた。食卓には笑い声がたえなかった。なるほど、この家は豪邸ではないし、リビングに並ぶ調度をモダンとかおしゃれといえない。だが、そこには団欒のあたたかさがしっかりと根付いているように思えた。家族がひとつになって、はじめて醸せる匂いがするのだ。そこかしこに飾られた浅尾の写真も、家族と一緒のときはグラビアよりずっといい表情をしている。

父は変わらず落ち着いた声でいった。

「美和は自分でビーチバレーを選びました。選んだ以上は、ええかげんな結果には終わらないと信じています」

私は、浅尾にインタビューしたときのことを思い出した。

「ビーチバレーをやってよかったのかな。どう思う？」

彼女は日焼けした顔をほころばせ、無邪気に「ハイ」と即答したものだ。

屈託と毒気、覇気はもちろん、愁いの欠片《かけら》すら見つけられない、のっぺりとした表情が今も忘れられない。しかし胸中には、父も期待する奮起への決意がしまいこんであるのだろう。

浅尾美和のようなケースをシンデレラ・ストーリーと呼んでいいものか――だが、少なくとも彼女が、まだガラスの靴を見つけられないでいることだけは間違いあるまい。今後も浅尾がアイドルとアスリートの微妙な境目を漂うのなら、いち早く岸辺をみつけるべきだ。鳥なき里のコウモリにどれだけの価値があるものか。

浅尾美和には、今こそアスリートとしての価値を発揮し大きな翼を羽ばたかせてほしい。

第八章　福原 愛「岐路に立つ陶磁器人形」

ふくはら・あい　一九八八年一一月一日、宮城県出身。
三歳より卓球を始め、五歳のときには全日本卓球選手権
バンビ（小学二年生以下）の部で史上最年少優勝を達成。
一四歳で世界卓球選手権の日本代表に選ばれる。二〇〇五年に
中国のプロリーグに参加し、遼寧省チームなどで
プレー。五輪には〇四年のアテネ大会、〇八年の北京大会に出場し、
アテネ大会ではシングルスベスト16に進出した。全日空に
所属しながらも、早稲田大学に在学中。

1

自我、主張、反発、ロマンス……ひとり娘は、青春のエッセンスを矢つぎばやに投げつけてくる。父親は気が気ではない。ボヤき、嘆息し、あたふたする——親なら誰もが経験するシーンが、いま福原家でも繰り広げられている。

福原愛は三歳九ヵ月から卓球をはじめた。一九八八年生まれの彼女は、二〇〇八年にようやく二〇歳になったわけだが、すでに一六年以上ものキャリアを重ねている。彼女は、幼すぎるデビュー当初から、卓球という競技の枠を超えた存在だった。そうでありながら、決して軸足を卓球から外していないところが、福原愛をしてアスリートたらしめている。今後もこの路線は堅持されるだろう。

娘に卓球を与え、ひたすら邁進させたのは他ならない父の武彦だった。卓球とは何かと問うても、今となっては父どころか娘も簡単に回答できまい。それほど、卓球は愛の中で肥大し、日常に密着してしまっている。全人格、全生活のほとんどを卓球が占める——ところが、愛は遅まきながらの反抗期を迎え、子どもの頃なら封印できたはずの自己主張に目覚めてしまった。それは父娘をめぐる一ページとしては微笑ましくもあるが、一家をになう大黒柱の動向だけに深刻でもある。まして、アスリートとしての彼女は北京五輪、〇九年春の世界選手権横浜大会でメダルへの期待にこたえられなかった。愛をめぐる微妙かつデリケートな揺れが、そのまま彼女だけでなく福原家の歩む道や日本の卓球界を左右していく。

たとえば、愛は大学進学にあたって強硬だった。秋田に住む早稲田大の有力OBは、武彦から愛の進学問題について相談されている。ちなみに彼は武彦の古い知り合いだ。

「両親は、『愛が早稲田か慶應に行きたいといってきかない。困りました』と泣きついてきました」

彼女の学力がどの程度なのかはわからない。本人は「得意科目は国語で、好きな学科が数学」といっている。家庭教師もついていた。だが早慶となれば、おいそれと合格できる大学ではない。ただ、両校とも運動選手に対して門戸を開いている。愛はそこに眼をつけた。一般入試ではなく、早稲田大の「トップアスリート入学試験」を受け〇七年にスポーツ科学部に入学を果たした。試験は学科ではなく書類審査と面接だ。早大はこの試験の趣旨を説明している。

「スポーツ科学に強い関心を持ち、在学中あるいは卒業後にトップレベルの競技スポーツ選手として、国際大会で活躍し得る者の入学を期待しています。そのため、出願資格は出願時点で五輪や世界選手権などの国際的レベルの競技大会への出場経験、もしくはそれに相当するレベルの競技能力を有することとしています」

何より愛が早慶というトップブランドに固執したことが興味深い。中央大や大正大、東京富士大、日体大など女子卓球部の強い大学はいくつもある。大学選びにも愛の自意識が作用しているはずだ。まして、彼女が学んでいた青森山田高校の上には青森大学があるではないか。そこに進学するのが順当な道というものだろう。青森山田高校の木村隆文校長はいっている。

「福原のおかげで大いに校名があがりました。もちろん入学金、授業料とも免除の特待生として遇しております。当然、私どもは青森大に進んでくれると信じていたのに……でも、福原の強い希望ということですから、これぱっかりは仕方がありませんな」

校長は、それでも未練たっぷりだった。

「青森大では中学、高校以上の待遇も用意してたのに、それを早稲田に行くなんて。今でもがっかりしていますよ。本当に残念です」

武彦にしても、高校や青森大学に対して面目が立たないことは重々承知のうえだ。しかし娘の意思は固い。

「仙台で生まれて大阪へ行って、その次は青森で暮らしてきたけど、お父さんは一生このまま青森で暮らしていくの？　ここで骨を埋めるつもりなの」

愛は切々と武彦に訴えた。「私は、一生のうち一度でいいから東京に住んでみたい」

武彦は答えに窮し、娘の真情を推し量る。彼は、ぽつりと独白した。

「結局、私は甘い親父です」

愛は二年生となった〇八年、関東学生リーグ戦に出場し早大卓球部の優勝に貢献している。ところが、三年生になったとたん彼女の名は登録リストから消えた。この事実が一人歩きし、休部あるいは休学という報道まで飛び出してしまった。この話をふると、武彦は痛し痒しの態だった。

「ロンドン五輪を目指す以上、いまは何が重要かを考えました。卓球協会や実業団、大学側の関係者にも相談して、学生の試合はとりあえずお休みさせていただき、日本リーグやプロリーグの試合に照準をあわせることにしたんです」

〇八年一一月、「ＦＲＩＤＡＹ」が報じたテニスの新星・錦織《にしこり》圭との恋愛問題も、娘の成長と変化を否応なしに痛感させた。

「錦織君に、そんな感情を持っているとは知らなかった」

武彦は困惑した。これも、娘を持つ父としてしごく当然の反応ではある。

成人した愛は、色白でぽっちゃりした娘さんになった。だけど、多くの人々の網膜には幼かった頃の姿が焼きついているはずだ。そのへんの感覚は親戚の子に似ている。万人にとって、これだけ親近感があるアスリートはそうそういない。だが、どれだけ立派に成長しても、「へえ、あんなにちっちゃかったのに」という枕詞つきで語られてしまうのは致し方なかろう。

愛はおとなしそうだし、笑顔にもどこかぎこちなさが漂う。それでも、錦織との恋を積極的に主導したのは彼女というから、人は見かけによらない。熱愛発覚後、欧州遠征から帰国した彼女は報道陣を前に表情をこわばらせている。

「どうも、このたびはお騒がせして申し訳ございませんでした」

スポーツニッポンは、「迷惑をかけた周囲には謝りたいとの気持ちが、異例の謝罪となり」と報じた。記事の語調だと、ずいぶん大人びた対応に受け取れる。でも、映像で顛末をみたかぎりでは首をひねってしまった。彼女の態度といい声のトーンといい、せっぱ詰まってふてくされ、頭をさげている中学生にしかみえない。反抗期の子どもがいる親なら、毎度おなじみの光景であった。つっぱってはいるけど、まだまだこなれていない——私のようなオッサンにすれば、苦さの混じる、ほほ笑ましさというところだ。

〇八年九月にあった関東学生リーグ戦に彼女が出場したときのことも思い出す。最終日、早大優勝を決めた愛は記者会見に臨んだ。物言いに残る幼さと、マイクを置いたとき表情に浮かべた一片の曇りが印象深い。会見後、愛は親が雇った練習パートナーの章篠琳《ジャンシャオリン》を探し求め、自ら手を差し伸べ固く握った。幼児のような行動に肩をすくめながらも、私は声をかけた。ところが愛は、急に大人びた様子で眉をひそめ、堂々かつぴしゃりと言い放ったのだった。

「個別取材はお断りです」

私は唖然としたまま、彼女の後姿を見送るしかなかった。

2

愛の足跡は卓球一色に染め上げられている。彼女は己の半生を再確認するかのように、座右の銘として「一意専心」をあげた。そこには健気さだけでなく、諦観めいたものが漂う。どこか、異物を飲んだような胸苦しさを禁じえない。

その要因として、彼女の前半生に親の意図や思惑が色濃く反映されていることがある。これまで、愛の行動を規定し路線を決めてきたのは父親の武彦だった。武彦はまさに家長であり圧倒的な権限をもつ。父はアスリートたる娘の展望と方向づけから、コーチの選任やトレーニングパートナーの選択、トレーニングメニューの細部にわたるまで全権を掌握している。愛にまつわるビジネスの統轄も然り。地震、カミナリ、火事と並ぶおっかないオヤジ……現在ではちょっと珍しい父親像が武彦にかぶさっていく。娘は父について話している。

「一番怖いのはお父さん。絶対に逆らえません」

武彦はこともなげにいった。

「父親である以上は娘を守って、守って、守り抜く決意です。それだけでなく、娘に必要とあらば愛のムチも使います。厳しく接して当然という気持ちでいます」

福原家の団結力は強い。父、母、娘だけでなく、夫と妻という家族関係の連携も明確だ。武彦は話す。

「私が怒って娘が泣く。妻はそっと娘のそばへいって慰める。こういうパターンですね。でも、妻は決して私のやり方を否定しません。お父さんのいっていることは正しい、しかも愛のことを思って怒っているんだと、いい添えてくれます」

福原家は長らく宮城県仙台市に居を構えていた。現在は都内に本拠を置いている。四二年生まれの父、その一〇歳年下の妻・千代、愛と兄・秀行の四人家族だ。兄と妹は一〇歳離れている。

両親はまず兄に卓球の英才教育を施した。武彦は茶目っ気たっぷりにいっている。

「兄貴は空手をやりたいというんで、小学生時代は道場へ通わせてたんです。けどね、親より腕っぷしが強くなられると大変でしょ。だから中学一年の秋に辞めさせたんです。僕は空手以外ならなんでもよかった。それが卓球になったのは——多分、妻が卓球がいいんじゃないっていったからですね」

卓球経験のある母親が指導にあたるだけでなく、中国人コーチを雇い、近所づきあいのあった元全日本チャンピオンの佐藤利香を家に招いてもいる。福原家は近所でも評判の「卓球熱心な一家」だった。中でも武彦は息子の英才教育にのめりこんだ。武彦はこともなげにいう。

「強くするには普通じゃダメ。息子の靴に鉛で重量を増したインソールを入れさせてフットワークを強化したり、早朝練習なのに起きないと頭から水をぶっかけたりもしました」

武彦はビデオでチャンピオンたちの動きを解析し、細かなテクニックの研究を続けた。しかも、片手間ではなく真剣に取り組むのだ。

「うん、自分でいうのもヘンだけど卓球には眼が肥えたと思います。だから、コーチとも指導法でよく揉めましたよ。だってこっちは日本や世界のトップの技術をどうやって息子に注入しようかと意気軒昂なのに、コーチは普通の中学生を教える構えなんだもの」

武彦は息子に「とにかくドライブを磨け」と指示し、その戦略は功を奏する。兄は中三で宮城県の中学チャンピオンになった。だが、父はそっけない。

「ドライブだけが武器だと、しょせん県チャンピオン程度ですよ」

やがて彼の視線は息子ではなく娘へ注がれるようになった。

「愛が卓球をやりたいというもんだから、おもちゃ代わりにラケットを渡したんです。ところが、これがまた兄貴以上に熱心に喰らいついてくるんですよ」

それまでの愛は、兄が猛特訓を受ける練習場の片隅で遊んでいた。卓球台の下で丸くなって眠りこけてしまうこともあった。

「愛はすごく〝卓球耳〟がいいんです。ラケットとボール、板とボールというぐあいに、いろんな音を聞いて状況が判断できるんです。あれは、ちっちゃい頃に卓球の音を子守唄がわりにしてたからじゃないですか」

なるほど、と武彦の話に感心していると、彼はプッとふきだした。

「いえ、これは結果論ですよ。愛があういう選手になれたから類推しているだけ。将来のことをあれこれ考えたわけじゃありません。そんな計画性なんか、私にあるわけないです」

武彦は私を覗き込むようにしていった。

「だって、僕、B型ですもん。というか、うちの家族は愛も含めて全員B型なんです」

彼はくるりと眼をまわすと、一気に破顔するのだった。小柄で小太りという体型だけでなく、眼の感じが娘とそっくりの父親だ。濃い眉毛が、いかつさではなくユーモラスな印象を強くしている。およそ悪人という風情ではない。物言いは丁寧でそつがない。酒は嗜まないが、無類のヘビースモーカーだ。

武彦とは長い付き合いだという、専門誌「卓球王国」編集長・今野昇が彼の人物像を語った。

「子ども想いの父親だけど、とてつもなく厳しい父親でもあります。『巨人の星』の星一徹みたいですね。武彦さんは独特の卓球観を持っていて、それは選手経験がないことに由来するんですが、おかげでプロのコーチではできない発想をするんです。そこが、ある意味では福原愛の強さの秘密なんだと思います」

でもね、と今野はつけ加えた。「武彦さんはやんちゃ小僧ですよ。本当にもう、子どもみたいな面がある。純粋というか、無邪気すぎるほど無邪気。小学生みたいな、いたずらをするしね。

愛ちゃんだって、しょーがないオヤジだなあって苦笑してますもん。愛ちゃんのほうがよっぽど大人だと思う。あの父娘は、ときとしてどっちが親で、どっちが子どもかわかんなくなります」

愛の卓球人生において、最初のコーチは母親だった。

伝説の一〇〇〇本連続ラリー――球をとりこぼすと、また一からやり直しだ。母が「もうやめる?」と聞くと、愛は涙ながらに「やだ、やだ。一〇〇〇本できるまで続けたい」と訴えた。彼女は、卓球台に背が届かず踏み台の上に立ち、泣きながら練習を重ねる。愛が卓球を見染めたのか、それとも卓球が魅入ったのか。全国紙の運動部記者はいう。

「卓球は嫌いじゃなかっただろうけど、半分以上は親の意思と力でしょ。愛ちゃんは中学生になってから、『今なら練習したくないっていえるけど、小さい頃はそんなこと口に出せなかった』って話していました」

だが卓球一色の日々は、確実に愛の背中を押した。愛の公式デビュー戦は四歳三ヵ月、結果は全敗だったが、二ヵ月後の九三年三月の大会では三位に入り、七月にあった全日本卓球選手権のバンビ(小学二年生以下)の部の宮城県予選で優勝してみせた。全国紙運動部記者は愛が世に出る瞬間を覚えている。

「九月の全日本選手権でベスト16に進んだことがきっかけで、フジテレビが食いつきました。泣きながら卓球に打ち込む愛ちゃんを、報道番組『FNNスーパータイム』で流したんです。このときの担当者は、いまも福原家の良き相談役ですよ」

以降〝泣き虫愛ちゃん〟〝天才卓球少女〟の名は驚くほどの速さで浸透していく。戦績も立派なものだ。五歳で全日本選手権バンビの部を史上最年少優勝して以降三連覇、八歳のときカブ（小学四年生以下）の部、九歳ではカデット（中学三年生以下）の部を制覇している。愛はまず、九七年の時点で最強の卓球少女となってみせた。そんな彼女にマスコミが群がる。

「卓球にかかわっている人間なら、誰だって福原愛というブランドの大きさを実感しています。卓球界への貢献度という意味では、他に比べられる人材がいないんじゃないですか」

こう話す今野は、愛を度々雑誌の表紙に起用し特集号も編んでいる。

「最初は小さい子が泣きながら卓球をしているというモノ珍しさでしたが、やがて愛ちゃんはアイドル化していきます」

今野は愛の登場に光をみていた。というのも、タモリが「ネクラなスポーツ」と嗤ったせいで、卓球は八九年頃からすっかりイメージダウンしてしまっていたからだ。

「卓球をやっているといえば、薄笑いを浮かべられてしまう。あれから卓球選手が下を向く時代になっちゃったんです」

卓球がオリンピックの正式種目となるのは八八年のソウル大会からだった。本来なら気勢があがるところなのに、何とも気まずい状況ではあった。いわれなきまま、集団イジメにあっているような按配だ。

もっとも、一九五〇年代は日本の卓球が世界をリードしていた。世界選手権で一二のタイトルを奪取し、王者の名をほしいままにした荻村伊智朗を筆頭に、田中利明、大川とみ、江口冨士枝、松崎キミ代といった世界チャンピオンが生まれた。五六年の世界選手権東京大会では、男子シングルスのベスト4を日本選手が独占し、荻村が混合ダブルスを除く男子三種目で優勝している。以降、日本で卓球はもっともポピュラーな参加型スポーツとして定着していく。学校や職場はもとより、温泉場にも卓球台とラケットは欠かせなかった。

だが、チャンピオンスポーツとしての覇権は中国やヨーロッパへ移っていく。日本はアジアにおいて、韓国の後塵をも浴びるていたらくだった。現在は中国のメダリスト寡占状態だ。

低迷期だった九〇年代、松下浩二のようにひとり気を吐く選手もあらわれた。彼は九三年に日本人初のプロ宣言を果たし、世界のトップ選手が集まるドイツに単身で乗り込んでいった。九七年世界選手権では、渋谷浩と組み男子ダブルス三位入賞、実に日本へ一四年ぶりのメダルをもたらした。〇〇年の世界選手権男子団体銅メダルの原動力も彼に他ならない。だが、松下だけで卓球界全体を底上げするのは難しかった。そこへ天才卓球少女があらわれたのだ。

〇九年に四一歳でラケットを置いた松下は、日本卓球協会の理事をつとめている。

「福原愛の卓球への貢献度は絶大です。彼女のおかげで、ずいぶんイメージが回復できました。小学校に入る前から卓球を始めるっていう、ひとつの流れができつつあるのも福原がいたからこそでしょう」

松下は選手としての集大成ともいえる時期を、ロンドン五輪においてほしいといった。

「メダルは狙えると思います。いまの女子で怖いのは中国本土はもちろん、世界中に散らばる中国人選手です。だから、中国人の強い選手を最低でも二人倒してほしい。そうすれば上位入賞が現実のものになります」

今野はアスリートとしての愛の分岐点について語ってくれた。

「ようやく、愛ちゃんの実力が認められたのは、〇三年の世界選手権パリ大会でした。一四歳でのシングルスベスト8は立派です。これで、ようやくマスコミも彼女の強さを認めてくれました。いわば、卓球アイドルからアスリートへと認識が変わったということです」

もちろん愛が芸能活動をメインにしていたわけではない。武彦の方針は当時から明確で、まずは選手としての足固めに力を注いでいた。それでも、彼女は羨望とやっかみが入り混じった視線を浴びている。八七年の世界選手権優勝者で、九二年に中国から帰化して日本王座にもついた、小山ちれの発言は有名だ。ちなみに彼女は六四年生まれだから、愛とは二四歳離れている。

「なんでマスコミは愛ばかり取り上げるんですか。あの程度の選手は中国にたくさんいる」

アテネ五輪代表選考では、将来性か実力かをめぐって悶着があった。今野は愛の苦悩を語る。

「愛ちゃんはアイドル扱いに悩んできました。明るい笑顔で僕らと接しているのは、ほんの一面だけなんです」

松下が指摘するように、愛をみて卓球をはじめた選手も少なくない。この点だけでも貢献度は高い。〇九年全日本卓球選手権では、二〇〇〇年生まれの平野美宇《みう》が八歳で高校生を破った。これは愛が一〇歳でつくった全日本最年少勝利記録を更新するものだ。小六の前田美優《みゆ》も高校生や大学生に勝ってみせた。今や愛を脅かすほどに成長した石川佳純は、かつて〝愛ちゃん二世〟と呼ばれた。マスコミは平野や前田に〝愛ちゃん三世〟の名をたてまつっている。

愛の知名度が上がるにつれ、福原家と卓球の間にビジネスが入り込んできた。

愛は九八年、九歳八ヵ月にして子供服メーカーのミキハウスと専属契約を結ぶ。実質的に、その時点で史上最年少のプロ選手が誕生したわけだ。彼女は、充実した練習環境のもとで精進するだけでなく、多額のカネも稼ぎ出した。前出の全国紙運動部記者はこの事情にも詳しい。

「ミキハウスからのオファーは、年一〇〇〇万円の四年契約といわれています。各種の手当や、三人いた中国人の練習パートナーの費用などは全額企業負担です。しかもミキハウスは愛ちゃんのために練習場まで新設しました。まさに三顧の礼で愛ちゃんを迎え入れたんです」

私も大阪府八尾市にあるミキハウスの卓球練習場を訪れたことがある。規模といい施設の充実度といい、確かに国内では有数の水準だった。

「愛ちゃんは前後して、永谷園やグンゼなどのCMに出演しており、一本一〇〇〇万円から二〇〇〇万円でした。子どものギャラとしては、安達祐実に次ぐ報酬でした」

その後もトヨタ、富士フイルムなどのCM出演をこなす。だが〝愛ちゃん人気〟が最初のピークに達したのは〇四年、一五歳でアテネ五輪に出場したときのことだ。愛の出る試合の視聴率は平均で二〇・一％、ベスト16が決まった中継では三一・九％と大健闘した。ちなみに野口みずきが金メダルを取った女子マラソンでも二九・二％だから、愛人気の高さがわかろうというものだ。

あの五輪では、〝サァー〟と聞こえる掛け声も話題になった。

〇五年、愛はミキハウスとの契約を更新せず、大阪に本拠を置くグランプリへ移籍する。ミキハウスの木村皓一《こういち》社長は、「週刊ポスト」〇五年四月八日号の取材に対し、「更改の条件は四年で二億円だった」と明言している。対抗上、グランプリがそれ以上の条件を提示した可能性も高い。

もっとも武彦はいっている。

「ミキハウスさんには本当に感謝しています。ミキハウスさんは愛に最高の環境を整えてくださいました。でもね、契約金のことで報道されている金額は一切デマですから」

グランプリは愛ばかりか松下ら有力選手を抱え、卓球界では実力派のチームだった。経営本体は学習教材販売や学習塾経営をしている。だが多角経営のあまり、グループ会社に不動産業や絵画販売、アダルトビデオの制作会社まで抱えていた。〇七年には、その中の一社が行政処分となり、半年間の業務停止命令を受けている。

福原サイドはグランプリとの関係を二年で打ち切った。記者は取材メモを広げた。

「グランプリは愛ちゃんを教材の広告でも活用したかったけれど、卓球が生活の中心の彼女に勉強のイメージなんてありません。銀行筋から〝無駄遣い〟と指弾され身を引いたようです」

〇七年、福原はANAへ移籍した。企業として規模、社会的イメージともミキハウスやグランプリを凌駕するナショナルクライアントだ。それだけ彼女の値打ちがアップしたと解さねばならない。大手広告代理店の社員は〝愛ちゃんビジネス〟を試算してみせた。

「単年換算でANAとは五〇〇〇万円、日清オイリオもCMと食事アドバイザー、商品契約などで五〇〇〇万円、三井生命は三〇〇〇万円、佐川急便が二五〇〇万円と推定されています。他にも日本オリンピック協会から強化費として二〇〇〇万円、ゲームソフトのキャラや卓球用具のアドバイザリー料などがおよそ一〇〇〇万円。テレビ出演料は一本五〇万円からとなっています」

広告代理店のスタッフは、こう言い添えることを忘れなかった。

「愛ちゃんのギャラは女子アスリートとして浅田真央につぐもので、女優やタレントを含めたランクでもベスト5に入る大物なんです」


福原が卓球選手となって一六年あまり、その間に稼いだ金額は推定九億円というから凄まじい。だが、愛のビジネス面に着目すると複雑な陰影がつきまとう。

その発端は、小四で専属契約を結んだ九八年にさかのぼる――この年、不動産売買を手がけた「福原産業」が倒産してしまう。負債総額は三億五〇〇〇万円だった。福原産業は仙台に本社を置き、表向きの代表取締役に母の千代が就いていたが、実質トップは武彦だ。地元の仙台で聞いて回ると、不動産業者としての彼の評判は、とても芳しいとはいいかねる。仙台市内の同業者はさんざん武彦をくさした後で、言わずもがなの憎まれ口まで叩いてみせた。

「娘の契約金やCM出演料はどこに消えたんだ。あの父娘は、まるで越後獅子の親方と子どもじゃないか」

武彦が愛の後見人として表舞台に登場するのは、この直後からだ。武彦のことをよく知る卓球関係者はいう。

「事業が万策尽き、お父さんも愛ちゃんで食っていく覚悟を固めたのでしょう。あの人は昔気質だから、娘の稼ぎで生計をたてるなんて、かなり親としてのプライドが揺らいだはずですよ」

この関係者のみならず、卓球を取材する記者たちも、武彦のことを決して悪くいわなかった。

「芸能界じゃステージパパは珍しくないし、実際にお父さんの愛ちゃんへの献身ぶりは半端じゃない。だから、僕たちも彼を責める気になれませんでした。実際、お父さんがいなければ、いまの愛ちゃんは存在していないですから」

愛の父の生家は秋田県大仙市《だいせん》（旧大曲市《おおまがり》）にある。代々酒造業を営み、祖父の定吉が初代大曲市長に選ばれたという屈指の名家だ。秋田では、武彦の大曲中学時代を知っている人物と会えた。

「典型的なカネ持ちのドラ息子だけど、性格にはかわいいところがあって憎めなかった。県内の名門高校に進学するとばかり思っていたら、家庭の事情もあって仙台の学校へ行っちゃったね」

その後、福原一族の家運は振るわなかった。かつての栄華は、家屋が「鞠子苑《まりこえん》」と名を変え、市の老人施設として供され今に形をとどめている。三〇畳をこす大広間や一〇〇坪近い日本庭園、巨大な蔵などは圧巻だ。

武彦と生家との結びつきは、むしろ実姉との間で温存されていた。姉の隆《たか》は秋田県湯沢市秋ノ宮にある「稲住温泉」へ嫁いだ。創業一二〇年を誇る名旅館で、武者小路実篤、佐藤栄作といった小説家や政治家ばかりか、皇族らもたびたび投宿している。現地に足を運んでみたら、明治のモダニズムが漂う堂々たるつくりの旅館だった。客に対するホスピタリティは文句のつけようがない。だが愛の一家についての質問は、はっきりと断られた。

秋田県の卓球関係者はいう。「隆さんは武彦さんと計らい、旧秋ノ宮村役場を旅館敷地内に移築し、改装して卓球台四面を備える二階建ての本格的な合宿施設にしました。オープンは〇六年の一一月で、愛ちゃんも泊まり込みでやってきました」

館内は天井が高くゆったりしており、立派な木材がふんだんに用いられ檜の香りが漂う。愛の獲得したメダルやトロフィーが所狭しと飾ってあるのは、いかにもという風情だ。

「武彦さんは、ここで卓球ビジネスを始めたいといってました。愛ちゃんを使った卓球がらみのイベントはもちろん、老人介護施設への転用なんてアイディアも飛び出したようです」

愛といえば、彼女と中国の親密な関係も見過ごせない。〇八年夏の洞爺湖サミットに際し、胡錦濤主席と福原がピンポン外交を展開したのは記憶に新しい。北京五輪で彼女が旗手を務めたのも、中国での絶大な人気を意識してのことだ。何でも、愛と胡主席のピンポンは中国側から提案されたものだという。彼女は中国で〝瓷娃娃《ツーワーワー》〟（陶磁器人形）の愛称で親しまれ、日中友好のシンボル的存在になっている。その人気ぶりは日本をはるかに凌駕する勢いだ。

スポーツ紙の記者は、こんなうがった話もしてくれた。

「ＡＮＡが愛ちゃんを獲得したのも、中国路線を抱えているから。彼女のポスターを張るだけで、中国での企業好感度が何ポイントもアップしたそうです」

その基盤を築いたのも父だ。武彦は〇五年、愛娘を中国最強の超級リーグに所属する遼寧省チームへ参加させた。これもまた、アスリートとしての愛を強くするがための方策だった。

中国時代の福原を取材した、ジャーナリストの富坂聰《さとし》は、「中国を縦断する過酷な日程でしたが、父親がマネージャー役として帯同していました」と回顧した。中国通として名高い富坂は、福原人気をこう解析する。

「当時はまだ、中国は日本に産業や文化面で劣等感を抱いていました。そんな国から、卓球を学ぶために小さな女の子がやってきたんだから、優越感をくすぐられた。それに、福原は小さい頃から中国人コーチに指導され、驚くほど中国語がうまい。しかも少し田舎なまりがあって、これが純朴さを演出し一層の好感を呼びます」

ビジネス界からは、愛の中国市場への転身を推奨する声がかまびすしい。前出の大手広告代理店のスタッフはいった。

「あの人気とキャラは日本以上の資産価値があります。お父さんは、損して得取れの心づもりで、愛ちゃんを国際的なマネジメント会社に委ねるべきですね。引退後も、日本より中国にいるほうがずっとずっと稼げますよ」

だが武彦は、とんでもないと大きく首を横にふった。

「愛の中国での人気は、私が意図してつくったもんじゃないんです。愛のプレーや態度をみて自然に巻き起こったものです。皆さんは商売ばかりに注目されますが、愛にとって大事なのは選手としてどれだけ強くなれるかです。中国へ行くのはロンドン五輪で勝つためなんです」

ただし、卓球に関わる武彦と、事業家としての彼では評価があまりにも対照的だ。「週刊新潮」〇四年六月一〇日号は言及した――〇四年五月、武彦は都内の不動産会社社長から、福原産業倒産に関連する連帯保証人として、約一億四〇〇〇万円の返済を求める通知書を突きつけられた。同誌には、武彦が偽装離婚して家族に累が及ばぬよう手筈を整えたと記されている。

武彦とは親しいという卓球関係者がいった。

「そりゃ、長い間生きてきた人を叩けばホコリのひとつも出ますよ」

武彦に直接、一連のことを尋ねてみた。彼は眼をしばたたいた後で、小さく頭を下げた。

「その件に関しては一切ノーコメントです。どんなことがあっても、私は話せません。あの世にまで持っていくつもりでいます」

切なさを含ませているが、それでいてきっぱりとした声だった。

事件のあった〇四年は、一家で〝愛ちゃんビジネス〟に本腰を入れだした年でもある。これらの難事があったからこそ、一家の結束は強くなったのだろう。両親が書類上の離婚を済ませた翌月、母・千代と兄・秀行の名を冠した、愛のための個人マネジメント会社「千秀企画」が設立された。

周囲はことのほか一家に対して温かい視線を送っている。「卓球王国」の今野はいった。

「愛ちゃんには、自分が一家を支えているなんて意識はありません。それより、家族に支えられていると感謝しています。お父さんだって卓球の普及にすごく尽力してらっしゃいますよ」

愛が小学生の学年雑誌の表紙を年間で飾ったこともある。そのとき武彦は注文をつけた。

「ギャラはいいから、必ず毎号、卓球のことをPRする記事を入れてください」

愛にしても、「天才卓球少女」のもたらす金銭的価値の実相は把握しきれていまい。ただ、今後のことになると話は別だ。大人になるにつれ、本人なりの明確なビジネス展望が芽生えてくる可能性は否定できない。家族の頭を飛び越して、愛に直接アドバイスや耳打ちもあるはずだ。

アイドル評論家の堀越日出夫は進言する。

「愛ちゃんなら、芸能界で立派にスポーツキャスターとしてやっていけます」

事実、芸能プロやスポーツマネジメント会社から多くの勧誘があった。彼らは愛に、「ヤワラちゃん」として国民的な注目と支持を得て、結婚、出産を経ても第一線に立つ谷亮子の姿を重ねているようだ。しかし武彦は断言している。

「芸能人扱いされて、卓球の本道を踏み外したくはありません。娘の面倒は親がみます」

家内制マネジメントとでもいうべきか、本書に登場するトップアスリートたちのビジネススタイルと愛のそれは一線を画す。愛の発言がイチローや中田英寿のように流布せず、印象深いフレーズも少ないのは、彼女が子どもだっただけでなく箱入り娘ゆえのことでもあろう。

ただ、武彦が娘のビジネス面でずば抜けたネゴシエーターだというのは衆目の一致するところでもある。だがスマートさに欠け、どこか垢抜けしないところは愛の抱えるイメージそのものだ。

強いて愛と類似したアスリートを探せば、やはり谷亮子となろう。しかし、鉄壁な勝負師として生きる谷は、父親を呑み込んだうえ完全に取り込んだ。谷は徹底して勝利だけを見据え、決してぶれない。世界の覇者として君臨してみせた。ここが愛との決定的な差になっている。

愛ビジネスの今後を占う要点は、少女から大人への端境期を迎えた彼女の変化だ。〝越後獅子〟と揶揄されながらも、家族愛を貫くのか。あるいは自立か——その解答はまだ見えてこない。

3

愛が日本の卓球界を代表する選手という点で異議を唱える者はいまい。

だが日本卓球界の絶対的エースというには、どこか物足りないのも事実だ。「泣き虫愛ちゃん」「天才卓球少女」からの脱皮はいかなる方向へむかうのか。一人の人間として、卓球選手として、愛が見据えていかねばならぬことは数多い。

元全日本チーム総監督で卓球ジャーナリストの鈴木一《はじめ》は手厳しい。

「強い相手には善戦するけど、格下にも簡単に負けてしまうんです。バックハンドは世界の一流品でしょうが、フォアハンドの弱さを何とか克服しないと、世界の壁は厚いです」

ある卓球コーチは、彼女のあまりに長いキャリアを危惧した。

「中学から卓球をはじめて、四、五年後に選手としての最初のピークを迎えるのが名選手のパターンでした。ここで全日本を制して世界へと羽ばたき次のピークを迎えるんです。だけど、福原は全日本タイトルとは無縁のまま一四歳でピークを迎えてしまい、その後は伸び悩んでいます。長い卓球歴の間に金属疲労をおこしているんじゃないでしょうか」

そんなことを武彦にぶつけたら、彼は何度もうなずいた。彼は笑顔を消し軍師の表情になった。

「愛の悪い癖が固まってしまわないうちに壊してしまいます」

ただ、その作業は力任せにできない。

「愛は非力だといわれています。でもパワーアップしたら、筋力が弱いゆえの長所を消してしまう危険性もあるんです。この組み合わせ、噛み合わせが狂うとえらいことになってしまう。愛の選手生命にかかわることです。そういうことを念頭に置いて、慎重に壊していかないと」

愛は父の意を汲んで、〇九年世界選手権横浜大会に向けた決意を語っている。

「一四歳のときの自分には負けるわけにいきません。シングルス八位の自己最高を超えたい」

実は北京五輪の前、武彦は初めて娘の卓球を「壊す」気になった。しかし、解体と新構築の作業は五輪のみならず横浜大会にも間に合わなかった。この世界選手権ではシングルス二回戦敗退、ダブルスはベスト8、混合ダブルスも二回戦敗退という成績に終わる。父は娘のプレーに悲痛な表情となった。

「愛の卓球を今の今も壊し続けています。でも、思うように壊れないんです」

武彦は誰にいうともなく、小声で独白した。

「愛は身体と頭が別のもんだと思ってる。頭でしっかり理解しないと身体はついてこないのに。どこかで壊すことを受け付けてない。まだ、あの年齢じゃわからないんですかねえ」

父の悩みは、やはり娘の内面的な変化に対する戸惑いでもある。

「ここ三年、自分でいうのもヘンだけど私は変わろうと努力しています。できるだけ愛の意見を聞くように心がけています。本人の意思を尊重するようにもしているんです」

きっかけになったのは、こんな事件だった。〇五年の頃、北京で愛が中国のナショナルチームと練習しているときのことだ。父は、娘の集中力が散漫になっていることに激怒した。

「この時点で、あの練習に手を抜いてしまうと全体の青写真が狂ってしまうんです。だからこそ、私やコーチは口を酸っぱくして注意していたのに」

父は、皆がいる前で娘を激しく叱責した。愛は人目を憚らず号泣する。中国のコーチは愛の肩をもった。父はそれを憮然としてみている。前にもふれたが、武彦が愛に怒りをぶつけるのは決して珍しいことではない。事の善悪の判断はさておき、この父娘にとってはひとつのコミュニケーションの発露だった。

「後で、女房がやりすぎだと文句をいってきました。愛に謝ってやれって。何をいってんだ、あそこで叱らないとどこで叱るんだって、私もいい返す。ど派手な夫婦喧嘩になってしまいました」

愛の母は、もっと娘を信じて大人あつかいしてやるべきだという。だが、父の心のどこかには、まだまだその時期ではないという迷いもあった。実は、この意見の差異が今でも平行線のままくすぶっている。

とはいえ、この事件の後で娘が父を敬遠したわけではない。仲むつまじい親子の関係は変わっていない。それでも、どこか微妙なズレが生じている。その溝が埋まりそうで埋まらない。武彦は両手でごしごしと顔をさすった。

「でも、まあ……女の子っていうのは、難しいですよ。もし愛が小学生の頃のままだったら、とっくに壊すべきものは壊してしまっているんですけどね。そうなりゃ、愛はかなりの選手になれます。本気でメダルを狙えるんです」

そんな武彦に、北京五輪女子シングルスで銀メダルを獲得した王楠がいった。

「女の子は大人にならないと、お父さんのいうことを理解できないものなの」

再三書くが、愛は子どもから大人への分岐点でさすらっている。彼女がどの港へたどり着くのか、本人すら漠としている状況だろう。まして、娘をみつめる父親となれば――。

愛は一四歳のときいっている。

「卓球は仕事。日常生活の一部です。私から卓球を取ったら、何が取り得になるんだろう」

アスリートにとって、競技は自己実現の手段でありアイデンティティともなる。だが、幼時から卓球だけの人生を送ってきたことを考えれば、自我に目覚めた彼女が己の存在理由を求めるのも当然といえよう。娘のみならず、父と母、ひいては夫と妻も正念場を迎えている。

そういえば愛は「卓球王国」のなかで将来について話していた。先ほどの発言より一年後の〇四年、一五歳のときのことだ。

「卓球じゃない夢はありますよ。栄養士になりたいです」

彼女はほかにも保母さんになりたいとも話していた。注目すべきは次の発言だ。はしなくも愛の卓球観が色濃くにじみ出ている。

「私はアスリートは絶対育てられない、という変な自信がある。自分がどれだけつらいとか苦しいとかわかるから甘くなっちゃう。絶対無理。選手の愚痴を聞くとか、相談に乗ってあげるとか、マネージャーみたいなことがいい」

愛はこんな将来図も描いていた。

「全日本みたいな大会で自分の子どもを連れて、親バカして、旦那さんの試合を応援してるのって、あこがれるんですよね」

一五歳の娘らしい、たわいもない夢ともいえるし、他方では卓球しかなかった来し方の壮絶さが見え隠れする。彼もまた卓球に人生をかけた松下は、愛に対して語った。

「僕だって趣味で楽しく卓球をやっていたかったですよ。でも、卓球と僕とのかかわりは運命というか使命ですからね。それは福原の場合、もっと強大な関係性になっている。だからこそ悩みも深いはずですが、やはり卓球あっての福原じゃないですか。福原は卓球があるからこそ生かされているんです。これからは、卓球にどう恩返しするか、卓球を通じて、社会に福原という人間をどう還元していくかを考えてほしいですね」

大学三年生といえば就職活動を始める頃でもある。そんな時期に福原愛はいる。人生というものに、つたなくとも正面から対峙する——娘の葛藤と親の心労はしばらく続きそうだ。

最終章　錦織 圭「託した想いは海を越えて」

にしこり・けい　一九八九年一二月二九日、島根県出身。五歳でテニスと出会い、二〇〇一年には全国小学生テニス選手権で優勝。〇三年に渡米し、オレンジボウル選手権一四歳以下の部で準優勝を果たす。〇七年のプロ転向表明後、〇八年にデルレイビーチ国際選手権でツアー初優勝を飾ると、同年八月に行われた全米オープンでは、日本人男子シングルスとして、七一年ぶりにベスト16に進出した。

耳をすますと、シャワーの音をかいくぐるようにして息子のハミングが漏れてくる。

「圭のやつ、さっそくやってるな」

息子はバスルームにもスピーカーを持ち込んだ。こんなところにまで。父親があきれると、息子は当たり前でしょとばかりにいった。

「音楽のない生活なんて考えられないよ。リビングでもベッドルームでも、どこでも音楽がなきゃ。最近はミスチル、ドリカムばっかじゃなくて、オペラとかジャズ、クラシックなんかも聴くんだよ」

思い切り眼を見開き、少し口をとがらせる。そして、照れたようにして笑う。幼い頃の面影が息子によみがえった。いきなり愛しさがこみ上げてきてしまい、父親はことばに詰まる。言い負かせたと思ったのか、息子はちょっと胸をそらした。

息子の鼻歌が間遠くなる。父親は手を組んで顎をのせた。オレがあいつくらいのとき、愛聴盤っていえば断然ピンク・フロイドやイエス、キング・クリムゾンだった。

「先にビールでも飲んでる？」

妻がキッチンから戻った。彼は軽く首を振る。今日、スーパーで白菜を見つけた。米国南部の店頭に、この野菜が並ぶことは珍しい。妻は息子のため、鶏のつくねと一緒に白菜を煮込んだ。

「なんてタイトルだっけ？　フレディ・マーキュリーのはずなんだけど。曲名が喉まできてるのに出てこない」

歌にあわせるように、これも息子が飾ったネオンサインが点滅する。

「よく聴く歌よね」妻は小首をかしげながら窓際に立った。池というには少々オーバーサイズの貯水池を囲み、戸建て感覚のタウンハウスが規則正しく並んでいる。

「見て、あんな大きな水鳥が」

ツルにもコウノトリにも似た鳥だった。白い翼を広げると端を染めた黒が目立つ。陽が沈むにはまだ少し時間がある。錦織清志《にしこりきよし》と恵理は並んで水辺に目をやった。

息子の圭はフロリダ州ブラデントンに自宅を購った。

「松江にいるのとはちょっと違うけど、ここに戻ると落ち着くんだ」

ブラデントンは中核都市タンパから車で一時間ほどの田舎町だ。圭は、繁華な環境や瀟洒《しょうしゃ》な高層住宅を選択しなかった。母は息子の気持ちを代弁してみせた。

「圭はテニスでも同じだけど、自分にとって何が大事かを分かってるのよ」

数日したら、圭は一九歳になる。一七歳でのプロ宣言以来、新居は初の大きな買い物といっていい。父がそのことを茶化すと、息子は真面目な顔になったものだ。

「だってパパ、サブプライムローンのせいで、すごく値崩れしてるんだよ。一〇万ドル（約一〇〇〇万円・当時）くらいなんだから」

圭は一三歳で親元を離れた。五年の寮生活に終わりを告げた彼は、選手だけでなく大人としても階段をまた一つのぼっていく。

「パパ、ママお待ちどおさま」

濡れ髪をタオルでごしごしやりながら圭が現れた。

「腹、減ったー。ご飯にしよ、ご飯」

妻が弾むようにキッチンへ向かう。息子はまた、さっきの歌を口ずさむ。「バルセロナ」。つっかえていた曲名が父の脳裏で点灯した。

二〇〇八年のクリスマス前、両親は息子と一緒に過ごす時間を得た。普段はフロリダと島根に離れて暮らす親子だ。たまに会うと、妙な気恥ずかしさが先立ちもするが、そんなものはすぐに昔どおりのリズムとテンポに戻る。

同じ頃、日本では圭と福原愛の熱愛報道でもちきりだった。父は、息子から切り出すまでは愛とのことを話題にするつもりはない。

圭だっていつまでも子どもじゃないんだから――さっきの鳥が窓をかすめながら飛び立った。


錦織圭に託された夢と期待は途方もなく大きい。

日本男子で世界ランキング一〇位以内に入った選手はいない。女子だと一九九五年に伊達公子（現・クルム伊達公子）が四位までのぼりつめたが、男子の最高位は松岡修造が九二年に記録した四六位だった。なるほど、七五年のウィンブルドン・ダブルス優勝の沢松和子に始まり、九〇年代に入って伊達や沢松奈生子《なおこ》、近年は杉山愛と話題になるのは女子ばかりだ。この事情を、テニスに詳しいスポーツライターの武田薫が説明してくれた。

「世界ランクは試合に出て戦績を残すことでしかアップしません。ひとつでもたくさんの試合に出ることでチャンスを増やすしかないんです。当然、参加する選手が多いと勝つのもたいへんです。その点、女子選手は層が薄くライバルが少ない。男子の一〇〇位の選手でも女子だと四〇位くらいに相当します。おまけに、かつては女子プロツアー（ＷＴＡ）の日本での開催試合が多く、主催者推薦で日本人が出場できました。おかげで、女子選手は海外だと獲得が難しいポイントを国内で稼ぎ、ランクを上げられたんです」

しかし、男子が世界で戦う場合、そうはいかない。欧米勢を中心に手強い相手がひしめく。日本王者でも、二〇〇位から一五〇位が精一杯だ。しかも、国内での男子プロツアー（ＡＴＰ）は、現在一大会しかない。

テニスジャーナリストの塚越亘《つかごしわたる》は、不振の要因が養成システムにあると指摘した。

「日本には、一〇〇位以内の選手を育てるノウハウがなかった。松岡もそうですが、錦織だって海外で指導を受けたからこそ強くなれました。でも、松岡のときには手探り状態だった育成方針が、錦織のおかげで確立できるかもしれません」

〇九年一月六日現在で圭のランクは六三位までいった。ただ、わき腹からはじまって右腕にいたった故障のおかげで、その後の戦績ははかばかしくない。特に腕は深刻な事態になってしまった。〇九年四月、圭はニューヨークの専門医を訪れ、治療に専念するためリハビリ生活に入った。しかし経過は良好といいがたく、六月には右肘の疲労骨折が判明してしまう。復帰は〇九年の後半となろう。万全の調子を取り戻したら、早々の〝松岡越え〟を果たし、宿願の第一ステップともいえるベスト10入りを目指す。

錦織圭というアスリートにとっては、何より若さという無限の可能性が強みだ。勝つことで得られる果実と成果はもちろん、敗戦をも滋味として貪欲に吸収できる季節に彼は生きている。高橋尚子の父・良明にならえば、圭の人生は始まったばかり、一生を八〇年と仮定して一日にたとえれば、まだ午前六時なのだ。

○八年八月三〇日、USオープンの男子シングルス三回戦もまた、圭には大きな財産となった。この日、彼がまみえたのは第四シードのダビド・フェレールだ。この時点で、圭のランクが一二六位に対してフェレールは四位、圭はあくまでもチャレンジャーだった。

「自分らしい攻めのテニスをしたい、それができればチャンスが必ず生まれると思ってコートに立ちました。とにかくしぶとく食いついていこうと決めたんです」

圭は、第二セットまで二度のサービスブレークを奪って先取したものの、フェレールが猛反攻してセットカウント・ツーオールとなり、ファイナルにもつれこんだ。スコア上はタイといいながら、戦況は追いあげるフェレールのペースだった。そこに修羅場をくぐった経験値とランキング上位のアドバンテージが加わる。このまま押し切られてしまうのではないか、と圭のスタッフでさえ眉をひそめた。

「さすがフェレールは強かったです。やばい、やられるんじゃないかって、気持ちも混乱してました。でも、そういう自分を、どこか冷静に見ている自分もいたんです」

圭は、ここまでがむしゃらに突き進んできたからこそ、気づかぬ間にいろんなものを蓄積してきた。それを供給してくれたのは日常の練習であり、あるいはウェイトトレーニングやメンタルトレーニングでもある。父の清志はいう。

「圭はまっさらのスポンジみたいなものですからね。アメリカでテニス漬けの毎日を送ったことで得たことはもちろん大きいんです。だけどそれ以上に、新鮮で刺激に満ちた環境が彼を育ててくれました。アメリカどころか、世界から集まってきた同世代のライバルたちを意識し、語らい、ときに反発したりして、とても強烈な影響を受けているはずです。試合のために知らない町へいって、そこの空気を吸い、カフェでコーヒーを飲むだけで何かを得ているんです。アスリートとしてだけじゃなくって、人間としての貯金が圭を自然とレベルアップさせてくれたと思います」

圭が饒舌なアスリートではないのは、性格的な部分が大きい。母の恵理は息子を語った。

「でも、無口な分、きちんと状況を観察して見極めているんですよ。誰がどんな性格なのか、どっちに風が向いているのかを、小さい頃から理解している子でした。無駄に口を挟んでも何も状態がかわらないのなら、黙っているほうがいいって思う子なんです」

彼女は夫にチラッと眼をやってから、口元を押さえた。「この人が何でも思ったことをストレートにいっちゃうから、それを反面教師にしているのかもしれないですね」

圭の島根県松江市時代、彼が小学生だった頃に指導した柏井正樹コーチも、そういう性情こそがテニスには向いていると強調する。

「観察力は小さい頃から鋭すぎるくらいに鋭かったね。圭はジュニアじゃ相手にならないから、大人と試合をしてたんだけど、実に的確に敵の弱いところをつくんです。そういうのを瞬時につかみとってしまう」

柏井は断言した。「圭はゲームセンスが卓越しているだけでなく、ボールコントロールが抜群にうまい。テニスプレーヤーで両方を兼ね備えているのはめずらしいんですよ。まさに天は圭に二物を与えたということなんです」

　圭の場合、卓越したボールコントロールの中でも、フォアによるそれが絶妙だ。相手の舌打ちするところへ、顔をゆがめるような回転をかけて突き刺していく。そこに「ＡＩＲ《エア》－Ｋ《ケイ》」の異名をとるジャックナイフショットを畳みかける。

　果たしてフェレールとの試合でもそれが証明された。第一一ゲームをキープした圭は、次のゲームでマッチポイントをつかむ。彼は渾身のフォアハンドを炸裂させ強敵を撃破してみせた。

「最後の最後は自分を信じて攻撃できました。負けたくないという気持ちが、びびる心を押しやってくれたんです」

　その瞬間、彼は雄たけびをあげ、倒れこみながら喜びを表現した。だが、それ以上に感激したのは観客であり両親、コーチたちスタッフだった。いや、当日のテレビ中継で解説していた元全米王者ジョン・マッケンローも、かつての悪童ぶりを思い出させるほど興奮していた。

「やった！　すごい！　彼が次のテニス界を背負ってくれる！」


　圭のサクセスストーリーは、あの試合のおよそ半年前からはじまっている。〇八年二月、ＡＴＰのデルレイビーチ大会でツアー初優勝を達成し、一躍その名を知らしめた。

　それだけに、彼には彗星のようなイメージがつきまとう。しかし、圭がメインストリームに登場した背景には、世界を意識した大人たちの綿密かつ周到な戦略がある。

日本テニス協会の盛田正明会長は二七年生まれ、取材をしたときは八一歳だったが実に若々しいうえ明朗でノーブル、紳士というのがぴったりの人物だった。盛田は圭のことになると相好を崩す。

「私はいくつになっても、夢を持って全力疾走していたい。錦織選手は、私に代わって世界制覇という夢を担ってくれています」

盛田はソニー創業者・昭夫の末弟で、同社副社長や北米ソニー社長など重職を歴任している。ビジネスマン時代の彼にとって〝世界最高〟は必達の責務だった。

「日本にいても世界と互角に戦えないのなら、可能性のあるジュニアの選手を、育成システムの完成している外国へ送り込めばいい。そうすれば、世界の舞台で力が発揮できるに違いない」

盛田は〇〇年に「盛田正明テニス・ファンド」を創設、〇三年には財団法人の認可を受けた。同年、彼はテニス協会の領袖《りょうしゅう》の地位につく。「選抜された選手には、エコノミーの往復航空運賃、コーチとトレーニング経費、現地の学校の学費や寮費、遠征費などを無償拠出します。錦織選手には初年度で約七〇〇〇万円を提供しました」

彼は穏やかにことばを続けた。

「ファンドの財源には、私の個人財産をあてています。拠出する額は確かに大金ですが、世界に通用するテニスプレーヤーを育てるための〝研究開発費〟とでもいうんでしょうか。自分の夢を実現するためなんだから、ぜんぜん惜しくありません」

圭は〇一年の秋、一一歳で盛田ファンドの練習会に参加し、その際立った存在を印象づけた。

この年の圭は、全国小学生選手権、全日本ジュニア選手権などのタイトルを総なめにしている。ちなみに、練習会で彼の球を受けたのは、グランドスラム九回優勝の経歴を誇る女王モニカ・セレスだった。

これが機縁となり、〇三年、彼は盛田ファンド四期生として「ニック・ボラテリー・テニスアカデミー」に入学した。圭には同期生が二人おり、〇八年の時点で通算八名が選ばれている。

盛田には、テニスを通じた強力な人脈があった。

「IMG会長のマーク・マコーマックとは、プレーをともにする親密な仲だったんです」

マコーマックこそ〇三年に七二歳で逝去してしまったが、IMGは盛田に先立って圭をマークしていた。この会社は、マコーマックが六〇年に創設した、世界最大級のスポーツマネジメント会社だ。米国を核として、日本支社をはじめ世界各国に六六の拠点を持つ。

IMGがテニス、ゴルフ、アイススケートなどに強いことは他の章でも書いた。テニスにおけるアスリートの充実ぶりは他のスポーツマネジメント会社を寄せつけない——セレスはもちろん、マリア・シャラポワ、ビーナス・ウィリアムズなどの女子選手、男子では現役トップのラファエル・ナダルを筆頭にビョルン・ボルグ、ロジャー・フェデラーら新旧王者が居並ぶ。

圭は、テニスやサッカー、バスケット、ゴルフなどのトップ選手を養成する「IMGアカデミー」に送り込まれた。フロリダ州ブラデントンにある施設の敷地は、実に三〇〇エーカー（約一二一万四〇〇〇㎡、東京ドームに換算して約二六個分）と広大だ。彼が学んだのは、その中の「ニック・ボラテリー・テニスアカデミー」で、いまも約三五〇人の若者が九月スタートで翌年五月までを一区切りとする寄宿生活を送っている。プロ選手や趣味でテニスを楽しむプレーヤー向けのショートタイムのプログラムも常設されており、ここを年間に訪れるプレーヤーは世界八〇ヵ国、一万二〇〇〇人にものぼるという。

ニック・ボラテリー・テニスアカデミーは、ふんだんすぎるほど陽光とレッスンに満ちている。ハードコート三五面、ハードのインドアコートが四面、クレーコートは一六面、レッドクレー一面というだけでも嘆息ものだ。しかも、それぞれのコートにはビデオカメラが設置されていて、プレーやレッスン中の自分の映像をパソコンでみることができるのだからすごい。

アカデミーは、朝七時からウォーミングアップが始まり、昼食と学校の授業を間において、一六時から再びテニス三昧の時間が待つ。

七八年にアカデミーを開設したニック・ボラテリーが育てた王者は数多い。三一年生まれの彼は現役の指導者でもある。その肌は、フロリダの容赦ない紫外線にさらされ、顔から腕、脚とゾウガメのような皮膚になっている。アカデミーは八七年にＩＭＧ傘下となったものの、ニックが今も名実ともにアカデミーのドンであることに変わりはない。彼は、圭のアドバンテージをゲームメイキングでのクリエイティビティだと褒めたたえ、世界のトップクラスに躍進する逸材だと太鼓判を押す。老コーチの期待がなまなかでないことは、圭のための専属チームを組んだことでも明白だ。

ＩＭＧ日本の坂井秀行バイスプレジデントは語った。

「圭の情報は早い段階で入っていました。中でも、当社と縁の深い松岡修造からは、松岡を凌ぐ才能を持つプレーヤーということで強力なプッシュがあったんです」

坂井の後を松岡が受けた。

「僕は、一八歳でプロを意識しましたが、遅すぎました。テニスは高校生までに形が決まってしまう。極端なことをいうと、一二歳のときのプレーも、二〇歳になったときも変わらないんです」

松岡は、九八年の引退後、「修造チャレンジ」を主宰し、全国の優秀な小・中学生を指導している。錦織は〇一年六月、盛田ファンドの練習会に先立って参加し、松岡の熱い視線を独占した。

「圭の魅力は、試合でストーリー作りができるところです。圭は相手の土俵に乗っかるように見せて、敵のペースにはまらず、状況に応じて弱点を的確につく。相手は、圭の描いた戦術通りの試合をするしかない」

この小学生は、地元の島根で、大学生や大人相手に勝利を重ねる猛者だった。

松岡は身を乗り出した。

「圭は僕と比較しちゃいけない選手です。メジャー四大会シングルス優勝の可能性すらあります」

ＩＭＧはさっそく圭を掌中に収めた。坂井は青田買いとの批判を切り返す。

「小学生時代に契約したのではなく、将来プロになるのなら、その際にはＩＭＧに来てほしいというアプローチをご両親にしました」

ＩＭＧが、圭を高く評価した最大のポイントは、彼のメンタリティだった。

「圭は修造との練習試合で敗れ、悔し泣きをしていました。圭にはハングリーさがあります。世界のトップ選手は、例外なく勝利に貪欲です。ところが、日本の若年層でこのマインドを持つ選手は本当に珍しいんです」

坂井によれば、圭がＩＭＧと契約するメリットはいくつもある。

「まずは世界に広がる事業展開です。テニスのように地球規模で転戦する競技では、行く先々で、良質かつ均質なケアが受けられる恩恵は計り知れません」

航空券や宿の手配から体調管理、雑多な用事まで各国のＩＭＧがサポートする。あれほどマネジメントに強い意欲をみせていた石川遼の父も、こと国外に関してはＩＭＧに委ねることにしたのも同様の理由があるからだ。

ＩＭＧは大会の企画運営にも積極的で、この事実がテニス選手に多大なアドバンテージをもたらす。ＩＭＧ所属なら主催者推薦枠が期待でき、試合でひとつ勝てば、ランクが上がり未来の扉も開く。

「それにＩＭＧアカデミーです。シャラポワやアンドレ・アガシ、ボリス・ベッカー、ジム・クーリエ、マルチナ・ヒンギスら錚々《そうそう》たるメンバーもここから育ちました」

坂井は人差し指を立てた。

「圭やご両親とは、圭が二〇歳になったときのビジョンを見据えて話をさせてもらっています」

テニス選手の寿命は短い。坂井の表情に厳しさが宿った。

「それまでに、錦織圭という〝ブランド〟をどう構築していくか。彼の本業はテニスであって、タレント活動ではありません。彼は勝つことでのみ価値が上がるんです。一〇位以内に入るまでは、テニス以外の夾雑物《きょうざつぶつ》を排除していきます」

錦織のバリューが上昇すればするほど、そこから生じるマネーもケタ外れの金額となる。テニスの世界では、二〇位内に食い込めば、年間の賞金だけで一億円も可能だといわれている。ただし、日本にいてはトップクラスでもようやく年収一〇〇〇万円を超すくらいでしかない。この厳しい現実が世界と日本のテニスを物語っている。

テニス雑誌のベテラン編集者はやるせなさを隠そうともしなかった。

「錦織もそうですが松岡だって全日本選手権には出場していません。ことテニスに関していえば、日本のチャンピオンになっても世界ではあまり意味がないんです。世界で戦うなら、日本を脱出するしかないのが実情です」

もっとも日本にいてもランキング一〇〇位台に顔を出す選手はいる。しかし、そこから上を目指すとなると……編集者はゴルフを例にとった。

「世界と日本の実力差において、テニスはゴルフに似ています。日本のゴルフの賞金王や有力選手だって、たまには海外で健闘するものの、常に優勝やトップに近い成績を残せていませんよね」

だが、世界を転戦するのに一〇〇〇万円の収入ではギリギリだ。しかも選手を支える企業の衰弱ぶりが著しい。日本リーグ男子の名門ミキプルーン、女子の荏原《えばら》製作所も休部の憂き目にあっている。男子では〇八年シーズンにミキプルーンに次ぐリーグ準優勝の旅ポケドットコムも廃部した。これは所属選手の大麻所持事件が要因だった。

「錦織が最初から日本に眼もくれずに、世界へ飛び出していった戦術は、一面ではさびしいですが、現実を見据えれば当然のことです。錦織が先鞭をつけてくれたおかげで、ようやく道順がわかったという感じです。だから、ジュニア世代に活気が出てきました。これから、第二、第三の錦織が出てくるはずです」

編集者はこんな興味深くておもしろいことも話してくれた。

「テニスって、究極でいうと、速く走ったり強く打つことで差の出る競技じゃないんです。何時間も闘うから、そりゃ体力はあったほうがいいですけどね。コミックの『テニスの王子様』じゃないですが、ちっちゃくて筋力の弱い中学生でも強い選手は強いんですよ。要するにゲームメイクができるかどうかなんです」

最初から試合を牛耳るのもいいし、相手のペースにはまったとみせかけるのもいい。押して、引いて、強めて、緩める。ゲームというストーリーを描き、それを自分の力で演出、主演できる選手が強い選手だ。柏井コーチやニックが、圭の長所を評したことばを思い出してほしい。編集者もうなずく。

「錦織圭は間違いなくダイヤの原石です。日本どころか、世界中探してもあんな子はいません」

話が少し逸れた。圭はプロデビューからの二年間で通算三六万二一一八ドル(約三六二〇万円)の賞金を稼いでいる。彼はソニー所属で、アディダスやウィルソンと契約中ながら企業CMには出演していない。意外というべきか、アスリートとしての彼はまだそれほど莫大なカネを稼いではいない。広告代理店幹部は電卓を叩いてみせた。

「うん、もっと大々的に売り出せばいいのに。もったいないですよ。今ならギャラは一五〇〇万円から二〇〇〇万円程度ですが、これからの成績いかんでは一億円も夢じゃない。逆をいうと、業界ではどこが彼をかっさらうか注目の的なんです」

前出したスポーツライターの武田は〝ケイビジネス〟について語った。

「錦織のマネジメント権は日本からＩＭＧ本社へ移され、オリバー・ヴァン・リンドンクという辣腕マネージャーが担当しています。ＩＭＧが錦織を大事な商品だと認識している証拠です」

ＩＭＧは圭のために、「プロジェクト45」という、マネージャーやコーチ、フィットネスコーチ、メディカルスタッフなどを含めた一四人のチームを立ち上げた。さきほどのニックがいった「圭のための専属チーム」のことだ。〝45〟というのは、松岡が現役時代に就いた日本人最高ランキングの四六位を意識している。武田は苦笑した。

「オリバーは私に、『フェデラーは一〇年で四四五九万ドル（約四四億六〇〇〇万円）を得た。ケイがどのくらい稼ぐか、とても愉しみだ』と嘯《うそぶ》いてました」

幾重もの強大なアシストが組み合わさり、圭は競技とビジネスで未曾有の可能性を広げていく。

圭の才能を発掘し、幼少時から海外を意識してコーチ選びや環境を整備したのは、他ならない父親の清志だ。彼は五七年に島根県で生まれ東京の大学に進んでいる。耳を隠す長髪とブルーデニム、ワークブーツという出で立ちは、ロック世代の残党という趣があるし、ここに黒のテーラードジャケットを合わせるセンスは、八〇年代中期のＤＣブランドの洗礼を受けた影響でもあろう。

清志は存外に、あけすけな態度で語ってくれた。

「親がレールを敷き、そこを息子が走っていったのは間違いありません。圭の、手足の長い体型と負けず嫌いな性格、それに口数は少ないけどじっくり状況を観察し的確な判断を下す面がテニス向きだと判断したんです」

父もまた学生時代はテニスに打ち込み、コーチの経験まである。

「圭は最初からテニスが好きだったんじゃなく、僕にすすめられるままテニスを続けるうち、この競技の魅力にとりつかれたんです」

圭がテニスラケットを持ったのは五歳のときだ。しかし、両親が息子に与えたのはテニスだけではない。サッカーやスイミング、ピアノも併行している。圭だけでなく、四歳上の姉にも同じようにいくつかの道を示した。

「クリエイティビティ、創造する感性を養ってほしかったんです。スポーツはもちろんだけど、美術でも音楽でもいい。スポーツや芸術をとおして美学や美意識をもち、それを指針にして生きていってほしかったんです」

彼はいった。「野球ってオヤジっぽいというか、コテコテな感じがするんです。だから圭にはすすめなかった」。だが、あわてて「野球が悪いってことじゃないですよ」と手を振った。確かに、圭がバットを振り回すシーンよりは、コートに立ったり、ファンタジスタと呼ばれるプレーをしているほうがイメージにあっている。だから、私は口をすぼめてうなずいた。

「ただ、テニスは究極の個人スポーツだから、すごく自分が出ちゃうんですよ。それに、負けても逃げ場がないですからね。全部、自分で引き受けなきゃいけない。子どもには、ちょっと酷なスポーツではあるんです」

敗戦したとき、圭は清志の胸に飛び込んで泣いた。頭が痛い、脚が痛いともいった。涙が出るのは悔しいだけでなく、敗れた事実や敗因を処理しきれず混乱しているからでもある。痛みを持ち出すのも同様で、理由をつけて逃げを打つばかりではない。

「生理的、病理的に痛いんじゃなく心が痛いんです。だから僕は痛みを受け入れてやりました。泣くのだってそうです。涙をこぼす息子を受け入れました。そうしないと、テニスが苦しみだけになってしまいますからね」

父は息子をテニススクールに通わせるだけでなく、自ら相手をつとめた。休日はもちろん、普段の日も早く帰れるときは息子とボールを打ち合う。そのうち、父はゴルフや釣り、麻雀などを封印さえした。このあたりの傾注ぶりは、本書に登場する父親たちと見事に重なる。

だが同時に、清志には他の父親たちとは異質なものも強く感じる。それは清志の感性や感覚、志向だけでなく、世代や過ごしてきた時間が私と通底していることもあろう。

彼は中嶋常幸の父のような、スポコン漫画さながらの父でもなければ、石川遼の父のごとくマネジメントで強権を発動するタイプとも違う。子に伴走する父ではあるのだが、高橋尚子の父が貫く傍で願うスタイルより、ずっと息子にコミットしている。とはいえ、清志はイチローや福原愛の父たちの選んだ、子にべったり密着する生き方も踏襲していない。この父は、どこかで息子と乾いた距離感を保っている。

圭はいっていた。

「パパは厳しかったし、とっても怖かった」

そういわれて、敢えて父は反駁しない。ただ、静かに言い添えた。

「僕が怒るのは、人が見てないときに手を抜いたり、勝ったことをひけらかしたときです」

妻はもっと夫のことをわきまえている。「夫は眼つきが鋭いせいか、普通にしていても厳しい印象がします。それに声が大きくて、よく通るでしょ。おまけにいうことがオブラートに包まずにストレートだから、余計に子どもたちには響いたんじゃないですか」

夫婦は口を揃えてしみじみと述懐した——圭の姉のときは最初の子だったし、もっと全力投球だった。親として構えすぎだった。その点、弟は姉の様子をみる要領のよさもあって、親から手をあげられるようなことはない。

やがて圭はテニスでめきめきと頭角をあらわす。彼は小学五年生で宣言した。

「ウィンブルドンを目指してがんばります」

しかも、これは子どもの描く絵空事ではない。圭は同時に言い放っているのだ。

「僕にはテニスしかない」

親子のベクトルが一体化したとき、父は人生航路を変更する。子のプロ宣言を受け、清志は森林土木関係の団体職員を辞した。〇七年のことだった。

「二五年、ここで働いたわけですからね。辞職願を出すときは、さすがに手が震えましたよ」

だが、父の胸中はこんな想いでいっぱいだった——息子の挑戦にかけるのはもちろん、最大限の支援をしてやりたい。

「僕だって中途半端な気持ちじゃありません。何しろ、テニスは選手の晩成を待ってくれるスポーツじゃない。二六歳くらいでピークを迎えるんです。逆算したら、二〇歳で一〇〇位以内に入っていないと世界のトップは狙えないでしょう。圭はまずそれを一八歳で達成してくれました。でも、ここでロケットの噴射を弱めちゃいけない。二段目、三段目のロケットにも点火するよう、いろんなスイッチを押さなきゃいけないんです」

父は息子にテニスというヒントを示し、息子はそれを全身で受け止めた。そればかりか、息子は父に希望を与えてくれた。真一文字に、純粋に目標を追う息子は、父にとってまぶしくもあり気高くもある。

「五〇歳だったからこそ僕は踏み出しました。まだまだ頭も身体も動きますからね。六〇歳だともう遅いんです。還暦のオヤジが、息子のことでしゃしゃり出るなんて僕の美意識に反する」

父は息子の成長を目の当たりにして、つくづく幸せを実感している。挑むことが、今を生きることに直結する息子をみて、父も強く想うようになった。

「僕はずっと何かを探してきた。でも、それが何かわからなかった。大学に入るときも卒業するときも、就職して、結婚してからも、その探し物の正体がわからないままだったんです。それを、僕は圭の隣でもう一回探そうとしているんですよ」

私はふと、石川遼の父をはじめ、他のトップアスリートのオヤジたちも、こんな想いを抱いたのかなと思った。清志は断言した。

「いま、僕は幸せです。圭のおかげで海外に行けるし、いろんな人と会える。勉強もできる。勤め人では味わえない世界を体験できているんですから」

圭と父が、テニス界で新たなモデルを構築しつつあることも評価したい。錦織家はごく普通の家庭だ。かつて沢松奈生子を取材した折、庭にコートを持つ富豪の娘と知り、たじたじとなったことを思い出す。テニスは、金持ちの占有物から脱却できるかもしれない。

もっとも、プロ選手の生活は予断を許さない。アスリートは経過ではなく結果で判断される。その大きな指針がカネだ。不甲斐ない成績しかあげられないときはもちろん、故障から引退を余儀なくされれば息子の収入は途絶える。もちろん逆のパターンも大いにあるし、世間はそこにこそ熱い視線を注ぐ。だが、両親は強い口調になった。

「でもね、私たちは息子に賭けようというニュアンスじゃないんです。息子が稼ぐのは息子のカネだし、僕らのカネじゃない。あの子の賞金で親がぬくぬくと暮らそうなんて発想はゼロです」

父には退職金がある。母も「いざとなったらコンビニでバイトしてもいいし、温泉で仲居をやってもいい。最後は家を売る」と覚悟を決めた。姉が大学を卒業し学資面でのメドがついたことも、圭の夢を支援するには追い風となった。

現在の父は、海千山千のマネージャー、オリバーとの連絡を欠かさない。前の仕事のように樹木相手と異なり、英語による業務はかなり神経をすり減らす。

「大人の計算を踏まえた交渉や、めんどうな手続きは一九歳の息子には難しい。そんな時間を、テニスに使ってほしいんです」

父はシビアな口調になった。

「圭の周りに集まる中には、圭の名声とカネ目当ての人もいるでしょう。彼らは、圭の選手生命が終わると同時に姿を消すはずです。でも、私は父親です。息子が最悪の状況になったとしても、最後までサポートしてやる。これが務めなんです」

最近、父子はいつも同じテーマで語り合っている。「圭には〝大人の世界〟を教えるようにしています。ヤツも、持ち前の観察眼で周囲の言動や思惑をしっかり見極めているようです。数年したら、僕の出番はなくなるかもしれませんね」

いや、僕の仕事はもう七割方終わっていると思う、と彼はつぶやく。

「もし、万が一に圭が志半ばでテニスを諦めなきゃいけなくなったときこそ、父親としての最後で最大の出番が来るはずです。最後の砦は僕だと勝手にきめてます」

清志は一転して声を大にした。

「自分が親の支配を拒否してきただけに、息子との距離には気をつけています。僕の存在が息子にとって大きすぎてはダメ。無理にいうことを聞かせるのはもっとダメ。また美意識を持ち出しちゃうけど、そんな父親像ってカッコ悪いじゃないですか」

余談めくが――何年か前、私は愚息が中学受験するとき、あこぎなことにその顚末を書いて糊口を凌ぐ足しにした。作家と受験生の父親を兼務しながら息子と進んでいった。

私は、世間一般でいう理想の父とは対極の場に立っている。しょせん、己の文名があがることしか考えぬ偏頗者《へんぱもの》なのだ。息子の受験など鼻先で嗤《わら》い、コミットすらしていなかった。だが、かような私も息子に併走し、こけつまろびつしているうち、激しく揺れ動く感情を抑えきれなくなってしまった。健気に、必死に受験に立ち向かう息子を、思わず私は抱きしめたのだった。

中学受験とアスリートの置かれる立場は大いに違うが、一面では戦場という共通点もある。極限状態に置かれた息子を見つめたとき、父親は何を感じるのか——これは、父親という種族が知る人生の醍醐味でもある。

こんな話をしたら、清志はすっと眉をあげたまま押し黙った。そして、圭が僕にぼそっといったんです、と語ってくれた。

「こんなに苦労をするのは、テニスを教えたパパの〝おかげ〟だ。でも、テニスを教えてくれて本当に感謝している。パパ、ありがとう」

そんなことばが、やはり父には嬉しかった。

「圭の戦績に関しては、〇八年の六三位でも充分にすごいことだと思っています。現に〇九年は故障もあって二年目のジンクスに悩んでいます。これから、もっと試練はあるでしょう。だけど、それもこれも含めて見守ってやりたい」

清志と私、父親同士の眼があった。

「だって、圭は息子ですもん。無条件に愛しい。それだけは間違いありません」

あとがき

石川遼に始まって浅田真央、さらには中田英寿、高橋尚子、谷亮子、イチロー、浅尾美和、福原愛、錦織圭そして中嶋常幸と上原浩治……本書は国内だけでなく、世界的にも名の響いたトップアスリートたちの「プロフィール」をテーマにしている。

ただし、執筆にあたっては、感動の押しつけや取ってつけた賞賛、おもねり、門外漢が読んでもチンプンカンプンの技術論などはことごとく無視した。そんな、こんなはスポーツを看板にしているテレビ番組や雑誌、スポーツコメンテーター、ファンサイトなどに任せておけばいい。

ただ、トップアスリートたちを描くには、彼らの本質と置かれた環境をくっきりとかたどらねばならない。では、どういう方法で迫っていけばいいのか——そこでたどり着いたのが、父子の在り方とアスリートから派生するビジネスだった。

父親というものは、母親と違って子どもとヘソの緒でつながっていない。もちろん父親はDNAにはっきり刻印を押しているが、妊娠から出産、授乳と母子が濃密な関係を結んでいくのに比べれば、圧倒的に手持ちぶさただ。ところが、子どもが成長するにつれ〝もう一人の親〟は有形に無形、直接と間接、共感や反発を問わず色濃く子どもに影響を与えていく。

それはアスリートたちの場合でも例外ではない。事実、ほとんどの選手が父親を介してスポーツと出会い、父親の手引きでのめりこんでいる。何より、父によって与えられた競技が子のアイデンティティとなり、人生の主要部分を占領したばかりか、莫大なカネや利権をも生みだすのだ。かくいう私にも子がいる。父親が子どもを通して何を感じ、学び、体験し、会得するのかはさまざまだが、やはり父親でなければそれらを知ることはできない。作家という生業が長刀だとしたら、私は父という脇差を携え、二刀流でアプローチを試みた。

結果として、すでに物故している中嶋常幸の父・巌以外は全員の父親と接触することができた。物言いの温度差、話せた時間の長短など状況はさまざまだったが、概して父親たちは気さくに応じてくれている。中にはマスコミがタブー視していたり、会うことが困難とされている人物もいただけに、取材のチャンスを与えてもらえたことはありがたかった。彼らとの対話から知りえた事実、心に受けた印象などはもれなく本書に記してある。別に結論めかせる気はないが、やはり子は父の背中を見て育つ。父と子の絆は母と子の紐帯とは違う意味で強固だ。父と子が描く軌跡は、まさにアスリートのプロフィールに他ならない。

アスリートの父に取材することで、自分も属する父なる種族と触れあうだけでなく、いろいろな個性、さまざまな人生観に出会えた。この喜びに加え、取材対象に直撃するときの心地よい緊張感はルポルタージュならでこそのダイナミズムだと痛感した。

子たるアスリートを雄弁に語る父たちの中でも、印象深さでは谷亮子の父・勝美にとどめをさす。スキンヘッドの風貌といい堅牢そのものの身体といい、なまなかでない迫力の持ち主だった。

私も肉体を必要以上に鍛えているし、無愛想なうえ眼つきが悪いせいでコワモテと陰口を叩かれているのだけれど、勝美が現れたときには少なからずギョッとしてしまった。その彼が、初対面にもかかわらず、まるで十年の知己のように接し、語ってくれた。博多弁が幸いしているのか、口調はそこはかとなくユーモラスでもある。仕舞いには整体術まで施してくれたのだから、こっちが面食らってしまった。

しかも勝美は長らくの間、足跡や動向すら公表されない謎の人物だったのだ。彼と娘の切り結んだ勝負師としての凄まじい関係もまた、父と子の宿縁というものだろう。

高橋尚子の父の良明に取材した後には、思わず襟を正さずにはいられなかった。温厚篤実を具現させたような彼こそ、私が思い描く理想の父親だったからだ――現実の私は、夢想する良き父の姿から遠く離れたところで仁王立ちしている。もっとも、親子関係を傍で見ているのと内実では事情が大きく異なる。高橋尚子にとって、彼が十全な父親だったと断言はできない。それでも、良明と会って爽やかな感銘を覚え、その滋味を堪能したことは正直に告白しておこう。彼が古希を目前に控えてなお、現役の教育者だということを知って、なおさら感慨深かった。

錦織圭の父・清志とは年齢が近いだけでなく、嗜好と志向がきわめて似ていることもあり、多くの部分で想いを共有することができた。誤解をおそれずに書けば、彼もまた私と同じく青臭さを残した夢追い人であり、同時に私以上のリアリストだ。そんな清志は表情を改めていった。

「マスコミはリアルでシビアなスポーツの世界を、まるでエンターテインメントのように面白おかしく仕立てあげてしまう。しかも、興味がなくなったら、簡単にポイっと捨て去って平気な顔をしている。リアルな世界を蔑ろにするのは、いいかげんに止《や》めてほしい」

彼の怒りはもっともだ。ところが、次に述べるスポーツマネジメントの興隆と歪みのせいで、マスコミばかりか当のアスリートまであらぬ方にベクトルが向かってしまっている。

本書が次に照準を当てたのはアスリートビジネスだ。

二〇〇〇年頃から、日本でも「スポーツコンテンツビジネス」と呼ばれる、アスリートから派生する肖像権やマネジメント権が注目されるようになった。この商売は八四年のロスアンゼルス五輪を契機に、欧米で急速に発達し日本にも上陸してきた。

ただ、日本のスポーツマネジメントは、欧米で盛んなイベント企画と運営、代理人、有望選手の発掘や育成といった形態ではなく、独自のスタイルで発達しつつある。それは選手をタレント同様の手法でカネに結びつける芸能界的なスタンスだ。トップアスリートは、コマーシャル出演、書籍や写真集、DVDなど数々の利権を生む金のガチョウとなり得る。いきおい、スポーツマネジメントの主業務は、選手のスケジュール調整、肖像権管理からCM出演契約などに集中してしまう。

日本でなかなか代理人ビジネスが根づかないのも、スポーツを取り巻く商売の実態が反映しているからではないだろうか。メジャーリーグの場合、イチローとトニー・アタナシオ、松坂大輔にスコット・ボラス、松井秀喜はアーン・テレム……有名選手には必ず大物代理人がついている。大型契約が結ばれる根拠は、選手の実績と可能性しかない。ところが日本では、チーム側の問題や認識不足ということも大きいけれど、マネジメントするほうも代理人ビジネスに及び腰だ。

日本で数少ないプロ野球選手の代理人、石渡一浩弁護士は嘆いていた。

「日本では代理人の懐が潤いません。初回に球団が提示した金額と、その後の交渉で上積みされた額の差額の一割ほどの成功報酬に、諸経費や着手金で二〇万〜三〇万円が加わるくらい。数十億円の特大契約をまとめ、何億円も手中にできるメジャーの代理人とは大違いです」

なるほど、これならアスリートのイメージを切り売りしているほうがよっぽど儲かる。

日本のスポーツマネジメント会社では、浅田真央や錦織圭、室伏広治、東北楽天ゴールデンイーグルスの岩隈久志などが所属するIMGジャパン、中田英寿にゴルフの上田桃子を擁するサニーサイドアップなどが有名だ。中でも中田のケースは日本のスポーツマネジメント史上、未曾有の成功をおさめた。彼にまつわる商売のあり方、戦略については本書でじっくりと検証している。

だが日本の場合、IMGやサニーサイドアップのような大規模の企業は極端に少なく、家内事業的な動きが目立つ。こういうところも芸能事務所と酷似している点といえよう。一七歳にしてプロ転向し、二三億円ものスポンサー契約をまとめた石川遼は信金勤めの父親がマネージャー役だ。福原愛も両親と兄が家族総出でマネジメントを行っている。福原は小学生でプロ選手となり、これまでに推定で九億円を稼ぎ出した。皮肉なことだが、選手は試合の賞金や年俸よりCMやスポンサー契約のほうが効率よく稼げる。スポーツには感動があり、爽やかさがあり、勝っても負けてもストーリーが生まれる——マネジメント側はそこを強調して売り込み、スポンサー企業も納得してカネを出す。一般大衆も、そういうカラクリにまんまと乗っかってしまう。

アスリートのタレント化は、テレビのバラエティ路線拡大がスポーツ番組にも波及したことにより拍車がかかった。〝スポドル〟という、これまた日本的なカテゴリーも誕生した。「ニワトリが先か、卵が先か」の論法でいえば、アスリートはまずトレーニングを重ね、試合で実績を残すことが先決で、タレント活動はその副産物と考えるべきだ。しかし浅尾美和のように、その順序がごっちゃになってしまったケースもある。

確かに、タレントも選手も異能という部分では同じだ。凡人にはない特異さが際だつことで、多くの人々を魅了してやまない。だが、両者の差は決定的な点で歴然としている。いみじくも錦織圭の父が憤懣をぶつけたように、「リアリティ」という点において、スポーツと芸能はまったく別個で異次元の世界なのだ。アスリートから「リアリティ」が失せると存在意義が危うくなる。

とはいえ、アスリートが大枚を得て悪いわけはない。戦績やパフォーマンスが高みにいくほど金銭的価値も増せば、精進と躍進の大きなモチベーションになる。本書に登場するアスリートたち、とりわけ中田やイチローが獲得したカネは、庶民にとってため息の出るような額にのぼる。類いまれな肉体と技術、精神力を持ち、凡百には真似のできない鍛錬を重ねてきた者が対価を得るのは当然のことだし、アスリートの実働年数は短い。稼げる間に稼いでおくべきであり、それを闇雲に批判するのは筋違いでしかない。

今後もスポーツビジネスはいっそう隆盛に向かうだろう。だが、マネジメント会社は、アスリートに寄り添う商売である以上、スポーツの本義を再確認し手綱を引き締めることも忘れないでほしい。加えて私たちも、時代の流れに棹をさすのか、あるいはぐいと堪えて反駁《はんばく》の姿勢をみせるのか、きちんと分別をつけておくべきだ。

本書の執筆に関して、講談社の乾智之さんと詫摩尚樹さんをはじめ、古川仁一さんや三園利幸さんら編集スタッフの皆さんにはひとかたならぬお世話になった。中でも詫摩さんには、企画当初から単行本化まで一貫してサポートしていただいている。この場を借りて御礼を申し上げたい。

今さらながらネタばらしをすれば、本書の母体は「週刊現代」の連載シリーズとしてスタートした。中でも、アスリートの人選に関しては白熱した議論になった。清原和博や松坂大輔の名もあがったが、いい意味でも悪い意味でも私の食指が動かなかったので外してもらった。代わりに上原浩治を入れたのは、彼の人生における選択の難しさについて書きたかったからだ。カネと夢、読者はどちらに軍配をあげるだろうか。中嶋常幸に関しては、特にお願いして単行本にのみ加えてもらった。彼のエピソードを挿入できたことで、父と子の関係性とスポーツをめぐる時代の落差にも言及できたはずだ。ほかにも、トップアスリートたる要件にかなった候補者は何人もいた。いずれまた、チャンスがあれば彼らを描いてみたい。

だが、もっとも意見が飛び交ったのは本書の内容に関してだった。週刊誌と単行本では自ずと目指すところや趣旨、思惑が異なってくる。そこをどう調整し、追加取材や加筆を行い、構成していくか——これは私の勝手な解釈だが、週刊誌は短距離走であり、取材から執筆まで一貫してスピードが求められる。焼酎やスピリッツ類に代表される蒸留酒のように、原料を放り込んで余分な成分は飛ばして文章化していく。皮肉や意地悪な視線といった香りづけも忘れてはいけない。

対して単行本は醸造酒の趣に似ている。それも杜氏が手ずからつくる日本酒だ。材料選びから醪《もろみ》づくり、仕込みと手間ひまかけながら、ゆっくり発酵させ、酒が醸されるのを待つ。酵母が苦しめば苦しむほど、槽口《ふなくち》からほとばしる酒は味の奥行きやまろみが出て、芳香もともなう。だから私は無理をいって、週刊誌で書いたものを解体し、再構成するのはもちろん、新たに取材を重ねて、蒸留酒ではなく醸造酒として本作を書き直させてもらった。製法が異なるのだから、自ずと作品の口当たりや味わいは連載時と大きく異なっている。

結果として本書はルポルタージュの体裁をとりながら、人物批評の側面を色濃く持つことになった。また、アスリートの父親による子育て論の色合いも持つ。ただし、親子の数だけ子育てのバリエーションがあって、私は成功するのも奇跡なら失敗もまた奇跡だと思っている。これぞ、という方程式など存在しない。それぞれが手探りで体当たりするしか方法はなかろう。

本書は、私がプロの書き手になって九冊目の単行本だ。スポーツが題材の書籍としては『速すぎたランナー』でマラソンの正体に挑んで以来のことになる。しばらくの間、意識的にスポーツの現場からは離れていたのだけれど、再び首を突っ込んでみて、アスリートと彼らを取り巻く環境の抱える業の深さを痛感した。だからこそ、スポーツはおもしろい。

最後に——拙作を手にしてくださった皆様へ御礼を申し上げ、ペンを擱かせていただく。

二〇〇九年六月吉日

増田晶文（ますだ・まさふみ）

参考文献

文中に明記した書籍、雑誌、新聞、ホームページ、サイトなどのほかに左記の書籍を参考にした。著者および出版社に感謝する。

『浅田真央、16歳』（宇都宮直子、文藝春秋）
『浅田真央、17歳』（宇都宮直子、文藝春秋）
『文体とパスの精度』（村上龍、中田英寿、集英社文庫）
『ｎａｋａｔａ．ｎｅｔ　ＧＯＬＤ』（ナカタノナカミ製作委員会、マガジンハウス）
『夢はかなう』（高橋尚子、幻冬舎文庫）
『高橋尚子　夢はきっとかなう』（黒井克行、学研）
『高橋尚子　夢に乗って走る』（増島みどり、講談社火の鳥人物文庫）
『イチロー・オン・イチロー』（小松成美、新潮社）
『イチロー×矢沢永吉　英雄の哲学』（矢沢永吉、「イチロー×矢沢永吉　英雄の哲学」製作委員会、ぴあ）
『夢をつかむ　イチロー262のメッセージ』（「夢をつかむ　イチロー262のメッセージ」編

集委員会、ぴあ)
『未来をかえる　イチロー262のNextメッセージ』(「未来をかえる　イチロー262のNextメッセージ」編集委員会、ぴあ)

プロフィール　アスリート・ビジネス　父子《ふし》の決断《けつだん》

二〇〇九年七月三一日　第一刷発行

著者――増田《ますだ》　晶文《まさふみ》

写真――共同通信社

装丁――鈴木成一デザイン室

装画――西川真以子

©Masafumi Masuda 2009, Printed in Japan

本書の無断複写（コピー）は著作権法上での例外を除き、禁じられています。

発行者――持田克己　発行所――株式会社講談社

東京都文京区音羽二丁目一二―二一　郵便番号　一一二―八〇〇一

電話　編集部　〇三―五三九五―三四三八　販売部　〇三―五三九五―四四一五　業務部　〇三―五三九五―三六一五

印刷所――凸版印刷株式会社　製本所――株式会社若林製本工場

落丁本・乱丁本は購入書店名を明記のうえ、小社業務部あてにお送りください。送料小社負担にてお取り替えいたします。なお、この本の内容についてのお問い合わせは週刊現代編集部あてにお願いいたします。

ISBN978-4-06-215371-3

定価はカバーに表示してあります。